Kajov/Gojau (CZ), Eingang zur Wallfahrts-Kirche "Ma. Heimgang" mit Schutzmantel-Madonna

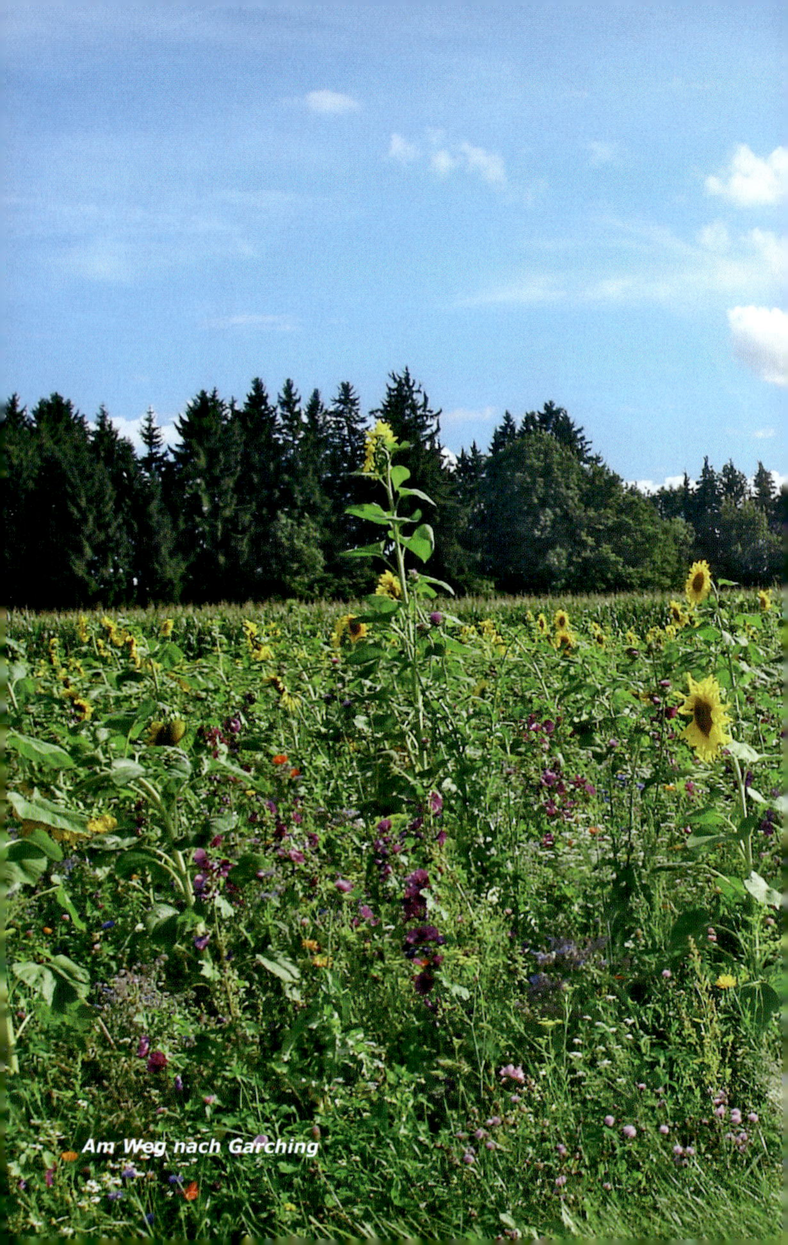

Am Weg nach Garching

Band 294

OutdoorHandbuch

Reinhard Dippelreither

Auf dem Jakobsweg durch Böhmen, das Österreichische Mühlviertel und Südostbayern nach Innsbruck

Der Weg ist das Ziel

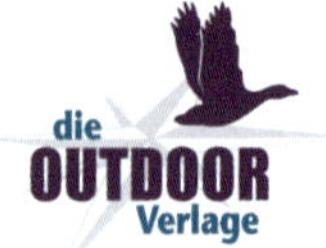

Mit uns nach draußen

Alle Informationen, schriftlich und zeichnerisch, wurden nach bestem Wissen zusammengestellt und überprüft. Sie waren korrekt zum Zeitpunkt der Recherche. Eine Garantie für den Inhalt, z.B. die immerwährende Richtigkeit von Preisen, Adressen, Telefon- und Faxnummern sowie InternetAdressen, Zeit- und sonstigen Angaben, kann naturgemäß von Verlag und Autor - auch im Sinne der Produkthaftung - nicht übernommen werden.

Der Autor und der Verlag sind für Lesertipps und Verbesserungen (besonders per E-Mail) unter Angabe der Auflagen- und Seitennummer dankbar.

Dieses OutdoorHandbuch hat 232 Seiten mit 39 farbigen Abbildungen, 20 farbigen Höhenprofilen sowie 20 farbigen Kartenskizzen und 2 farbigen Übersichtskarten. Es wurde auf chlorfrei gebleichtem Papier gedruckt, in Deutschland klimaneutral hergestellt und transportiert (die Zertifikatnummer finden Sie auf unserer Internetseite) und wegen der größeren Strapazierfähigkeit mit PUR-Kleber gebunden.

OutdoorHandbuch aus der Reihe "Der Weg ist das Ziel", Band 294

ISBN 978-3-86686-328-6 1. Auflage 2011

Dieses OutdoorHandbuch wurde konzipiert und redaktionell erstellt vom Conrad Stein Verlag GmbH, Postfach 1233, 59512 Welver, Kiefernstraße 6, 59514 Welver, ☏ 023 84/96 39 12, FAX 023 84/96 39 13, info@conrad-stein-verlag.de, www.conrad-stein-verlag.de.

Unsere Bücher sind überall im wohl sortierten Buchhandel und in cleveren Outdoorshops in Deutschland, Österreich und der Schweiz erhältlich.
Auslieferung für den Buchhandel:

D	Prolit, Fernwald und alle Barsortimente
A	freytag & berndt, Wolkersdorf
CH	AVA-buch 2000, Affoltern und Schweizer Buchzentrum
I	Leimgruber A & Co. OHG/snc, Kaltern
BENELUX	Willems Adventure, LT Maasdijk
E	mapiberia f&b, Ávila

Text und Fotos: Reinhard Dippelreither
Karten: Heide Schwinn
Lektorat: Kerstin Becker
Layout: Manuela Dastig
Gesamtherstellung: AZ Druck und Datentechnik GmbH, Kempten

Titelfoto: Wallfahrtskirche Sv. Filipa a Jakuba/St. Philipp und Jakob in Predni Vyton

Inhalt

Wir konnten es selbst kaum glauben ...

... aber der Conrad Stein Verlag war der erste Buchverlag in Deutschland, der konsequent klimaneutral produzieren und transportieren ließ.

Was bedeutet klimaneutral gedruckt?

Wir haben unsere Druckerei mit der klimafreundlichen Produktion beauftragt. Dabei wird nicht nur klimaneutral, sondern auch nachhaltig, d.h. so umweltschonend wie möglich produziert. Dafür sorgen die Druckerei mit eigenen Klimaschutzbestrebungen und wir durch die Auswahl von umweltfreundlichen Materialien.

Die von uns beauftragte Druckerei berechnet mit einem auf den Druckereibetrieb angepassten CO_2-Rechner die Emissionen, die durch die Fertigung des Druckauftrags entstehen. Papier, Farben, Lacke, Klebstoffe und der Betrieb von Maschinen verursachen beispielsweise das klimaschädliche Treibhausgas Kohlendioxid. Im Anschluss an die Berechnung werden Emissionsminderungszertifkate aus anerkannten Klimaschutzprojekten in Höhe des berechneten Emissionsausstoßes gekauft und nach den Kriterien des Kyoto-Protokolls stillgelegt bzw. gelöscht. Ist dieser Prozess abgeschlossen, wird die Drucksache mit dem Logo "klimaneutral" versehen. Wir bekommen eine Climate-Partner-Zertifikatsnummer mithilfe derer Sie unter 💻 www.climatepartner.com das Projekt finden, das mit der Abgabe gefördert wurde.

Nachhaltigkeit und angewandter Klimaschutz spielen für den Verbraucher eine große Rolle und werden verstärkt nachgefragt. Das Zeichen "klimaneutral" zeichnet ein Qualitätsprodukt aus, das mit einem hohen Grad an Verantwortungs- und Umweltbewusstsein hergestellt wurde. Wir vermitteln interessierten Verlagen gern Kontakt zu den verantwortlichen Stellen.

Über den Autor

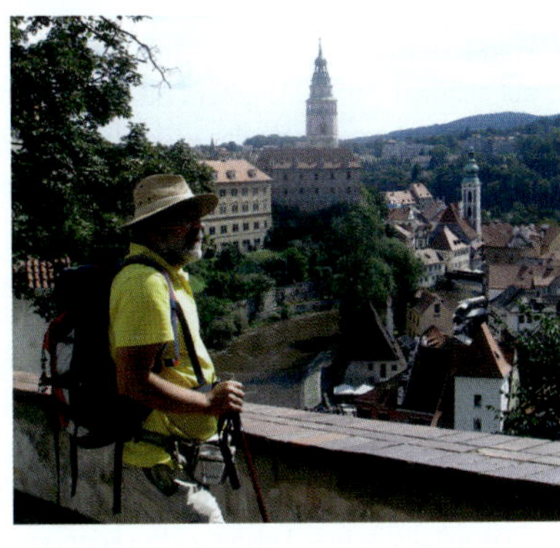

Den eher zufälligen Anfang machten ausgedehnte und strapaziöse Wanderungen zu den ägyptischen Wüstenklöster. Nach diesen Erfahrungen verschrieb sich der Autor immer mehr dem euphorisierenden Weitwandern: 200 km Kilimanjaro nonstop, 150 km Ruwenzori-Gebirge usw. usf. In den letzten Jahren schenkte der schreibende Weltenbummler seiner Heimat zunehmend mehr Beachtung und entdeckte unter anderem auch den Jakobsweg. Nach dem Erfolg des Bandes "Österreichischer (Haupt-)Jakobsweg", liegt nun auch dieses Buch zum Thema vor - es wird nicht das letzte sein.

Symbole

✋	Achtung	🚪	geöffnet ...		Laden
	Apotheke	📱	Handynummer		Post
🚆	Bahn	⚒	Grenzübergang	✕	Restaurant
BANK	Bank/Bankomat	⇧	Höhe über N.N.	🛒	SB-Markt
🚌	Bus	💻	Homepage	⌘	Sehenswürdigkeit
📖	Buch-/Kartentipp	🛏	Zimmer	↑	Steigungsmeter
☕	Café	ℹ	Information	☎	Telefon
✉	E-Mail-Adresse		Jugendherberge/ weltl. Herberge	☺	Tipp/Hinweis
	Entfernung			✆	Vorwahl
✈	Flug	✝	kirchliche Herberge	☞	Verweis
↓	Gefällemeter			⌛	Zeitbedarf

Vorwort

Wandern ist ja an sich was ganz Schönes - 2 Stunden Marsch, ein Wirtshaus mit schöner Aussicht, gutem Bier und dann mit der Seilbahn wieder hinunter zum Parkplatz. Kann's das wirklich schon gewesen sein ? Soll diese konsumorientierte Verflachung wirklich der Weisheit letzter Schluss sein ? Gibt es da nicht doch noch mehr?

Selbstverständlich kann man auch im 3. Jahrtausend abseits von überbordender, wütender Hetze und der daraus resultierenden seelischen Anspannung noch bedächtig, still und würdevoll zwecks innerer Einkehr, Selbstfindung oder einfach aus purer Wanderlust unendlich lang durch die Lande wandeln - tiefe Bedürfnisse der Menschheit lassen sich einfach nicht durch neokapitalistisches Leistungsdruckdenken verschütten. So nimmt es nicht Wunder, dass sekuläres Weitwandern wie spirituell-meditatives Pilgern - die Grenzen sind bekanntlich fließend - nicht eine vorübergehende Modeerscheinung darstellen; ganz im Gegenteil ist diese Wiederentdeckung einer uralten, yogaähnlichen Technik, die am besten als "Forschungsreise ins Ich" charakterisiert werden kann, der Beweis dafür, dass universelles Kulturgut nie und nirgends verloren gehen wird.

Dieses Buch zur ca. 520 km langen Teilstrecke Cesky Krumlov/Krumau (CZ) nach Innsbruck (A) des internat. Jakobsweges Tschenstochau (PL) nach Santiago de Compostela wurde daher in dem Bestreben verfasst, Wanderer wie Pilger hinsichtlich ihrer speziellen Bedürfnisse bestmöglich zu informieren und zu unterstützen, um ein gelungenes und v.a. nachhaltiges Erlebnis zu garantieren. Und damit Ihnen die Beschreitung dieses hochbetagten, ehrwürdigen Weges auch Freude und Genugtuung bringt sowie zu einer Harmonisierung von Leib, Seele und Geist führt, wurde die Beschreibung so detailliert wie möglich gehalten - jede Gabelung, Kreuzung u. dgl. ist erfasst. Denn verzweifelte Wegsuche soll ja nicht Sinn des Unternehmens sein. Unterschiedlichste Entfernungsangaben (zum Etappenziel, zur nächsten Unterkunft usw.) sowie Angaben zu den zu bewältigenden Höhenmetern verstehen sich von selbst; Etappen-Übersichtspläne sowie -Höhenprofile ermöglichen dem

Benutzer ein verbessertes Zeitmanagement. Besonderes Gewicht wurde auch auf eine umfassende Auflistung von adäquaten Unterkünften gelegt. So wurden praktisch alle preiswerten, mehr oder weniger direkt am Weg liegenden Hotels, Gasthöfe, Privatzimmer usw. mit Adresse, Tel.Nr. usw. erfasst. Nicht zu kurz kommen auch Beschreibungen zumindest der wichtigsten profanen wie sakralen Sehenswürdigkeiten am Weg.

Auf geht's, blenden Sie Mühsal und Plag des grauen Alltag aus und folgen Sie den jahrhunderalten Pfaden.

In diesem Sinne: Ultreia

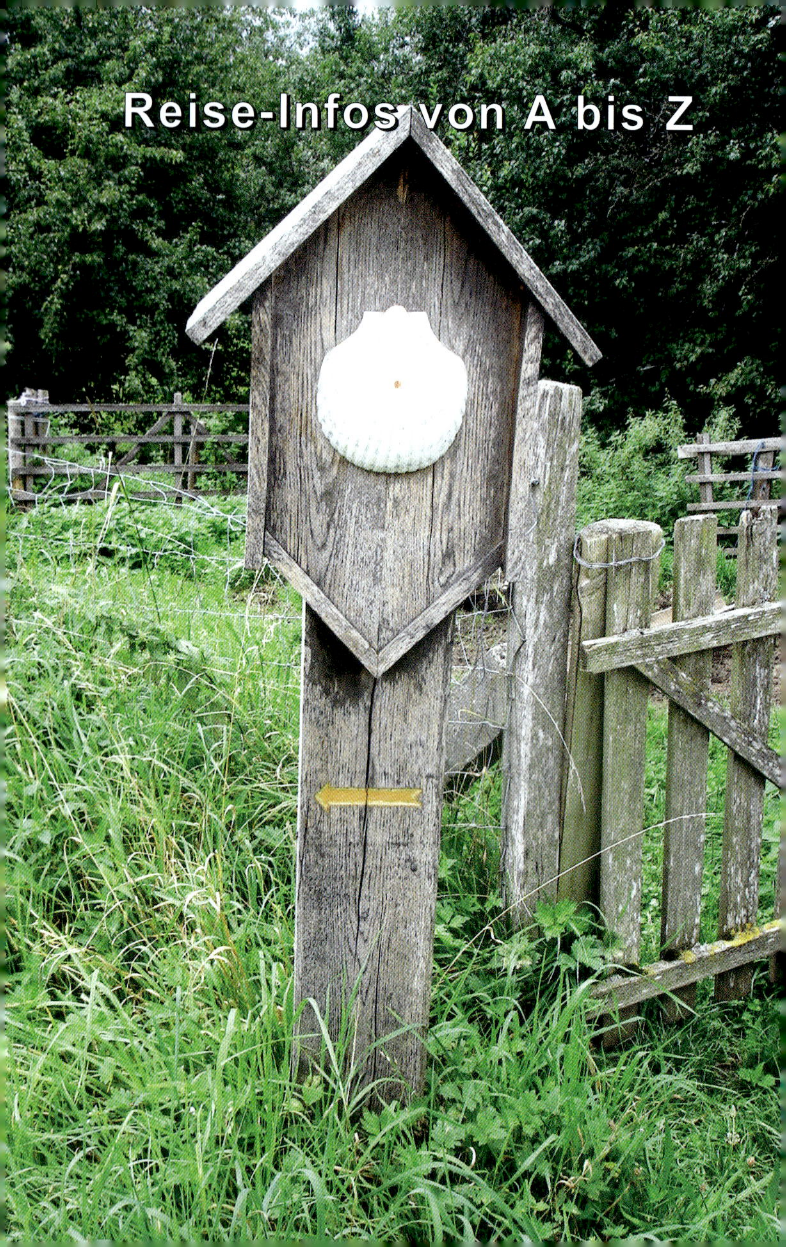
Reise-Infos von A bis Z

Abkürzungen

A (in Verbindung mit Zahl) - Autobahn
B (in Verbindung mit Zahl) - Fernverkehrsstraße (Bundesstraße)
L (in Verbindung mit Zahl) - Landstraße, lediglich an Wochenenden stärkeres Verkehrsaufkommen. Die Begehung von Landstraßen lässt sich (leider) nicht immer vermeiden.
DW/KL - Durchwahl/Klappe
DZ - Doppelzimmer, EZ - Einzelzimmer
FeWo - Ferienwohnung
HNr. x - Haus Nummer x
Jh. - Jahrhundert
MBZ - Mehrbettzimmer
ÖAV - Österreichischer Alpenverein
OÖ - Oberösterreich
Pr. - Privat
r. k. - römisch-katholisch
RAIKA - Raiffeisen-Kassa (Bank)
TVB - Tourismusverband
GH - Gasthof (im Gegensatz zum Gasthaus auch Übernachtungsmöglichkeit)

Anreise

Egal von wo Sie kommen, idealerweise fahren Sie das an der E55 liegende Cesky Krumlov/Krumau über Linz (A/OÖ) an. Ab dort ca. 2 Std. bis Cesky Krumlov.

Die in Cesky Krumlov ansässigen Taxi-Unternehmen www.krumlov-taxi.cz, www.shuttlelobo.cz und www.sebastianck-tours.com unterhalten jeweils einen Shuttle-Dienst zwischen Linz/Wien/Salzburg und Cesky Krumlov. Ansonst direkte Anbindung an Cesky Budejovice/Budweis.

Zuerst von Linz nach Cesky Budejovice/Budweis und von dort mit der Lokalbahn oder dem schnelleren Bus (35 Min.) weiter.

Auf der Website www.vlakbus.cz können Fahrpläne der öffentlichen Verkehrsmittel (Bus, Eisenbahn) abgerufen werden (auch in Deutsch).

Nächste internat. Flughäfen liegen in Praha/Prag (180 km entfernt), Linz (70 km), München (300 km). Von den genannten Orten mit der Bahn nach Cesky Budejovice und von dort wieder mit dem Bus nach Cesky Krumlov.

Für die Einreise nach CZ benötigen Bürger der EU/CH/FL zwar keinen Reisepass (Schengen-Mitgliedsstaat), dieser ist aber von allen Ausländern während eines Aufenthaltes in CZ permanent mit sich zu führen.

Ausrüstung

Nur das Allernötigste mitnehmen! Das Gepäck sollte - alles in allem - ca. 10 kg nicht überschreiten. Bedenken Sie dabei aber auch, dass Sie eventuell Trinkwasser und Proviant bei sich führen. Es ist empfehlenswert, dringend Benötigtes unterwegs einzukaufen. Überschüssiges Gepäck kann per Post nach Hause gesandt werden (Verpackungsmaterial liegt in Postämtern aus). Unbedingt dabei sollte sein:

- ☐ Dieses OutdoorHandbuch
- ☐ Kleidung: T-Shirt/Hemd/Bluse, lange Hose, Unterwäsche, Socken und 1 Garnitur Reservekleidung,
- ☐ kurze Hosen sind bei hohen Temperaturen sicher von Vorteil, bedenken Sie aber auch, dass Sie oft durch Wald gehen - hier gedeihen viele dornen- und stachelbewehrte Sträucher.
- ☐ Leichte Freizeitbekleidung (Jogging-Anzug), v.a. aber Sandalen, Flip-Flops ... - es gibt genügend Herbergen mit Etagen-Dusche/WC, auch wenn Sie einen Rasttag einlegen, sind bequeme, leichte Schuhe besser als die Wanderschuhe.
- ☐ Waschmittel (Wäscheleine), um eventuell Kleidung unterwegs zu waschen.
- ☐ Leichte, eingelaufene, wasserfeste, über die Knöchel reichende Wanderschuhe mit Fußbett; sog. Gel-Einlagen können Sohlenbrennen vorbeugen.

- ☐ Kopfbedeckung und Sonnenschutzmittel
- ☐ Leichter Rucksack und wasserdichte Abdeckung
- ☐ Ein zusätzliches Behältnis, um die wichtigsten Sachen schnell bei der Hand zu haben (Bauch-/Bananentaschen sind besser als Umhängetaschen).
- ☐ Leichter Pullover/Weste
- ☐ Regen- und winddichte Schutzbekleidung
- ☐ Taschenmesser (Büchsenöffner, Korkenzieher, Flaschenöffner)
- ☐ Wasserflasche bzw. Rucksack-Trinksystem (mind. 1 Liter)
- ☐ Reiseapotheke (☞ "Medizinische Versorgung")
- ☐ Bargeld (☞ Geld)
- ☐ Uhr
- ☐ Notizblock und Stift (um eventuell den Weg zum Quartier, Adressen von Pilgern/Wanderern usw. zu notieren)
- ☐ Reisepass
- ☐ Toilettenartikel (inkl. Taschentücher und Toilettenpapier!)
- ☐ Kredit-/Bankomatkarte

Zusätzliches:

- ☐ Dünner Schlafsack (sog. Hüttenschlafsack) - in kirchlichen wie weltlichen Herbergen wird nicht immer Bettwäsche zur Verfügung gestellt.
- ☐ Evtl. ISO-Matte - bei Überbelegung müssen Sie u.U. auf dem Boden schlafen.
- ☐ Badezeug - fast jeder Ort verfügt über ein Schwimmbad, unterwegs laden Flüsse und Seen zu einem Bad ein.
- ☐ Kamera - je kleiner, desto besser
- ☐ Sonnen-, Ersatz- und Lesebrille
- ☐ Einfacher Kompass - kann u.U. die Orientierung erleichtern.
- ☐ Handy (+ Ladestation!) - für Unterkunfts-Reservierung(en) und evtl. Notfälle. Selbstverständlich ist in jeder Ortschaft zumindest eine Telefonzelle (oft defekt) vorhanden, sie werden jedoch weniger.
- ☐ Wanderstock - die Strecke ist leicht zu bewältigen, ein Stock ist nicht wirklich nötig. Manche Pilger/Wanderer betrachten Stöcke allerdings als Marken-/Erkennungszeichen und schneiden sie wahllos in den Wäldern ab. Ich habe während meiner Wanderung Dutzende weggeworfene

Wanderstöcke (meist zu dick/schwer gewählt) am Wegesrand liegen sehen - Naturfrevel! Wenn Sie der Meinung sind, einen Stock unbedingt zu benötigen, dann nehmen Sie bitte einen höhenverstellbaren aus Leichtmetall (im Sportfachgeschäft günstig zu erwerben).

🕮 **Trekking ultraleicht** von Stefan Dapprich, OutdoorHandbuch, Basiswissen für draussen, Band 184, Conrad Stein Verlag, ISBN 978-3-86686-285-2, € 9,90

Diplomatische Vertretungen

In Österreich

- (A) Botschaft Deutschland, Metternichgasse 3, 1030 Wien, ☎ 01/711 54-0, www.wien.diplo.de
- ♦ Botschaft Schweiz, Prinz Eugen Str. 7, 1030 Wien, ☎ 01/795 05-0, www.eda.admin.ch/wien
- ♦ Botschaft Tschech. Republik, Penzinger Str. 11-13, 1140 Wien, ☎ 01/899-58-111, 💻 www.mzv.cz/vienna

In Deutschland

- (D) Botschaft Österreich, Stauffenbergstr. 1, 10785 Berlin, ☎ 030/202 87-0, 💻 www.bmeia.gv.at/botschaft/berlin
- ♦ Botschaft Schweiz, Otto-v.-Bismarck-Allee 4a, 10557 Berlin, ☎ 030/390 40 00, 💻 www.eda.admin.ch/berlin
- ♦ Botschaft Tschech. Republik, Wilhelmstr. 44, 10117 Berlin, ☎ 030/226-38-0, 💻 www.mzv.cz/berlin

In der Tschech. Republik

- (CZ) Botschaft Österreich, Viktora Huga 10, 15115 Praha 5, ☎ 257 09 05 11, 💻 www.bmeia.gv.at/prag
- ♦ Botschaft Deutschland, Vlasska 19, 11801 Praha 1, ☎ 25 71 13 11, 💻 www.prag.diplo.de
- ♦ Botschaft Schweiz, Pevnostni 588/7, 16201 Praha 6, ☎ 220 40 06 11, 💻 www.eda.admin.ch/prag

Einkaufen

Alles kann in CZ/A/D käuflich erworben werden - aber nicht immer. Das Zeichen 🛒 bei den Ortsbeschreibungen verweist auf einen üblichen, ganztägig geöffneten SB-Laden (der halbwegs am Weg liegt und das übliche Angebot führt, in CZ sind diese Läden nicht gar so gut bestückt wie in A/D), 🚪 Mo bis Fr 7:00/8:00 bis 19:00/20:00, Sa bis 17:00/18:00.

⚖ verweist auf einen Tante-Emma-Laden, eine Metzgerei oder Bäckerei mit deutlich eingeschränktem Angebot (90 % Lebensmittel), 🚪 Mo bis Fr 7:00/8:00 bis 12:00, 15:00 bis 18:00, jedoch zumindest einen Tag/Woche - variabel - nur vormittags geöffnet bzw. überhaupt geschlossen, Sa schließen diese Geschäfte um 12:00, in CZ auch schon um 10:00. In A/D haben Bäckereien auch am So Vormittag geöffnet. In den touristischen Hochburgen Tirols haben auch zumindest ⚖ So Vormittag geöffnet.

In größeren Orten befindet sich am Hauptbahnhof meist ein SB-Laden, der auch an Sonn- und Feiertagen (zumindest) Reiseproviant verkaufen darf. Bei den meisten Tankstellen gibt es zumindest tagsüber Reiseproviant zu kaufen (auch So).

Essen und Trinken

Proviant gibt es in (fast) jeder Ortschaft zu kaufen (☞ "Einkaufen"). Trinkwasser für unterwegs stellt Ihnen Ihr Vermieter zur Verfügung. In Tirol existiert auch im kleinsten Dörflein zumindest ein öffentlich zugänglicher Trinkwasserbrunnen. Selbst in Orten, die nicht einmal über ein kleines Lebensmittelgeschäft verfügen, existiert ein Gasthaus (✕). In größeren Orten bietet dieses ganztägig warme Küche, in kleineren meist nur von 12:00 bis vielleicht 14:00, dann erst wieder ab 18:00.

Der Preis für ein "Tagesmenü" (zumindest Vor- und Hauptspeise, meist auch Dessert) bewegt sich in A und D um € 6 (mittags wie abends, ohne Getränke), in CZ teils erheblich billiger. Wer á la carte speist, muss in A/D mit mindestens € 8 pro Hauptspeise rechnen, in CZ bekommt ein

Hauptgericht auch schon um € 4. Lediglich in Cesky Krumlov bewegen sich die Preise auf annähernd A/D-Niveau.

Bei Hotels/Gasthöfen (🛏✕) und Privatzimmern (🛏) ist das Frühstück meist im Preis inbegriffen; kirchliche Herbergen (✝🏠) servieren (fast) nie ein Frühstück. Auch wenn Sie FeWo belegen, sollten Sie die Frage des Frühstücks im Vorfeld klären (üblicherweise nicht inbegriffen).

Mittag-, Abendessen wird nur in Gasthöfen bzw. -häusern angeboten. Privatzimmer-Vermieter können Sie allerdings "privat" dazu einladen (ist natürlich kostenpflichtig) - klären Sie das telefonisch im Vorfeld.

Etappeneinteilung und Etappenlänge

Die hier in diesem Buch getroffene Etappeneinteilung will nicht vorschreiben, wie viel Sie pro Tag zu gehen haben, sondern liefert ein nach logischen Daten aufgebautes Konzept zur Bewältigung des Weges. In erster Linie richtet sie sich nach dem Vorhanden- bzw. Nichtvorhandensein von (preiswerten) Unterkünften und den zu bewältigenden Steigungsmetern. So sind im flachen Bayern die Etappen länger gehalten (ca. 30 km) als im gebirgigen Tirol (ca. 20 km). Letztendlich bleibt es aber Ihnen höchstpersönlich überlassen, wie lange und wie weit Sie marschieren - es sind genügend Unterkünfte angeführt, so dass Sie auch (meist) spontan mittendrin pausieren können.

Abschließend möchte ich noch festhalten, dass praktisch die gesamte Strecke im Schwierigkeitsgrad B (nach OEAV) liegt. Dieser definiert sich wie folgt: "Lediglich kleinere Höhenunterschiede bis max. 300 m, Hügelland bis 1.000 m, Weg ohne nennenswerte Anstrengung bei nahezu jeder Wetterlage begehbar; Wanderleistung 4 bis 6 km/Std., leichte Tour".

Geld

In A und D ist der € Zahlungsmittel. In CZ regiert die Krone (czk); trotzdem kann praktisch alles und überall in € bezahlt werden (Restaurants, Hotels usw., in 🛒-Läden schaut´s nicht mehr so gut aus). Der Wechselkurs liegt in diesem privaten Fall bei 1 € = 23-27 czk, offizieller Kurs war

01/2011 1 € = 25 czk. In offiziellen Wechselstuben erhält man weniger (geht runter bis 20 czk, vorher Kurs erfragen, nicht nachher wundern).

Sie sollten immer Bargeld bei sich haben - die Dienste von Privatzimmervermietern, kleineren Gasthäusern, Tante-Emma-Läden usw. können nur in bar bezahlt werden. Die Bezahlung mit Bankomat- bzw. Kreditkarte funktioniert erst oberhalb der Pilgerkategorie. Dazu ist allerdings zu sagen, dass in Bayern teils nur deutsche EC-Karten akzeptiert werden. Umgekehrt wird diese in allen anderen Staaten akzeptiert. Bankomaten/Postomaten zur Bargeldbehebung (Bankomat-, Kredit-, EC-Karte) finden sich in A praktisch in jeder Ortschaft bei der ansässigen Bank. In Bayern ist zwar die Dichte von Banken auch groß, die der Geldautomaten ist aber wesentlich geringer, in CZ finden sich Geld-Ausgabeautomaten nur in Cesky Krumlov und Frymburk.

Die durchschnittlichen Tages-Ausgaben (Übernachtung, Ernährung) betragen bei sehr bescheidenem Lebensstil in A, D ca. € 35-40. Wenn Sie häufig kirchliche Herbergen frequentieren (eigentlich nur in Tirol verbreitet), können diese auch auf ca. € 30 sinken. Auch für CZ sollten Sie vorsichtshalber diesen Betrag einkalkulieren - es kann auch weniger sein (um die € 25) oder viel mehr werden, ☞ Unterkunft.

Information

Die beste Info-Quelle ist die ortsansässige Bevölkerung! Soweit vorhanden sind bei der Beschreibung der zu durchwandernden Orte die Adressen der zuständigen TVB, Gemeindeämter usw. angeführt. Man sendet Ihnen gerne und kostenlos Info-Material zu (nicht jedoch aus CZ), man unterstützt Sie tatkräftig bei der Suche nach Unterkünften, man hilft Ihnen gerne weiter.

7:00/8:00 bis 12:00, 13:00 bis 16:00 (Gemeindeämter) bzw. 18:00 (TVB), kleinere Gemeindeämter sind allerdings nicht immer besetzt. In Tirol stehen zusätzlich rund um die Uhr sog. "Info-Maten" zur Verfügung: Schautafeln mit den Unterkünften sowie (meist) kostenlos zu benutzendem Telefon (funktioniert nur zu freien Quartieren, das System wird weiter ausgebaut). In CZ werden Sie in Gemeindeämtern nicht viele Freunde finden, v.a. sind hier Sprachprobleme zu nennen.

Als zentrale Anlaufstellen seien genannt:

- Oberösterreich Tourismus, Freistädter Straße 119, 4041 Linz, ☏ 07 32/22 10 22, 💻 www.oberoesterreich-tourismus.at, 💻 www.wandern.at + Pastoralamt der Diözese Linz, Kapuzinerstr. 84, Linz, ☏ 06 76/877 63 22 23, 💻 www.kbw-ooe.at
- TVB Ferienregion Böhmerwald, Hauptstr. 2, 4160 Aigen, ☏ 072 81/200 65 + (v.a. diese) Stadtplatz 1, ☏ 072 89/81 88, beide 💻 www.boehmerwald.at
- Tirol Info, Maria-Theresienstr. 55, 6010 Innsbruck, ☏ 05 12/72 72, 💻 www.tirol.at, explizit mit dem Jakobsweg beschäftigt sich 💻 www.jakobsweg-tirol.net
- Bayern-Tourismus, Leopoldstr. 146, 80804 München, ☏ 089/21 23 97, 💻 www.bayern.by, außerdem noch: 💻 www.jakobus-weg.de
- Für die Strecke in CZ sind einerseits das bei Cesky Krumlov angeführte "Informations-Zentrum", andererseits die beiden bei Frymburk angeführten Institutionen zuständig. Für generelle Infos (Einreisebestimmungen, Pet-Passport usw.): 💻 www.czech-tourist.de.
- Bezüglich Jakob(u)sgesellschaften ☞ Kapitel Pilgerpass.

☺ Falls Sie Neuigkeiten zum beschriebenen Jakobsweg melden, Beschwerden loswerden oder Wünsche erledigt wissen möchten, wenden Sie sich bitte an den Conrad Stein Verlag (✍ info@conrad-stein-verlag.de).

Alle eintreffenden Infos werden auf der Homepage des Verlages (💻 www.conrad-stein-verlag.de) veröffentlicht und fließen in weiterer Folge in die nächste Auflage ein. Herzlichen Dank.

Klima und Wanderzeit

Ziemlich egal ob es sich um einen schneearmen oder -reichen Winter handelt - in den Monaten November bis März können Sie die Wanderung vergessen. Abgesehen davon, dass es doch ziemlich kühl sein kann, ist der Jakobsweg streckenweise in dieser Jahreszeit als Loipe ausgewiesen. Fußgänger werden auf diesen nicht geduldet (betrifft Abschnitte in allen zu durchwandernden Staaten). Da der April ja sowieso tut, was er will - würd´ ich in diesem Monat auch nicht starten.

Im Mai können in Tirol ev. noch Restschneemengen ein kleines Problem darstellen. Grundsätzlich ist zu sagen, dass nach schneereichen Wintern im Mai die Hochwasser-Gefahr sehr groß ist - mehr als nur oft führt der Weg entlang von Flüssen.

Der Oktober kann schon ziemlich regnerisch sein, andererseits aber auch noch warm und sonnig - verhält sich also wie der April

Ideales Wanderwetter herrscht somit in den Monaten Juni bis September Temperaturen von 20 bis 30°C, nur hin und wieder Regen, Luftfeuchtigkeit meist um die idealen 60 %. Juli und August können es allerdings entlang der gesamten Strecke auf Temperaturen über 30°C bringen.

Literatur und Karten

- Bernhard Graf (Autor), Hans-Günther Kaufmann (Fotograf), "Auf Jakobs Spuren in Bayern, Österreich und in der Schweiz", Rosenheimer Verlagshaus, Rosenheim 1993 (nur antiquarisch erhältlich), historischer Abriss des Jakobskultes sowie der Wallfahrt nach Santiago in den genannten Ländern anhand literarischer Quellen.
- Helmut Tiefenthaler beschert uns interessante historische Abhandlungen zum Thema Jakobsweg (v.a. Vorarlberg, CH, FL und Bayern betreffend) auf www.vorarlberg.at/vorarlberg/bauen_wohnen/bauen/raumplanungundbaurecht/weitereinformationen/wanderwege/pilgerwege/uebersicht-pilgerwege.htm
- Peter Lindenthal, "Auf dem Jakobsweg durch Österreich", Tyrolia-Verlag, beschreibt u.a. auch die Strecke "Breitenbach - Innsbruck"
- Maximilian Bogner, "Auf dem Jakobsweg durch Südost-Bayern", beschreibt u.a. auch die Strecke "Cesky Krumlov - Breitenbach"
- Raimund Joos: "Pilgern auf den Jakobswegen", Conrad Stein Verlag, Welver, 5. Auflage 2010, praktische Tipps und Ratschläge rund um das Thema Pilgern
- Legler, Rolf: "Sternenstraße und Pilgerweg - Wahrheit und Fälschung", Lübbe 1998, für diejenigen, die die historisch verifizierbare Seite bevorzugen

- Hauf, Monika: "Der Jakobsweg", Langen-Müller 2002, zur Geschichte des Pilgerwesens
- Roland Girtler, "Irrweg Jakobsweg", Edition Gutenberg (Leykam Buchverlagsges.m.b.H), 2005 - für den hinterfragenden Geist gedacht
- Ohler, Norbert: "Pilgerstab und Jakobsmuschel - Wallfahrer in Mittelalter und Neuzeit", Artemis & Winkler 2000

Die kostenlose Karte "Böhmen - Bayern - Tirol - auf dem Jakobsweg von Krumau nach Kufstein" (M: 1:150.000) gibt einen schönen Überblick über die Strecke (und geizt auch sonst nicht mit Infos und Bildern) und listet auch unzählige Varianten auf. Zu bestellen bei TVB "Ferienregion-Böhmerwald" (☞ "Information").

Die wandertaugliche und ebenfalls kostenlose, bei soeben angeführter Adresse erhältliche "Wander- & Radkarte der Ferienregion Böhmerwald" (M: 1:50.000) beschreibt die Strecke Cesky Krumlov bis zur ✕ Österreich-Bayern.

Bis zur Existenz einer Karte, die den gesamten in diesem Buch beschriebenen Wegverlauf wiedergibt, wird noch viel Zeit vergehen. Auch die Karten in diesem Buch geben nur grobe Anhaltspunkte. Deshalb wurde der schriftlichen Beschreibung des Weges in diesem Buch größtes Augenmerk geschenkt. Sie ist so ausführlich wie irgend möglich, das Mitführen von Karten ist keineswegs nötig. Wer es dennoch möchte:

- Karten 1:50.000 des Österreichischen Bundesamts für Eich- und Vermessungswesen/BEV. Sie decken den Weg in CZ ab Svetlik, alle Strecken in A und teilweise auch in Bayern ab. Diese Karte ist auch als CD erhältlich - "Austrian Map Fly 5.0"
- Über die kurze CZ-Strecke Cesky Krumlov - Svetlik können Sie sich unter 💻 www.mapy.ckrumlov.cz kundig machen.
- Für den Weg durch Bayern: digitale Karte "Top 50", 1:50.000, Landesamt für Vermessung und Geoinformation, 💻 www.lvg.bayern.de (auch in Papierform erhältlich)

Bedenken Sie aber immer eines: Keine Karte gibt den aktuellen Stand wieder!

Markierungen und Wegbeschreibung

In der **Tschechischen Republik** ist der Weg nur in Ausnahmefällen mit dem Symbol der Jakobsmuschel markiert. Man muss sich nach der farbigen Bindenmarkierung orientieren - die jedoch ist erstklassig. Drei untereinander angeordnete Querbinden - weiß-Farbe-weiß - bilden ein Quadrat von ca. 12 cm Seitenlänge (an Bäumen, Masten, Hauswänden usw., alle 100 bis 150 m). Die Farbe variiert von Ortschaft zu Ortschaft, von Kreuzung zu Kreuzung - ich weise bei der Wegbeschreibung unmissverständlich auf die richtige Farbe hin. Es existieren auch kreisrunde, dreieckige und sonstwelche Markierungen in den Wäldern CZs - ignorieren, folgen Sie nur der Bindenmarkierung. Hin und wieder - v.a. an Kreuzungen/Abzweigungen - existieren auch Pfeilschilder (ebenfalls "weiß-Farbe-weiß", die gelben EU-Pfeilschilder sind noch unbekannt). Abzweigungen können ein kleines Problem darstellen - sie sind zwar alle markiert, aber insofern uneinheitlich, dass manches Mal das Pfeilschild direkt am Kreuzungspunkt zu finden ist, manches Mal aber auch 15 oder 20 m vorher. Bei gravierenden Situationen weise ich darauf hin. Größtenteils sind die Wege in beide Richtungen markiert - sollten Sie also schon längere Zeit keine Markierung gesehen haben, einfach hin und wieder umdrehen.

Typische tschech. Wegmarkierung

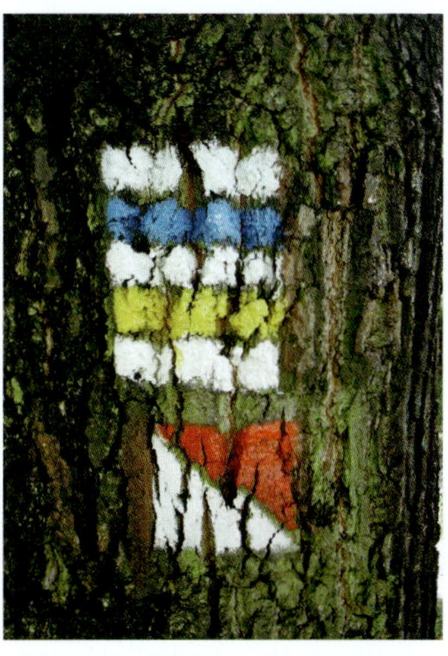

Im **Österreichischen Mühlviertel** findet sich das Jakobsmuschel-Symbol auf Wegweiser (zwar nicht gerade im Übermaß, aber ausreichend). Im Regelfall handelt es sich um gelbe EU-Pfeilschilder, erweitert um Klebeetikett mit Jakobsmuschel-Symbol. Sofern ein lokaler Wanderweg über einen längeren Zeitraum parallel läuft, gebe ich Namen bzw. Nummer desselben an.

In **Bayern** findet sich praktisch alle 150 m ein definitiver Jakobsweg-Wegweiser - zumindest sind alle Kreuzungen, Abzweigungen usw. bestens markiert - blaues, quadratisches Blechschild mit stilisierter Jakobsmuschel und einem sehr kleinen Richtungspfeil (dieser aber nicht immer vorhanden). Lediglich in mittelgroßen und größeren Städten finden sich diese Schilder nicht oder sehr, sehr selten. Die Weg-Beschreibung dürfte aber ausreichend sein, um durch Passau, Wasserburg usw. durchzufinden. Gott sei Dank sind alle Straßen mit Namensschildern versehen. Zusatzmarkierungen - sei´s von privater, sei´s von öffentlicher Hand - finden sich (noch) sehr selten.

Von Cesky Krumlov (CZ) bis Breitenbach am Inn (A, Tirol) folgt die Weg-Beschreibung über ca. 450 km den Vorstellungen des Initiators Maximilian Bogner sowie der identischen Beschilderung des TVB "Ferienregion Böhmerwald", der "Vereinigung Tschechischer Touristiker" und der in Bayern zuständigen touristischen Stellen.

In **Tirol** beginnt´s dann aufregend zu werden: Rein technisch betrachtet zählt die erste Wegstrecke - Kufstein bis Breitenbach am Inn - noch zum "Südostbayrischen Jakobsweg"; sie führt teils durch Tirol, teils wieder durch Bayern. Hier wird die Beschilderung mit Jakobsweg-Wegweisern etwas lockerer, auch in Bayern. Der Weg wurde daher sehr detailliert beschrieben.

Ab Breitenbach am Inn wandeln Sie auf dem "Österreichischen Jakobsweg" (quasi dem "Haupt-Jakobsweg" durch Österreich). Dieser Weg wurde 1999 von Hr. P. Lindenthal kreiert und (sporadisch) mit kleinen Holztäfelchen in Pfeilform mit eingebranntem Jakobsmuschel-Symbol markiert (in erster Linie auf Bäume genagelt, aufgrund der einprägsamen Markierung bezeichne ich in weiterer Folge diesen Weg als "Muschelweg").

Im Laufe der letzten Jahre kümmerten sich zunehmend auch die jew. zuständigen TVB um die Beschilderung und heute ist der Weg mehr oder weniger durchgängig auch mit "offiziellen" TVB-Jakobsweg-Wegweisern in unterschiedlicher Ausführung versehen (eine Frage des Alters) - größtenteils haltbare, gelb beschichtete Blechschilder in Pfeilform (EU-konform), auch Pfeilschilder mit blauem und gelbem Quadrat oder einfache rechteckige Blechschilder. Alle mit Aufdruck "(Österr./Tiroler) Jakobsweg" und div. Zusätzen versehen sowie einer stilisierten Jakobsmuschel, teils sind auch Zeiten und Entfernungen zur nächsten Ortschaft angegeben. In der Wegbeschreibung wird dieser Weg als "TVB-Weg" bezeichnet.

Im Großen und Ganzen laufen "Muschelweg" und "TVB-Weg" in Tirol parallel, auf die winzigen Abweichungen weise ich hin. Allerdings weist der "TVB-Weg" mehrere Varianten auf. Es wird lediglich die kürzeste Möglichkeit genau beschrieben. Interessante Varianten (und nur diese) werden in geraffter Form behandelt.

Jakobsweg-Beschilderung in Tirol

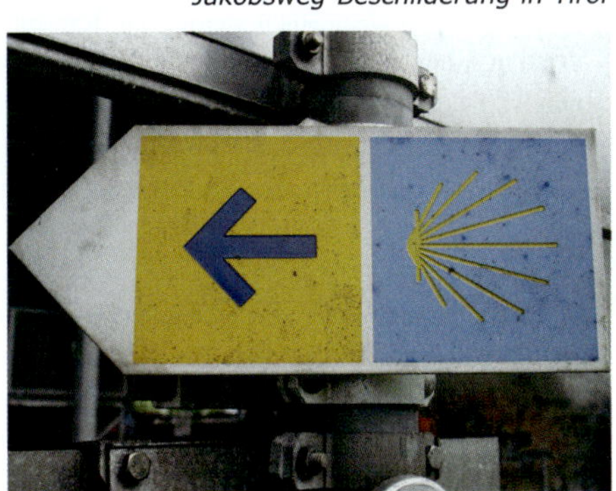

Zusätzlich existieren in diesem Bundesland noch in Privatregie angebrachte, mit gelbem Lack gemalte Binden bzw. Richtungspfeile auf Straßen, an Brückengeländern, Bäumen usw. Im Großen und Ganzen recht zuverlässige Zusatz-Orientierungsmerkmale.

Weiterhin existieren in A und D noch sonstige von privater Hand in Eigenregie hergestellte und angebrachte Jakobsweg-Schilder - das beginnt bei Selbstklebeetiketten der Fa. SHELL und endet bei unglaublich phantasievollen Produkten. Allen ist das Jakobsmuschel-Symbol zu eigen.

Da der Jakobsweg in CZ, A und D das vorhandene Wanderwegenetz nutzt, laufen lokale und nationale Wanderwege mit eigener Markierung häufig parallel. Ich führe diese nur dann an, wenn es sich um längere Strecken handelt.

Trotz der Vielfalt von Schildern/Wegweisern wird in diesem Buch der Weg sehr gewissenhaft beschrieben. Denn Schilder können ausbleichen, gestohlen werden (geschieht häufiger als einem lieb ist), manche "Scherzbolde" drehen Schilder auch um usw. usf. - für Überraschungen in Form von fehlenden Schildern ist auch immer gesorgt. Ein weiteres Problem liegt darin, dass v.a.

privat angebrachte Schilder z.B. Abkürzungen beschreiben, ohne dafür einen Hinweis zu liefern. So stehen Sie öfter mal an einer Kreuzung, wo die unterschiedlichsten Schilder rechts wie links wie geradeaus weisen. Speziell dort, wo TVB-Weg und "Muschelweg" auseinanderdriften, kann es Probleme geben. An gegebener Stelle wird dieser Knoten unter ✋ od. ☺ aufgedröselt.

Offizielle **Straßennamen** werden im Text kursiv gedruckt und nur dann erwähnt, wenn an betreffender Stelle auch ein diesbezügliches Schild vorhanden ist. Findet sich dieses Schild erst ein paar hundert Meter weiter oder gar nicht, steht der Straßenname in Klammern. Offizielle Straßennamen sowie Hausnummern in benannten Straßen ändern sich nur in den allerseltensten Fällen.

Zu Problemen kann es allerdings in kleinen Orten kommen, in denen die Häuser (bei Drucklegung dieses Buches) noch durchgehend nummeriert sind und keine Straßennamen existieren, der Gemeinderat jedoch beschließt, dies zu ändern. Dann steht in diesem Buch z.B. in der Ortschaft XYZ "... bei HNr. 17 links abzweigen ...", dieses wurde aber kurz nach Erscheinen des Buches z.B. in "Fischergasse 4" umbenannt.

Ruhe bewahren! Meist findet sich an der Fassade noch irgendwo die alte Bezeichnung oder Tafel 17 (z.B. über dem Eingangstor oder auch im Fenster daneben).

Problem Wiese/Feld/Acker

Ich vermeide diese Phänomene so weit wie möglich als Orientierungspunkte, da sie nicht Bestand haben. Aufgrund von Fruchtwechselwirtschaft und diversen (EU-)Förderprogrammen kann morgen Brache oder Wiese sein, was heute Maisfeld ist. Manches Mal ist es aber unumgänglich, ein Feld als Orientierungspunkt zu nennen. In diesem Fall nicht verzweifeln, wenn Sie an einer Wiese stehen und in diesem Buch Feld steht.

Problem Futterwiese/Weide

In höheren Lagen - ab ca. 600, 700 m - gibt es nur mehr Wald oder Futterwiese/Weide (betrifft v.a. Tirol). Führt ein öffentlicher Weg über die Wiese, ist der Grundbesitzer prinzipiell verpflichtet, diesen erkennbar zu halten (indem er z.B. einen Streifen mäht). Da dies aber nicht immer der Fall ist, steht der aus dem Wald kommende Pilger/Wanderer oft vor der fatalen Situation der Weglosigkeit (in der Regel aber nie länger als 100 bis 200 m). Der allgemeinen Vorsicht zuliebe werden solche Stellen in diesem Buch sehr ausführlich beschrieben.

Als Faustregel kann gesagt werden, dass am anderen Ende der Wiese - also Waldrand - immer ein klarer Waldweg weiterführt.

Abschließend möchte ich noch darauf hinweisen, dass Markierungen grundsätzlich temporäre Erscheinungen darstellen - Bäume werden gefällt, brechen unter Schneelast zusammen, werden vom Blitz "erschlagen", Laternenpfähle werden versetzt, Masten ausgetauscht usw.: Kurz gesagt, sie existieren samt der angebrachten Markierung nicht mehr, wenn Sie vorbeikommen. 2 Wochen später hat zwar alles wieder seine Ordnung, aber was jetzt tun? Die in diesem Büchlein dargestellte Wegbeschreibung ist so genau, dass ein Verirren (fast) unmöglich ist. Sie sollten aber auf Nummer sicher gehen und an plötzlich unmarkierten Wegkreuzungen/-gabelungen nicht nur an diesen selbst nach Hinweisen suchen, sondern so weit wie möglich an den Wegrändern entlangblicken. Manchmal taucht 50 oder 100 m weiter eine Markierung auf. Ist auch dann nichts zu sehen, sollten Sie die Wanderung auf dem Weg Ihrer Wahl vorsichtig fortsetzen.

Wenn nach 200 oder 300 m noch immer keine Markierung zu sehen ist oder die Beschreibung nicht mehr zutrifft, sollten sie zurückgehen und einen anderen Weg wählen. Abgesehen vom Gesagten sollten Sie gewohnheitsmäßig zwischendurch nach dem Weg fragen - das bringt ein wenig Abwechslung und auch sonstige Informationen.

Medizinische Versorgung, Reiseapotheke

Folgende medizinische Unannehmlichkeiten liegen im Bereich des Möglichen: kleinere offene Wunden durch Dornen und Stacheln, etwas größere durch unglückliche Stürze (ausrutschen), Verstauchungen von Gelenken (Knöchel), Zahnschmerzen. Zum Thema Blasenbildung ☞ weiter unten.

Sollten Ihre Begleiter an chronischen Krankheiten leiden (z.B. Diabetes), sollten Sie sich bereits im Vorfeld mit geeigneten Akutmaßnahmen vertraut machen. Fast in jedem Ort praktiziert ein Allgemeinmediziner (Praktischer Arzt), er ist in den Ortsbeschreibungen angeführt. Ebenso sind Krankenhäuser aufgelistet. Zahnarztpraxen finden sich nur in größeren Orten.

Sofern sie in ihrem Heimatland gesetzlich versichert sind, erhalten Deutsche, Österreicher wie Schweizer von ihrer Krankenversicherungsanstalt (automatisch) eine "Europäische Krankenversicherungskarte" (EHIC/EKVK, bei der österr. E-Card ist dies die Rückseite derselben). Diese Karte ist im gesamten EU-Raum (somit auch in CZ) sowie in CH, FL gültig. Im Regelfall wird Ihnen somit kostenlos medizinisch geholfen (Arzt, Krankenhaus usw.). Sollten Sie etwaige Behandlungen bar bezahlen müssen, verlangen Sie unbedingt eine saldierte Rechnung; Ihre gesetzliche Krankenversicherungsanstalt erstattet dann den Betrag.

☺ Eine Zusatzversicherung für den Krankenrücktransport ist in jedem Fall zu empfehlen.

Apotheken (in der Regel von 12:00 bis 14:00/15:00 geschlossen) sind in den Ortsbeschreibungen ebenfalls angeführt (in CZ nur in Cesky Krumlov, Frymburk, in D und A rel. große Dichte). Viele Medikamente sind nur auf Rezept erhältlich. D.h. der Apotheker schickt Sie erst zum Arzt. In (seltenen) Orten ohne Apotheke verfügt der praktizierende Arzt meist über eine sog. Hausapotheke, die die gängigsten Medikamente enthält.

Minimal-Wanderapotheke: Wundpflaster unterschiedlicher Größen (in , oder Drogerien nachzukaufen), Desinfektionsmittel (Drogerien,), infektionshemmende Salbe (), Schmerzmittel (nur in , die gängigen Produkte sind ohne Rezept erhältlich). Erweiterung durch Kompressen, Mullbinde, Heftpflaster, Schere (Taschenmesser genügt), elastische Fixierbinde.

Blasen sind ein nicht zu unterschätzendes Problem: Seriöserweise kann ich nur zur natürlichen Ausheilung (dauert einige Tage, ein Aufstechen birgt die Gefahr der Infektion) bzw. zur Verwendung von Blasenpflastern oder

-sprays raten. Am besten ist natürlich die Vorbeugung durch Verwendung gut eingelaufener Schuhe und/oder Abkleben von bekannten Druckstellen (Heftpflaster, bzw. selbstklebende "Sportbänder").

Im Unglücksfall abseits befahrbarer Straßen sollten Sie bedenken, dass eine Bergung durch Bergrettung (falls Stützpunkt in der Nähe!) und/oder Hubschrauber kostenpflichtig ist! Es gibt aber verschiedenste Möglichkeiten sich gegen diese Unannehmlichkeiten zu versichern - beginnend mit der Mitgliedschaft bei einem Automobilclub oder Alpenverein bis hin zur privaten Unfallversicherungen.

Pilgerpass

Um das Herbergsangebot in den ausgewiesenen Pilgerherbergen (☞ "Unterkunft"), Pfarrhöfen und Klöstern in Anspruch zu nehmen, benötigt der Pilger zwar nicht immer, aber doch hin und wieder einen sog. Pilgerpass. Diesen stellen die Jakob(u)svereine und -gesellschaften aus. Zu Erhalt und Kosten ist lediglich zu sagen, dass diese sehr unterschiedlich sind. Mal müssen Sie Vereinsmitglied werden, mal benötigen Sie ein Empfehlungsschreiben Ihres Pfarrers, mal genügt ein simpler Anruf - rechnen Sie zumindest mit € 7.

In Österreich

Ⓐ Jakobusgemeinschaft Salzburg, Adelbert Pointl, Tegetthoffstr. 11, A-5071 Wals, ☎ 06 62/85 53 65, 💻 www.jakobusgemeinschaft.at

♦ Bernhard Binder, c/o Buchhandlung Galerie Welz, Sigmund Haffner Gasse 16, A-5020 Salzburg, ☎ 06 62/84 17 71-0, ✉ buchhandlung@galerie-welz.at

♦ Sankt Jakobs Bruderschaft zur Förderung der Pilgerbewegung, Helmut Radolf, Stangaustr. 7, A-2392 Sulz/Wienerwald, ☎ 022 38/82 70-11, 💻 www.jakobsbruderschaft.at

♦ Jakobsgemeinschaft Innsbruck, Domplatz 6, A-6020 Innsbruck, Herr Lair, ☎ 05 12/58 39 02/14, ✉ jakobsgemeinschaft-innsbruck@aon.at

♦ Österreichische Jakobusgesellschaft, Peter Lindenthal, Großvolderbergstr. 16a, A-6111 Volders, ☎ 052 24/563 39, nur Info/Beratung, keine Pilgerpässe

In Deutschland

Es gibt rund 30 Jakobus-Gesellschaften in Deutschland und für eine umfassende Auflistung fehlt hier einfach der Platz. Eine sehr gute Übersicht gibt 💻 www.jakobus-info.de.

In der Schweiz

(CH) Schweizerische Vereinigung der Freunde des Jakobsweges, ☎ 055/240 64 35, 💻 www.chemin-de-stjacques.ch/deutsch

Jeder Pilgerpass weist sog. Stempelfelder auf, die (sofern ein Stempelabdruck vorhanden ist) beweisen, dass Sie unterwegs sind/waren. Als geeignete Stempel-Anlaufstellen fungieren Gemeinde- und Pfarrämter (vielfach finden sich Stempel auch in Kirchen), Ihr Unterkunftsgeber oder sonst ein ✕GH am Weg.

Post, Telefon, Notruf

Fast jeder angeführte Ort verfügt (noch) über ein Postamt (in CZ nur Cesky Krumlov, Frymburk), kleinere Postämter haben über Mittag geschlossen (12:00 bis 13:00/14:00). Wenn Sie Briefe/Pakete empfangen wollen, können Sie diese postlagernd (poste restante) auf Ihren Namen schicken lassen (planen Sie zumindest ca. 3 bis 4 Tage für die Beförderung ein). Bei der Abholung sollten Sie einen Lichtbildausweis (Reisepass, Führerschein) vorweisen können.

✆ Vorwahlen:
(A) 0043
(D) 0049
(CZ) 0042

Telefonzellen können nur mit Münzen oder nur mit Wertkarten benutzt werden, Letztere gibt es in Postämtern, Supermärkten und Tabakläden zu kaufen. Internet-Cafés finden sich nur in Großstädten. Sie sollten in jedem Fall ein Mobil-Telefon (+ Ladestation) mit sich führen.

☏ Notrufnummern:
Ⓐ Rettung 144, Feuerwehr 122, Polizei 133 bzw. 112 generell, Bergrettung 140
Ⓓ generell 112, Polizei auch 110
(CZ) Rettung 155, Feuerwehr 150, Polizei 156 (in Städten) oder 158 (sonstwo), generell 112

Sprachprobleme

Zwischen Deutschen und Österreichern existieren praktisch keine solchen - Sie müssen nur ein bisschen mitdenken (oder nachfragen), manche Vokabeln sind hier oder da halt ein bisschen erklärungsbedürftig.

In CZ kommen Sie mit Deutsch (langsam sprechen) recht gut voran - sofern sich die Kommunikation auf allgemeine touristische Belange beschränkt. Das Personal in Gasthäusern, Hotels usw. verfügt über einen ausreichenden diesbezüglichen Wortschatz. V.a. in Cesky Krumlov spricht praktisch die gesamte Bevölkerung ein wenig Deutsch (zumindest in der Altstadt). Speisekarten in Restaurants sind durchweg zumindest zweisprachig (Tschechisch, Deutsch). In besseren Lokalen/Hotels wird auch Englisch gesprochen (oft wesentlich besser als Deutsch). In den Tourist-Infos der Städte Cesky Krumlov und Frymburk (☞ dort) wird sehr gutes Deutsch gesprochen. Den "kleinen Mann auf der Straße" nach dem Weg zu fragen, wird sich jedoch sehr oft als unmöglich erweisen. Ist aber aufgrund der guten Markierung bzw. der Beschreibung in diesem Buch auch nicht wirklich notwendig.

Leichte Probleme kann es u.U. bei der telefonischen Reservierung von Unterkünften geben - sprechen Sie langsam und deutlich und üben Sie sich in Geduld.

Unterkunft

Kirchliche Herbergen (Pfarrhöfe, Klöster)

Meist kostenlos (freiwillige Spende! Nur in Ausnahmefällen Fixpreise von € 5 bis 10) und bescheiden: oft nur Matratzenlager, manches Mal nackter

Fußboden im Pfarrsaal, kein Frühstück (außer der Pfarrer bewirtet Sie privat), Bettwäsche nicht immer vorhanden (Hütten-Schlafsack mitnehmen), Toilette immer, Dusche nicht immer vorhanden, hin und wieder Kochmöglichkeit. Meist nur relativ wenig Platz (2 bis 4 Plätze) - unbedingt 1 bis 2 Tage vorher anrufen, während der Hauptsaison noch früher! Die Telefone von Pfarrämtern, -höfen und -heimen sind nicht immer oder nur unregelmäßig (meist nur vormittags) besetzt, Klostertelefone immer. Diese Unterkünfte sind im Regelfall nur mit Pilgerpass zu benutzen und liegen durchgängig am Weg (nicht in CZ, in Bayern eher selten). Klöster, die einen quasi-normalen Hotelbetrieb führen, sind als solche ausgewiesen. ✞ sind zu 100 % erfasst.

Jugendherbergen, Jugendgästehäuser usw.

Diese Herbergen verfügen über sehr unterschiedliche Qualitätsstandards - vom Matratzenlager über Mehrbettzimmer bis zu Einzelzimmern.

Studenten-, Lehrlings- und sonstige Heime, die nur während der Ferien (Juli, August) zu Jugendherbergen umfunktioniert werden, sind gekennzeichnet. Unter diesem Zeichen sind auch eine Reihe weiterer kostenpflichtiger Herbergen (Don-Bosco-Heime, private oder gemeindeeigene Herbergen) aufgelistet - im Prinzip trifft das soeben Gesagte ebenfalls zu, wichtige Details ☞ bei der jeweiligen Beschreibung. Rechnen Sie in jedem Fall ab € 15/Person, Frühstück kostet - falls Cafeteria vorhanden - extra. Sie sollten in jedem Fall 2 bis 3 Tage vorher anrufen.

Die Auflistung erfolgte ohne Rücksicht auf die Lage zum Weg - abseits und weit abseits gelegene Herbergen sind gekennzeichnet, sind zu 100 % erfasst (in CZ keine am Weg).

Privatzimmer/Pensionen - Gasthöfe/Hotels + FeWo

Die unter diesem Zeichen aufgelisteten Unterkünfte liegen am Weg oder nur unwesentlich davon entfernt (200-300 m). Falls bei einer Ortschaft nur solche mit den Bezeichnungen "abseits" oder "weit abseits" aufgelistet sind, heißt das, dass es keine am Weg gibt. Dazu ist zu bemerken, dass manche Quartiergeber Sie aus der näheren Umgebung kostenlos abholen (klären Sie das bei telefon. Reservierung). Als preisliche Obergrenze für solche Quartiere (im Text als "Pilgerkategorie" bezeichnet) habe ich max. ca. € 35-39/Person (bei Belegung eines DZ durch 2 Personen, inkl. Frühstück) gesetzt.

Privatzimmer kosten ca. € 20-25, Gasthöfe/Hotels nur selten unter € 30, Pensionen liegen dazwischen. EZ sind im Regelfall um Einiges teurer (dieser Aufpreis wird Pilgern aber oft erlassen, fragen Sie höflich an).

Wenn Sie nur 1 Nacht bleiben, müssen Sie im Regelfall noch € 2-5 Aufpreis für 1 Nacht Kurzzeit-Belegung dazurechnen (aber gerade Pilgern wird dieser oft erlassen), zumindest in allen Ortschaften mit "Bad" im Namen gesellt sich noch Kurtaxe hinzu (€ 1-2).

Teurere Quartiere gibt es zuhauf am Weg, sie sind aber nur dann angeführt, wenn es keine anderen gibt und mit dem Hinweis "über Pilgerkategorie" gekennzeichnet (oder sie dienen bei der Wegbeschreibung nur als Orientierungs-Punkte).

Spontan ein Zimmer vor Ort zu finden, kann in manchen Regionen (Wasserburg bis Brannenburg, Tirol, bezüglich CZ ☞ weiter unten) bzw. generell zu bestimmten Zeiten (v.a. Juli, August) zu einem Problem werden. Wenn Sie auf Nummer sicher gehen wollen, sollten Sie Ihre Unterkunft mehrere Tage im Voraus reservieren.

Wenn Sie vor verschlossenen Türen stehen (z.B. Ruhetag bei GH), wenden Sie sich vertrauensvoll an die Ortsbewohner, in der Regel kennt man den Chef und verständigt ihn.

Zwischen Cesky Krumlov und Kufstein wurden praktisch alle in Frage kommenden Privatquartiere erfasst. Ab Kufstein konnte aus Platzgründen nur eine (kleine) Auswahl vorgestellt werden, denn es gibt Tausende davon (allein Tirol verfügt über mehr als 355.000 Gäste-Betten!).

Die oben angeführten Preise gelten für A und D.

In CZ sind zwar die Preise (etwas) niedriger, dafür existieren aber auch weniger Zimmer. In der Praxis bedeutet dies, dass Sie zumindest für Cesky Krumlov und Frymburk entweder schon einige Wochen vorher reservieren oder - bei Vor-Ort-Suche - mit 4**** oder 5*****Hotels vorlieb nehmen müssen (ab ca. € 70/Person/Nacht) - die haben (fast) immer freie Zimmer. Privatzimmer-Vermieter in CZ vermieten ihre Zimmer zunehmend nur noch für längere Zeiträume (ab 1 Woche).

Ferienwohnungen (FeWo) existieren vor allem in Bayern zuhauf am Weg. Sie wurden aber nur dann als Unterkünfte aufgenommen, wenn eine eintägige Belegung garantiert ist und keine "Endreinigung" verrechnet wird. Grundsätzlich sollten Sie aber bei der Suche nach Unterkünften FeWo nicht außer

Acht lassen - manches Mal kommen solche trotz Aufschlag für 1 Nacht und Endreinigung (um die € 30) noch günstiger als ein 4****Hotel.

"Pilgerherbergen"

Gleich vorneweg: Diese haben mit solchen Herbergen, wie vom Spanischen Jakobsweg bekannt, nichts gemein. Es handelt sich vielmehr um die üblichen privaten Anbieter (Privatzimmer, Pensionen, Gasthöfe, Hotels), deren Betreiber sich "mit der Philosophie des Pilgerns identifizieren und sich auf die speziellen Bedürfnisse von Pilgern/Pilgerinnen eingestellt haben". Im Klartext bedeutet dieses entweder/oder/und flexible Frühstückszeiten (für Frühaufsteher), (kostenlose) Wasch- und Trocknungsmöglichkeiten für Kleidung, Preisnachlass, Einzelübernachtungen ohne Aufschlag, gemeinsames Singen am Abend usw.

Gekennzeichnet sind Pilgerherbergen mit einem Blechschild - quadratisches blaues Feld mit stilisierter gelber Jakobsmuschel, daneben gelbes Quadrat mit den Symbolen für Essen/Trinken und Bett in Blau, darunter der Schriftzug "Jakobsweg Pilgerherberge" in Blau auf weißem Grund. Vergeben werden diese Schilder von den jeweils zuständigen TVB. Pilgerherbergen sind (im Regelfall) nicht weiter als 500 m vom Weg entfernt.

Zeichen Pilgerherberge, Bayern

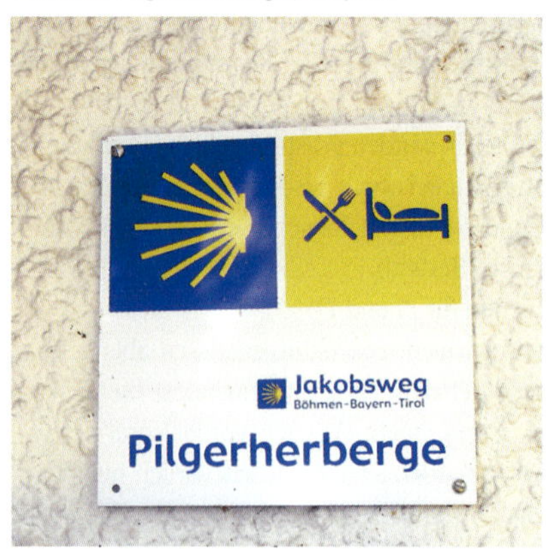

In CZ existieren keine Pilgerherbergen, im Mühlviertel lediglich eine, in Tirol gibt es relativ viele, in Bayern existieren (noch) sehr, sehr wenige.

Zumindest bei Gasthöfen werden die o.a. Vergünstigungen oft sehr willkürlich gehandhabt. Während der Hauptsaison (die für jeden Betrieb andere Monate umfasst) kann es schon passieren, dass Pilger mit einem "Leider ausgebucht" abgespeist werden. Sie sollten bei tel. Reservierung daher unbedingt darauf hinweisen, dass Sie Pilger sind.

Egal ob direkt vor Ort oder bereits Tage vorher (bei telefonischer Reservierung), wenn Sie in den vorgestellten Quartieren nicht unterkommen können, sollten Sie

- die kontaktierten Personen nach Alternativen fragen,
- die ortsansässige Bevölkerung befragen,
- sich an die Tourist-Info wenden (auch Pilger sind Touristen, Adressen, Telefonnummern usw. sind bei den Orten angeführt). Ich habe dutzende Gespräche mit den Damen und Herren der lokalen TVB geführt - einhelliger Tenor: Pilger ignorieren deren Dienste - jede(r) bedauerte dies.

⚠ **Campieren** in freier Wildbahn ist in CZ/A/D grundsätzlich verboten. Im Notfall (Übermüdung, Verirren usw.) kann das Übernachten mit Schlafsack im Wald/auf der Wiese usw. toleriert werden. Kein offenes Feuer entfachen, keinen Müll hinterlassen!

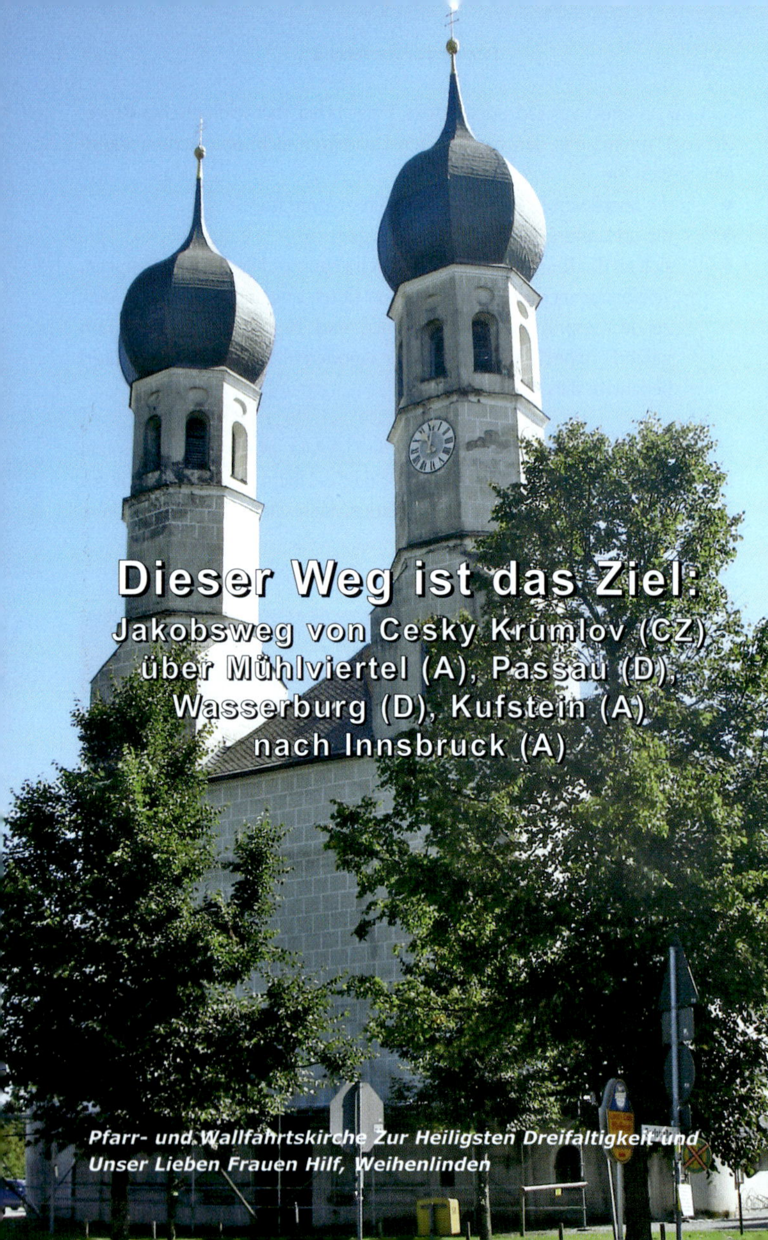

Dieser Weg ist das Ziel:

Jakobsweg von Cesky Krumlov (CZ) über Mühlviertel (A), Passau (D), Wasserburg (D), Kufstein (A) nach Innsbruck (A)

Pfarr- und Wallfahrtskirche Zur Heiligsten Dreifaltigkeit und Unser Lieben Frauen Hilf, Weihenlinden

Einige Anmerkungen zuvor

♦ Wege kommen und gehen - sollten Sie aufgrund eines neu entstandenen Weges bzw. eines geschlossenen irritiert sein, bitte ich Sie, (mich nicht in die Hölle zu wünschen, sondern) mir diese Tatsache via Conrad Stein Verlag (✉ info@conrad-stein-verlag.de) zum Wohle anderer Pilger/Wanderer mitzuteilen. Diese Info wird vorerst auf der Homepage des Conrad Stein Verlags (💻 www.conrad-stein-verlag.de) publiziert und findet Eingang in die nächste Auflage.

♦ In den folgenden 20 Kapiteln wird der kürzeste als Jakobsweg beschilderte Weg von Cesky Krumlov (CZ) bis Innsbruck (A) beschrieben. Im Prinzip kann dieser Weg als Teilstrecke des Pilgerweges vom international bedeutsamen Wallfahrtsort Tschenstochau/Czestochowa (PL) nach Santiago de Compostela (E) definiert werden.

Entlang dem Weg existiert eine größere Anzahl von kürzeren und längeren Varianten. Diese fanden nur dann Berücksichtigungen, wenn sie - praktisch betrachtet - gleichbedeutend mit dem Hauptweg sind.

♦ Die Strecke Cesky Krumlov bis Breitenbach/Inn ließ sich Hr. Maximilian Bogner einfallen, die TVB-Beschilderung ist identisch. Der Weg von Breitenbach bis Innsbruck geht zurück auf Hr. P. Lindenthal (☞ auch Kap. "Markierungen und Wegbeschreibung"). Die von den TVBs ausgeschilderte Strecke (in weiterer Folge TVB-Weg) ist zu ca. 90 % identisch. Bei der Wegbeschreibung wählte ich jeweils die kürzere Strecke und weise darauf hin um welchen Weg es sich handelt.

♦ Um einen Überblick über Ihren persönlichen Zeitbedarf für die vor Ihnen liegende Strecke zu gewinnen (bergauf, bergab, eben, Übernachtungsmöglichkeiten, Sehenswürdigkeiten usw.), sollten Sie sich bereits im Vorfeld mit dieser vertraut machen - z.B. durch Lesen des jew. Kapitels am Vortag der Wanderung.

♦ Kurz gefasst kann der hier beschriebene Weg - Cesky Krumlov bis Innsbruck - wie folgt charakterisiert werden:

Gesamtstrecke: ca. 512 km

Cesky Krumlov - Passau (ca. 142 km): langgezogene Wellen ohne besonders steile, lange Steigungen, gemütlich durch Wald und Feld

Passau - Breitenbach/Inn (ca. 308 km): mehr oder weniger durchgängig eben, hin und wieder sehr kleine Anstiege (50 bis (in Ausnahmefällen) 100 Höhenmeter). Da Bayern ein hoch entwickeltes Agrarland ist, also unglaublich viele unglaublich teure Agrar-Maschinen (und noch mehr Bier-Transporter) unterwegs sind, ist selbst noch der letzte Feldweg asphaltiert (ca. 75 % der Strecke trägt Asphalt, man kann aber im Regelfall auf begleitende Wiesenstreifen ausweichen).

Breitenbach/Inn - Innsbruck (ca. 62 km): das erste und letzte Drittel weist keine gröberen Steigungen/Gefälle auf, gemütlich und mehr oder weniger eben wandert man durch das Inntal. Im mittleren Drittel doch ein etwas längerer Anstieg zum Georgenberg und danach wieder zum Kloster St. Martin (jeweils ca. 400 Steigungsmeter).

♦ Hinsichtlich der Verbesserung Ihres Zeitmanagements wurde auch bei jeder Unterkunft (meist gleichbedeutend mit Ortschaft) die Entfernung zur nächsten Unterkunft angegeben.

♦ Entfernungsangaben (➲) sind ungefähre Angaben - plus/minus 5 %. Bei den angeführten Steigungs- und Gefällemetern (plus/minus 10 %) handelt es sich um die Gesamtheit aller, auch der geringsten und in der Praxis (fast) nicht mehr wahrnehmbaren Höhenunterschiede (gemessen aus den im Kap. "Information" angeführten digitalen Karten). Sie sollten sich daher durch 850 Steigungsmeter auf einer Etappenlänge von 30 km nicht schrecken lassen: Die Hälfte davon merken Sie kaum - schließlich ist der Weg als "familienfreundlich" charakterisiert. Sobald Ihnen also der Weg etwas zu lang, zu gefährlich, zu steil oder zu anstrengend vorkommt, sind Sie möglicherweise falsch.

♦ Höhenangaben bei den Info-Blöcken beziehen sich auf das Zentrum des jeweiligen Ortes (in Innsbruck z.B. Dom, in kleinen Orten Hauptplatz/Pfarrkirche), Höhenangaben bei den Geländeschnitten beziehen sich auf den Weg und nicht auf das Zentrum (es sei denn, der Weg führt durch dieses).

♦ Zeitangaben geben eine durchschnittliche Marschierleistung wieder - auf ebenem Gelände 4-5 km/h. Sie verstehen sich als reine Gehzeit - Aufenthalte (Kaffeepausen, Besichtigungen usw.) sind nicht eingeschlossen!

♦ Die Termini vor, nach, zurück, rechts, links sind - soweit sie die Beschreibung des Weges betreffen - immer in Gehrichtung/Westen zu verstehen!

♦ Der Ausdruck "beschildert" bezieht sich - falls nicht anders vermerkt - auf die gelb-blauen TVB-Jakobsweg-Schilder, in CZ <u>nur</u> auf die farbigen <u>Bindenmarkierungen</u> (☞ "Markierungen).

♦ Es sind nur solche Sehenswürdigkeiten angeführt, die mehr oder weniger direkt am Weg liegen. Von einer detaillierten Beschreibung wurde Abstand genommen, da in der Regel umfangreiches, kostenloses Info-Material vor Ort ausliegt.

♦ In Tirol ist man mehr oder weniger gewohnheitsmäßig auch mit Fremden per Du - das sollten Frauen nicht unbedingt diskriminierend oder gar als Anmache verstehen.

♦ Abschließend möchte ich noch bemerken, dass Sie von der Bevölkerung kein neutrales Verhalten erwarten dürfen - der Bogen reicht von Belächeln über Achtung bis Bewunderung.

In diesem Sinne - Ultreia.

P.S.: Aufgrund zahlreicher Bitten von Pfarrern, Fratres und Ordensschwestern möchte ich Sie noch einmal höflichst darauf hinweisen, dass Sie bei geplanter Inanspruchnahme von ✝ kirchlichen Herbergen unbedingt einige Tage vorher anrufen sollten!!! (☞ "Unterkunft")

P.P.S.: Falls Sie von Innsbruck weiter marschieren wollen, empfehle ich Ihnen mein ebenfalls im Conrad Stein Verlag erschienenes Buch "Österreich: Jakobsweg". In diesem ist der Weg bis Einsiedeln/CH (Anbindung an den Schweizer Jakobsweg/Via Jacobi) detailgenau beschrieben.

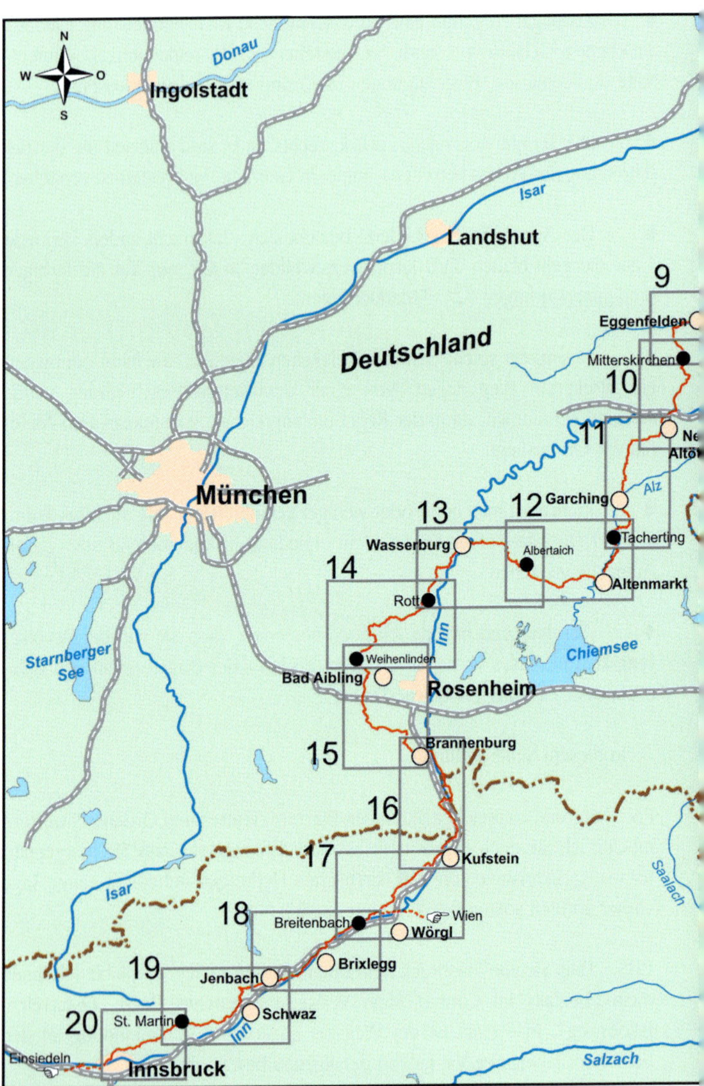
N
W
O
S
Donau
Ingolstadt
Isar
Landshut
Deutschland
9
Eggenfelden
Mitterskirchen
10
11
Alz
Garching
12
13
Tacherting
Albertaich
Wasserburg
Altenmarkt
14
Rott
Inn
München
Chiemsee
Weihenlinden
Bad Aibling
Rosenheim
Starnberger See
15
Brannenburg
16
17
Kufstein
Isar
18
Breitenbach
Wien
Wörgl
Brixlegg
19
Jenbach
Schwaz
20
St. Martin
Inn
Einsiedeln
Innsbruck
Saalach
Salzach

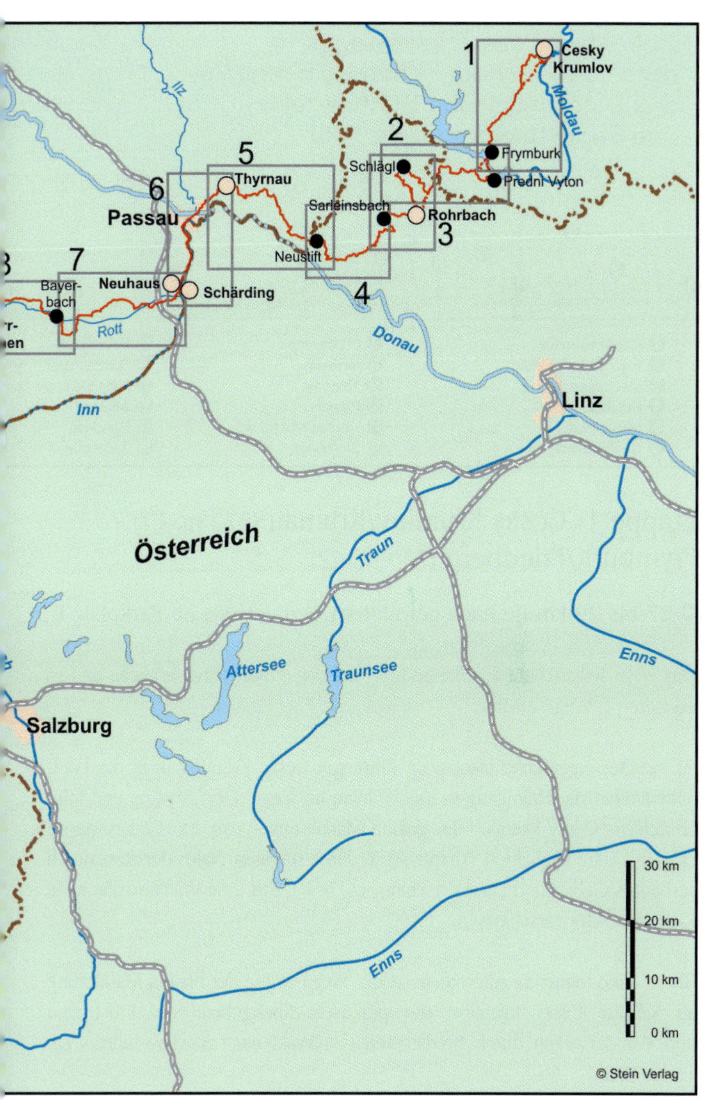
1
Cesky Krumlov
Moldau
2
Frymburk
Schlägl
Predni Vyton
5
Thyrnau
6
Passau
Sarleinsbach
Rohrbach
3
Neustift
7
Bayer-bach
Neuhaus
Schärding
4
Rott
Donau
Inn
Linz
Ilz
Österreich
Traun
Enns
Attersee
Traunsee
Salzburg
Enns
30 km
20 km
10 km
0 km
© Stein Verlag

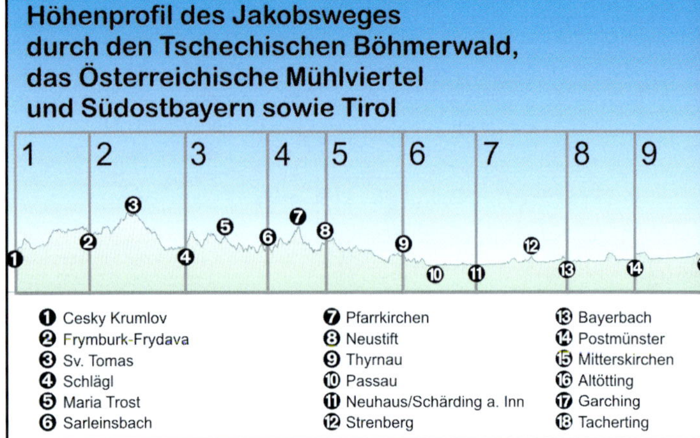

Etappe 1: Cesky Krumlov/Krumau (572 m, CZ) - Frymburk/Friedberg (730 m, CZ)

➲ 27 bis 29 km (je nach gewähltem Weg, jeweils ab Parkplatz I)

Das erste Teilstück dieser Etappe führt ins kleine Dorf Slavkov/Lagau und es existieren 2 Wege dorthin:

A) Der eigentliche Jakobsweg führt von Cesky Krumlov über die Wallfahrtskirche Ma. Heimgang in Kajov/Gojau ins kleine Dorf Slavkov und folgt ab Schloss Cesky Krumlov der **gelben Markierung** - insg. ca. 12 km, davon ca. 10-11 km asphaltiert (knapp 50 % durch schönen Wald, der Rest durch verbautes Gebiet und Landwirtschaft), ca. 3-3½ Std., die Wallfahrtskirche in Kajov ist leider verschlossen.

B) Eine lohnende Alternative ist der Weg entlang der **blauen Markierung** ab Schloss Cesky Krumlov, der praktisch durchgehend auf Erdstraßen und Wanderwegen durch herrlichsten (Ur-)Wald nach Slavkov führt - ca. 10 km/3 Std.

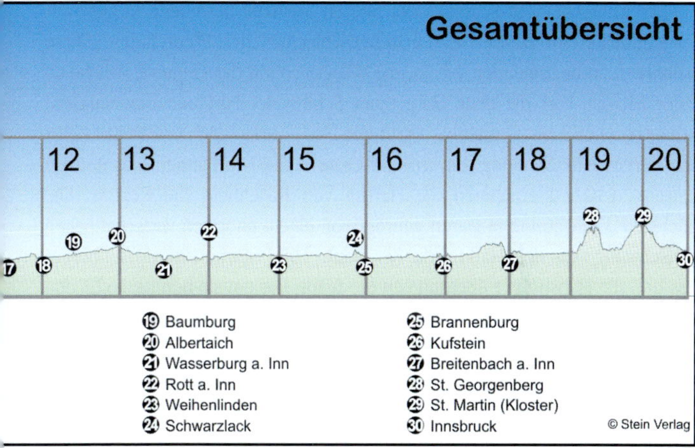

Die ersten ca. 2 km laufen beide Wege/Markierungen parallel.

Ich beschreibe nach dem Info-Block Cesky Krumlov zuerst den Weg entlang der gelben Markierung (Seite 46), danach - noch vor dem Info-Block Slavkov - den Weg entlang der blauen Markierung (Seite 51).

Zu den zu bewältigenden Steigungs-/Gefällemetern kann ich zur Strecke Cesky Krumlov - Svetlik/Kirchschlag (ca. 17 km) nur Schätzungen geben - ca. 300-400 Steigungsmeter - entlang der gelben Markierung schön in langgezogenen Wellen dahin; keine besonderen Steigungen/Gefälle; dito entlang der blauen Markierung, lediglich kurz vor Slavkov ein etwas steilerer Anstieg (10 Min.). Entlang der Strecke Svetlik - Frymburk (12 km) sind gemessene 160 Steigungs-, 220 Gefällemeter zu absolvieren.

⌛ 7 bis 8/9 Std.

38101 Cesky Krumlov ⇧ 572 m ✆ ++420/380

BANK Drogerie Arzt Zahnarzt (Lokalbahn)

i Informations-Zentrum Cesky Krumlov, Namesti Svornosti 2, ☎ 70 46 22, www.ckrumlov.cz/info, www.ckrumlov.info

Die wahrscheinlich schon in der älteren Steinzeit besiedelte Region war im Mittelalter im Besitz des Fürstengeschlechtes der Přemysliden. Diese belehnten im beginnenden 13. Jh. die Witigonen mit der Gegend, welche an einer Moldau-Furt die erste Burg (zum Schutz der Furt und des Handels) erbauten (1259 als Crumlov - "Krumme Au" - urkundlich erwähnt). 1274 war bereits eine Siedlung (Bayern und Österreicher) vorhanden (das heutige Latran). 1302 übernahmen die Herren von Rosenberg die Region. Die nächsten 3 Jahrhunderte waren geprägt von einem enormen wirtschaftlichen Aufschwung (Handel, Handwerk, Bergbau). 1601 starben die Rosenberger aus und die Habsburger übernahmen die Stadt, nur um sie bereits 1622 den steirischen Eggenbergern zu übertragen. Diese blieben zwar nur 3 Generationen, beeinflussten das Stadtbild aber enorm durch Neubauten. 1719 kamen die Schwarzenberger und die Stadt stieß an die Spitze der europ. Kulturzentren vor. Nach dem 1. Weltkrieg wurde (nach anfänglichen Schwierigkeiten) Krumau Teil der neuen Tschechoslowakischen Republik (internat. rechtlich anerkannt mit dem Friedensvertrag von Versailles, 28.6.1919). Zwischen 1938 und 1945 wurde Cesky Krumlov dem Gau Oberdonau einverleibt. Nach dem 2. Weltkrieg erfolgte die Vertreibung der deutschen Bevölkerung (Benes-Dekrete). 1963 wurde die Stadt unter staatlichen Denkmalschutz gestellt, sofort nach der politischen Wende wurde sie 1989 zum Kulturdenkmal erklärt und 1992 als UNESCO Weltkulturerbe anerkannt. Nach einer umfassenden Restaurierung erfolgte ein großer wirtschaftlicher Aufschwung durch Tourismus (kulturell wie sportlich, die Moldau/Vltava gilt als Kanu-Paradies).

⌘ **Gesamtes histor. Zentrum** (Vnitrní Mesto/Innenstadt in der Moldau-Schleife gelegen, sowie das angrenzende Latran beherbergen eine Bausubstanz bis zurück ins beginnende 16. Jh., insg. ca. 300 Objekte) - **Schloss Cesky Krumlov**, zweitgrößte Schlossanlage in CZ, ca. 11 ha, die Anfänge der Burg reichen zurück ins 13 Jh., dann laufend Erweiterungen, Zubauten, heute barockes Erscheinungsbild, unter den unzähligen Highlights der Anlage sei z.B. das weltweit einzig erhalten gebliebene und nach wie vor funktionstaugliche **Barocktheater** und die "**Mantelbrücke**", erstmals im 15. Jh. erwähnt, heutiges Aussehen aus 1777, erwähnt - **Kastell mit Turm** (Burggrafenamt, im Kern frühgotische, dann im Stile der Renaissance umgebaut, sehr malerisch) - ehem. Städtische Renaissance-**Brauerei** (war bis 1945 in Betrieb, seit 1993 "**Egon-Schiele-Art-Centrum**; (Schiele lebte 1911 in Cesky Krumlov, wurde vertrieben) - Renaissance-**Rathaus** - Mariensäule (aus 1715) - **Wachsfigurenmuseum** - **Foltermuseum** - Pfarrkirche **St. Veit** (1407 gegründet, 1725/26 Barockisierung, Fresken aus dem 15. Jh., Hochaltar aus 1683) - frühbarockes, ehem. **Jesuiten-Kolleg** (1650-52 erbaut, heute **Heimatkundliches Kreismuseum**

Im Stadtteil Latran noch ehem. **Klarissinen- und Minoriten-Kloster** (gegründet 1350) - ehem. **Jodokus-Kirche** mit Spital (erste Hälfte des 14. Jh., aufgelöst unter Joseph II.)

Cesky Krumlov mit Moldau und Burggrafenamt

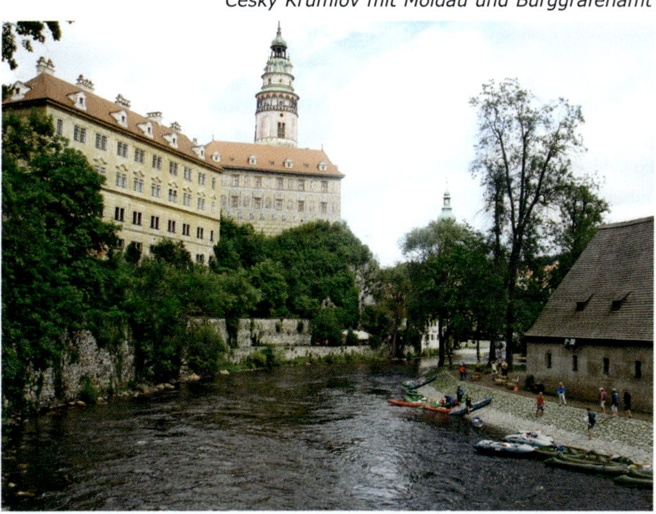

🛏 Das Angebot an Unterkünften in allen Preislagen ist riesig, aus Platzgründen muss ich Sie an o.e. Info-Zentrum verweisen. Bezüglich Nähe zum Ausgangspunkt der Wanderung sollten Sie Ihre Zimmersuche auf die Stadtteile Vnitrní Mesto/Innenstadt und Latran konzentrieren. Einen Stadtplan von Cesky Krumlov mit allen Hotels/Pensionen/Privatunterkünften (inkl. Adresse, ☏ ✉ Links) finden Sie unter 💻 www.mapy.ckrumlov.cz. Während der Hauptsaison sollten Sie 2-3 Wochen vor geplanter Ankunft eine Unterkunft reservieren - und nehmen, was Sie bekommen.

☺ Die **nächste** 🛏 entlang der gelben Markierung findet sich am Stadtrand Kajov/Gojau - ca. 4,5 km.

Entlang der blauen Markierung findet sich die nächste 🛏 (theoretisch) in Slavkov - ca. 10 km, sonst erst in Svetlik - ca. 17 km.

A) Eigentlicher Jakobsweg über Wallfahrtskirche Kajov/ Gojau nach Slavkov

Sie folgen ab Schloss Cesky Krumlov bis Slavkov der **gelben Binden-Markierung.**

Wenn Sie vom **Parkplatz 1** in Cesky Krumlov Richtung Mantelbrücke gehen, zweigt einige Meter vor dieser (bzw. einige Meter nach Querung des Polecnice-Baches) rechts der **Promenadenweg** *U Pracharny* zum Schloss hinauf ab. Bei der schnell erreichten, quer laufenden Asphaltstraße (*Na Dlouhe zdi*) gehen Sie links.

Ganz oben nach insg. 5 Min. angekommen haben Sie einen traumhaften Ausblick auf die Stadt - links geht's ins Schloss, rechts sind die Gartenanlagen.

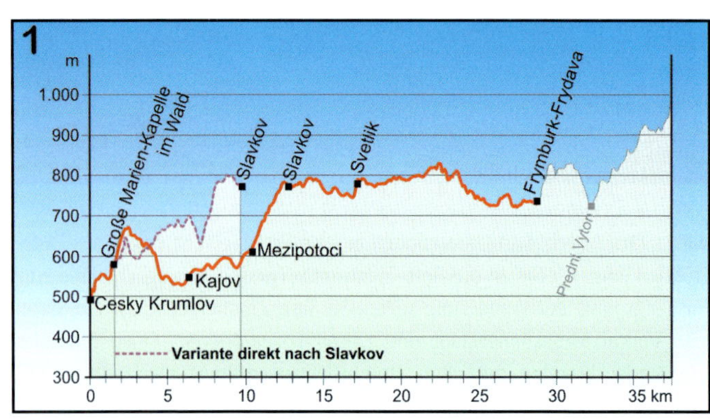

Sie halten sich rechts und folgen der asphaltierten Straße *K. Zamecke zahrade* - rechts von Ihnen die Umfassungsmauer der Gartenanlagen, links von Ihnen die äußerste Schlossmauer. Nach etwa 10 Min. ab Aufbruch passieren Sie die beiden **HNr. 61 und 176** (hier endet links Schlossmauer). Am folgenden Parkplatz nicht links abzweigen, sondern weiterhin der Gartenmauer (rechts) folgen. Diese macht nach etwa 5 Min. einen **leichten Knick** nach rechts, auch hier nicht links in die geschotterte Feldstraße abzweigen (bei den großen, leeren Bildstöcken), sondern weiterhin der Mauer folgen.

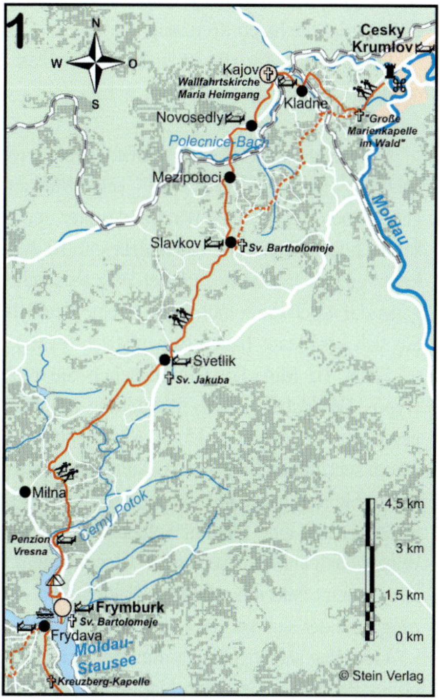

2 Min. danach weicht bei einem **großen Wegweiser** die Gartenmauer wie die Asphaltstraße im rechten Winkel nach rechts zurück (Ende der Gartenanlagen) - erst hier links in die **breite Erdstraße** abzweigen (der schmale Feldweg ist falsch).

Nach etwa 5 Min. beschreibt diese Erdstraße eine Linkskurve; Sie aber gehen geradeaus weiter und folgen dem schmaleren Abzweig. Nach bereits 3-4 Min. erreichen Sie bei einem kleinen Häuschen und einem **schwarz-weißen, gusseisernen Wegkreuz** eine Kreuzung - hier rechts abzweigen und dem Waldweg folgen.

Nicht einmal 10 Min. nach dieser Kreuzung erreichen Sie bei einer rel. **großen, allein im Wald stehenden Marienkapelle** eine weitere Kreuzung und halten sich rechts hinauf.

Hier verlässt Sie der schöne, blau markierte Alternativ-Weg und führt geradeaus weiter direkt nach Slavkov.

Gegenüber den Darstellungen in der "Böhmerwald-Wander-und-Radkarte" (☞ Literatur und Karten) wurde hier eine Wegänderung durchgeführt. Früher ging auch die gelbe Markierung noch geradeaus weiter und zweigte erst bei der nächsten Kreuzung ab.

Diese große Kapelle ist in besagtem Plan nicht eingezeichnet, erst die nächste Kapelle/Bildstock findet sich.

Sie zweigen also bei der großen Kapelle rechts hinauf ab und erreichen nach ca. 5 Min. den **Waldrand** - keine Markierung, kein Weg zu sehen. Sie gehen noch ca. 10 m am Waldrand weiter und zweigen dann im rechten Winkel nach links hinauf ab. Nach vielleicht 30 m sehen Sie wieder die einwandfreien gelben Markierungen; der Weg als solches bleibt noch ca. 5 Min. nicht ganz klar, doch dann mündet er in eine **deutliche Forststraße** ein, auf welcher Sie sich geradeaus halten (schematisch rechts).

Nach 10 Min. Forststraße sehen Sie rechter Hand eine **kleine Hütte** (Typus **"Waldstall"**) - die Markierung ist nicht ganz eindeutig. Sie müssen geradeaus weitergehen. 15-20 Min. nach diesem "Waldstall" stoßen Sie bei einem sehr **hohen Bildstock** (Öffnungen zugemauert) auf eine Kreuzung - hier halten Sie sich in die links rückwärts führende Forststraße (praktisch betrachtet gehen Sie eine (ebene) Spitzkehre nach links aus; nicht den im rechten Winkel nach links abzweigenden Weg nehmen). Ca. 5 Min. nach dieser Kreuzung zweigt **links ein schmaler Waldpfad** ab - schlecht zu sehen, die Markierung befindet sich ca. 10 m vor dem Abzweig.

Der Weg schlängelt sich nun die nächsten paar Minuten durch etwa 1 m hohes **Brombeer-Gestrüpp** hindurch und ist nicht immer wirklich zu sehen, die Markierung ist aber einwandfrei. Nach etwa 5 Min. zeigt ein **gelber Pfeil** nach links - hier müssen Sie direkt beim Pfeil links gehen (hinunter) - nicht (wie üblich) erst nach 10, 15 m - und erreichen nach nicht einmal 5 Min. eine quer laufende Forststraße - links auf dieser weiter. Nach 6-7 Min. endet der Wald, Sie gehen durch Wiesen und Felder hindurch, überqueren wieder mal ein **Eisenbahn-Gleis** und stehen 2 Min. weiter beim **HNr. 6 am Ortsrand von Kladne** (bereits zu Kajov gehörig). Bei der Asphaltstraße halten Sie sich rechts und erreichen nach 100 m bei einer Müll-Insel eine weitere, quer laufende Asphaltstraße - rechts auf dieser weiter. Nach etwa 200 m ignorieren Sie bei einem **Wegkreuz** (Holz, Blech) und einem **Solarkraftwerk** einen asphaltierten Linksabzweiger und folgen der Asphaltstraße noch rd. 500 m bis zu einer Rechtskurve (bereits Ortsrand von Kajov) mit **rosarotem Haus** (= Hinterseite des 🛏✕ Kajovska Hospoda (☏ ++420/606/42 13 95, 💻 www.kajovskahospoda.cz, ☺ nächste 🛏 in Novosedly - ca. 3 km).

Hier verlassen Sie die Asphaltstraße am Beginn der Kurve und folgen geradeaus dem **Wiesenweg** - nach 100 m mündet der Weg aber wieder in die zuvor verlassene Asphaltstraße. Sie folgen dieser nach links und überqueren kurz darauf die **Eisenbahngleise**. Schnell nach diesen beschreibt die Asphaltstraße eine Linkskurve, in welcher Sie rechts abzweigen und auf einer **Fußgängerbrücke** den Polecnice-Bach überqueren. Nach der Brücke überqueren Sie auch noch die Durchgangsstraße und schreiten durch den **Durchlass in der Lärmschutz-Wand**. Am Ende derselben halten Sie sich an der nun erreichten Asphaltstraße *Poutny* links und erreichen nach etwa 200 m eine **Kreuzung** (⇧ 560 m, mehr oder weniger Zentrum von 38221 Kajov ✕ 🚌).

Hier nehmen Sie die mehr oder weniger geradeaus führende Straße *Kajovska* und zweigen bereits nach 50 m rechts in die schmale, asphaltierte Straße (*Slunecna*) ab. Nach etwa 100 m passieren Sie ein kleines Restaurant und 200 m nach diesem erreichen Sie eine Kreuzung - hier links weiter. Nach vielleicht 150 m stehen Sie bei einem **kathol. Monument** (Hl. Thaddäus/Josef/Antonius in Lebensgröße, ca. 5 km ab Cesky Krumlov) an der nächsten Kreuzung - **links** geht es zur Wallfahrtskirche (100 m), **rechts** führt der Weg weiter.

✞ Wallfahrtskirche Nanebevzetí Panny Marie/Maria Heimgang

Ausgangspunkt für den (wahrscheinlich) ältesten Wallfahrtsort Tschechiens war ein vorchristlicher Steinkult. Während der Missionierung wurde der Stein umgedeutet und zeigte nun Spuren des Hl. Wolfgang - die Wallfahrt begann. In der 2. Hälfte des 13. Jh. wurde eine erste frühgotische Kirche errichtet und 1422 während der Hussiten-Kriege zerstört. Mitte des 15. Jh. wurde die Wallfahrt zum "Wolfgang-Stein" verboten, es begann die Marien-Wallfahrt. Zwischen 1471 und 1488 wurde die heutige, spätgotische Kirche erbaut.

Die aktuelle Inneneinrichtung stammt größtenteils aus dem Barock, nur wenige Exponate sind aus der Gotik erhalten geblieben. Ursprünglich war dem Kirchenareal auch ein Hospiz angegliedert. Der Hauptaltar zeigt die spätgotische "Madonna von Kajov" (Ende 15. Jh.). Der Altar stammt aus 1670 und wurde vom Arzt Ondrej Volkshofer gespendet. Seit 1995 ist diese Wallfahrtskirche Nationaldenkmal und im Regelfall verschlossen.

Sie halten sich also rechts, folgen der steigenden Asphaltstraße ***U Kostela*** (nicht der rechts rückwärts abzweigenden) und erreichen nach etwa 1 km wieder die **Durchgangsstraße**, die Sie geradeaus überqueren, und marschieren nach **Novosedly**/Neusiedl (⇧ 571 m, ca. 7 km von Cesky Krumlov) hinein (🛏✕ Penzion Ratzka, Novosedly 3, 📱 ++420/607/73 14 82, 💻 www.ratzka.cz, das Gebäude stammt aus 1609, ☺ nächste 🛏 in Slavkov (theoretisch) - ca. 5 km, dann erst wieder in Svetlik - ca. 5 km).

Das Novosedly wird auf seiner Hauptstraße durchschritten und etwa 0,5 km nach der Penzion Ratzka zweigen Sie rechts ab, folgen nach 20 m der wieder erreichten **Durchgangsstraße** nach links und zweigen nach ca. 500 m links ab Richtung Mezipotoci/Nespoding (kleine Asphaltstraße).

Wenig mehr als 500 m nach der Abzweigung von der Hauptstraße wird wieder der Polecnice-Bach überquert, 200 m danach geht es beim **Bahnhof von Mezipotoci** über die Gleise der einspurigen Eisenbahn und nach ca. 0,5 km ignorieren Sie im "Zentrum" von Mezipotoci einen asphaltierten Linksabzweiger und gehen geradeaus weiter.

Etwa 2,5 km (30-45 Min.) nach dem "Zentrum" von Mezipotoci erreichen Sie bei der **Ortstafel Slavkov** (ca. 7 km ab Kirche Kajov) eine links abzweigende Asphaltstraße. Der Weg geht hier links weiter (folgen Sie der blauen Markierung, hier trifft man auch die Wanderer, die ab Schloss Cesky Krumlov der blauen Markierung folgten).

Um zur kleinen (geschlossenen und reparaturbedürftigen) Pfarrkirche St. Bartholomäus/Sv. Bartholomeje zu gelangen, müssen Sie noch ca. 200 m geradeaus weitergehen (zur Penzion Horfa sind es noch ca. 50 m weiter). Um weiter dem Weg zu folgen, müssen Sie dann wieder zurück zum zuvor erwähnten Abzweig

B) Alternativ-Weg von Cesky Krumlov direkt nach Slavkov

Sie folgen ab Schloss Cesky Krumlov bis Slavkov der **blauen Binden-Markierung.**

Der Weg vom Parkplatz I in Cesky Krumlov bis zur großen, allein im Wald stehenden Marien-Kapelle ist bereits vorher beschrieben, ☞ Wegbeschreibung "A) Eigentlicher Jakobsweg über Wallfahrtskirche Kajov/Gojau nach Slavkov", gelbe Markierung (Seite 46).

Bei der großen, **allein im Wald stehenden Marien-Kapelle** gehen Sie geradeaus weiter. 5 Min. nach dieser Kreuzung ist bei einem **kleinen Bildstock** die nächste Kreuzung erreicht und Sie nehmen von den beiden rechts abzweigenden Erdstraßen die zweite. Nach 5 Min. ignorieren Sie die von links einmündende Erdstraße und gehen eine Rechtskurve aus. Sie wandern nun kurz entlang der **Bahngleise** (linker Hand) weiter und überqueren diese dann in einer Linkskurve.

5 Min. später erreichen Sie eine quer laufende Asphaltstraße und halten sich auf dieser links, leicht steigend weiter. Die **Kuppe** ist nach 3 Min. erreicht. Hier zweigen Sie rechts in die Schotterstraße ab, verlassen diese aber bereits nach ca. 20 m nach links und benutzen den **breiten, schönen Waldweg**.

Nach 3 Min. erreicht der Weg eine quer laufende Forststraße - links auf dieser weiter. Nach 5 Min. passieren Sie ein **riesiges Wegkreuz** und aus dichtem Wald wird landwirtschaftlich genutzte Fläche. 5 Min. nach dem riesigen Wegkreuz erreichen Sie eine Asphaltstraße und halten sich auf dieser rechts hinauf - die Kuppe (**Malotin**, ⇧ 694 m) ist bereits nach 1 Min. erreicht, den schönen Rechtsabzweiger ignorieren Sie und folgen noch 1 Min. der nun fallenden Asphaltstraße, um dann links in eine ebenfalls asphaltierte Straße einzubiegen, leicht steigend.

Nach knapp 10 Min. beschreibt die Asphaltstraße eine **Linkskurve**, Sie aber gehen geradeaus den fallenden Wald-/Wiesenweg (später Traktorspur) weiter, der nach ca. 5 Min. an einer quer laufenden, ebenfalls fallenden Forststraße endet. Dieser folgen Sie nach links, ignorieren nach ca. 50 m die links abzweigende Traktorspur und überqueren nach wenigen Minuten den **Kaliste-Bach**. Auf der anderen Bachseite halten Sie sich sofort nach links in den "Wiesenweg" hinein (schräg vor Ihnen sehen Sie ein einsames Gehöft) - der Weg ist nicht ganz klar zu erkennen (die Markierung aber ist OK) - gehen Sie einfach am Zaun bzw. an der Grenze Wald-Wiese/Weide entlang weiter - stark verwachsen, ähnelt einem Dschungel-Pfad.

Nach längstens 100 m ist wieder Wald erreicht und es beginnt ein klarer und deutlich erkennbarer Waldweg (eigentlich eine in Auflösung begriffene Forststraße), welcher nach ca. 10 Min. an einer quer laufenden Asphaltstraße endet. Diese wird geradeaus überschritten und Sie gehen den Waldweg weiter. Rd. 1-2 Min. (ca. 100 m) nach der **Asphaltstraßen-Überquerung** zweigt rechts ein **schmaler Waldpfad** ab - schlecht zu erkennen und auch schlecht markiert. **Geben Sie Obacht**.

Beginn der "weglosen"/schlecht markierten Strecke kurz vor Slavkov

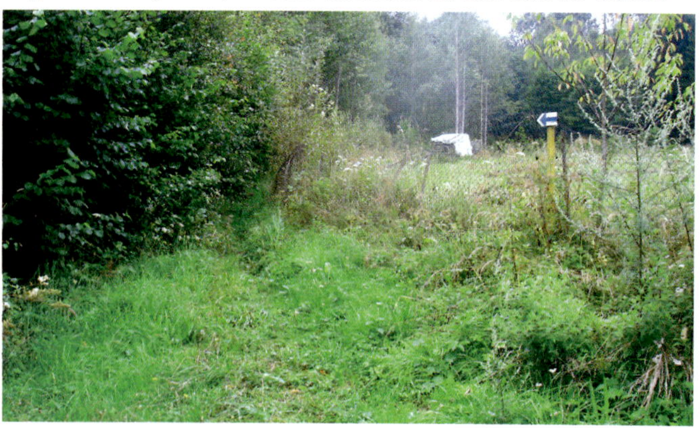

Nun beginnt der Weg erstmals seit Cesky Krumlov (vergleichsweise!) ernsthaft zu steigen und auch erstmals seit Cesky Krumlov lässt die Markierung zu wünschen übrig, da der Weg (ca. 5 Min.) durch **mannshohes Gebüsch** führt (markieren Sie mal Gebüsch) - Sie müssen die nächsten ca. 5 Min. ab Abzweig: a) immer hinauf und b) die wenigen vorhandenen Bäume genauestens kontrollieren - ausschließlich diese tragen eine blaue Markierung. Nach diesen ca. 5 Min. endet das Gebüsch und Nadelwald beginnt und somit auch ein klarer Waldweg (weiterhin steigend, nun nicht mehr so stark).

Ca. 10 Min. ab dem schlecht zu erkennenden Abzweig beschreibt der Weg eine deutliche **Linkskurve** auf klarem Wegverlauf und nach weiteren 5 Min. mündet dieser Waldweg in einen gleich breiten Waldweg - geradeaus auf diesem weiter (schematisch betrachtet links). Der Weg steigt noch vielleicht 1 Min. an, dann geht´s bergab und nach bereits ca. 3 Min. mündet dieser Weg in einer **Spitzkehre** in eine **schlecht erkennbare Wiesenstraße/ Traktorspur** - Sie gehen links zwischen Waldrand (rechter Hand) und E-Zaun (linker Hand) weiter (alles schlecht bis gar nicht markiert).

Knapp 10 Min. nach Abzweig bei Spitzkehre verzieht sich der E-Zaun nach links - hier gehen Sie rechts hinunter weiter und erreichen nach nicht einmal 10 Min. den **Ortsrand von Slavkov** und somit eine Asphaltstraße. Sie halten sich auf Asphalt rechts hinunter bis zur **Hauptstraße**, dort einige Meter rechts und schon ist die kleine, geschlossene und renovierungsbedürftige **Kirche St. Bartholomäus/Bartholomeje** (geht zurück auf 1313 (Kapelle), seit 1362 Pfarrkirche) erreicht (die Penzion Horfa befindet sich an der erreichten Hauptstraße 50 m links).

Wenn Sie von der Kirche noch ca. 200 m weiter geradeaus gehen, zweigen Sie entlang der blauen Markierung nach links ab und befinden sich wieder auf dem "richtigen" Weg und treffen auch mit denen zusammen, die von Schloss Krumlov ("richtig") entlang der gelben Markierung über Kajov marschiert sind.

Slavkov/Lagau ⇧ 819 m

Erstmals 1305 urkundlich erwähnt. Die Feste Slavkov neben der Kirche geht zurück ins beginnende 14. Jh. und zeigt noch heute ein seltenes ganzheitliches Erscheinungsbild der Wohnburgen des kleinen Landadels (im konkreten Fall Sitz der Ritter von Harrach).

🛏 Penzion Horfa, HNr. 4, ☎ ++420/380/73 71 64 bzw. 📱 ++420/721/50 54 59, ✉ horfa@razdva.cz (falls überhaupt noch geöffnet, eher für Notfälle gedacht)

☺ Nächste 🛏 in Svetlik - ca. 6 km

✕ Schräg gegenüber der Kirche befindet sich das Restaurant Horfa, auch eher für Notfälle gedacht (falls überhaupt noch geöffnet).

C) Gemeinsamer Weg Slavkov/Lagau - Frymburk/Friedberg

Ab Abzweig am Ortsrand von Slavkov folgen sowohl diejenigen, die über Kajov hierher gekommen sind, als auch diejenigen, die direkt hierher gingen, der **blauen Binden-Markierung**.

Ca. 200 m nach diesem Abzweig passieren Sie das Areal mit dem pyramidenförmigen **"Krieger-/Vertreibungsdenkmal"** von Slavkov und die Asphaltdecke zerbröselt immer mehr. 100 m nach der Pyramide ignorieren Sie einen Rechtsabzweiger und passieren knapp 0,5 km danach eine **kleine Kapelle/größeren Bildstock**. Ca. 0,5 km nach dieser Kapelle gehen Sie bei der erreichten Kreuzung geradeaus weiter (erster Blick auf Svetlik). Rd. 2,5 km (30-45 Min.) nach dieser Kreuzung passieren Sie einen **Ententeich** und halten Sich an dessen Ende links (ab hier folgen Sie weiterhin der blauen Markierung, doch auch die hinzugekommene grüne Markierung ist OK).

5 Min. nach dem Ententeich erreichen Sie bereits im Ortsgebiet von Svetlik die quer laufende Durchgangsstraße und folgen dieser rechts hinauf, gehen nach etwa 200 m beim COOP noch geradeaus und halten sich bei der schnell danach (100 m) erreichten Gabelung bei einer **Verkehrsinsel mit Brunnen** und Linde rechts - Sie haben sich hier ca. 6 km von Slavkov entfernt.

38211 Svetlik/Kirchschlag ⇧ 798 m

Tourist-Center Cesky Krumlov, www.ckrumlov.cz/svetlik

Apartmenthaus/Apartmanovy Dum Obecna Skola, HNr. 62 (ggü. der Kirche, Wegbeschreibung unten), ++420/736/51 25 90 od. ++420/724/27 89 56, www.adobecnaskola.ceskyhory.cz, www.adobecnaskola.czech-mountains.com

☺ Nächste in Frymburk, Ortsrand ca. 8 km, Zentrum ca. 11 km

Ca. 100 m nach der **Verkehrsinsel mit Brunnen** - bereits am Ortsrand von Svetlik - zweigen Sie links im rechten Winkel in einen Feldweg ein (der im spitzen Winkel abzweigende Feldweg führt zur neuromanischen, geschlossenen Kirche St. Jakobus/Sv. Jakuba, (ursprünglich 13. Jh., Neuerrichtung 1872-74 im Auftrag des Stiftes Schlägl).

Von Svetlik-Ortsrand bis Frymburk folgen Sie der **grünen Binden-Markierung**.

Richtig sind Sie, wenn Sie nach bereits wenigen Metern das **HNr. 79** und 5 Min. danach einen leeren Bildstock passieren. Einige wenige Minuten nach diesem Bildstock stoßen Sie bei einem **Solarkraftwerk** auf eine quer laufende Schotterstraße - rechts weiter. 5 Min. danach ignorieren Sie einen Linksabzweiger und folgen weiterhin der Schotterstraße durch Wiesen hindurch.

Nach rd. 30 Min. ab Svetlik beginnt Wald die Szenerie zu bestimmen, Sie stoßen in diesen hinein und erreichen nach 5 Min. eine **Gabelung (Bedrichov**, ⇧ 718 m) und nehmen den linken Ast. Die nach nicht einmal 10 Min. anzutreffende Kreuzung queren Sie geradeaus und nach weiteren 10-15 Min. stoßen Sie am **Waldrand** auf einen **Weidezaun**, den Sie überwinden müssen.

Sie folgen nun zuerst dem **einreihigen Baumstreifen**, dann dem **E-Zaun** (beide linker Hand) und nach nur wenig mehr als 5 Min. ist die Weide beim nächsten E-Zaun durchschritten (dieses Stück kann ziemlich matschig sein) und Sie folgen wieder der Schotterstraße bergauf.

Nach rd. 5 Min. beginnt die Straße wieder zu fallen (den Linksabzweig an der Kuppe haben Sie ignoriert), führt am Waldrand entlang weiter und 5 Min. nach der Kuppe stößt er wieder in den Wald hinein. Wie nicht anders zu erwarten, stoßen Sie nach nur wenigen Augenblicken im Wald auf eine große Kreuzung (**Milna**, ⇧ ca. 820 m), welche Sie geradeaus queren. An der nach 20 m erreichten Erdstraße halten Sie sich links hinunter (rechts in einiger Entfernung sehen Sie die Häuser der Ortschaft Milna/Mühlnöd).

Diese Erdstraße führt durch Wiesen hindurch und wird immer unkenntlicher - nach nicht einmal 5 Min. auf dieser ignorieren Sie bei einem **Weidetor** einen (ebenso unkenntlichen) Rechtsabzweig und gehen nach 30 m - schon am Waldrand - eine Linkskurve aus. Im Wald beginnt wieder ein klarer und deutlicher Waldpfad. Wie nicht anders zu erwarten, ist nach 3 Min. eine Gabelung erreicht und Sie nehmen den rechten Ast - anfänglich ein breiter Waldweg, dann - nach wenigen Minuten - wird ein ziemlich schmaler Pfad daraus, der nach 2 Min. an einer Gabelung endet: Sie nehmen den rechten Ast (der linke ist nur mehr schwach zu sehen, vielleicht ist er auch schon zugewuchert, wenn Sie hier gehen).

Nicht einmal 5 Min. nach der letzten Gabelung (15-20 Min. nach Kreuzung Milna) mündet der Weg in eine sehr grobe, quer laufende Erdstraße ein, rechts weiter (der Zustand bessert sich schnell). Ziemlich schnell endet diese Erdstraße bei einer quer laufenden Asphaltstraße (Belag teils stark in Auflösung begriffen) in üblicher Straßenbreite - rechts weiter hinunter. Nach ca. 15-20 Min. auf dieser fallenden Straße überqueren Sie ein Bächlein (**Cerny Potok**, ⇧ 731 m) und halten sich danach an der Gabelung rechts die klaglos asphaltierte Straße hinunter.

Nach einigen Minuten endet der schöne Wald, Sie gehen durch Wiesen hindurch und bald sehen Sie die **ersten Häuser von Frymburk**.

Sie passieren die 🛏✕ Penzion Vresna (📱 ++420/776/05 91 91 oder ++420/777/93 82 58, 💻 www.lipnopenzion.cz (nur tschechisch), HP möglich) und stehen 2 Min. danach an der Durchgangsstraße Richtung Frymburk.

Sie halten sich **noch an dieser Straßenseite** links und benutzen die parallel zur Durchgangsstraße verlaufende Straße (anfänglich asphaltiert, später Erdstraße). Nach 5 Min. endet diese Straße wieder an der Durchgangstraße. Sie überqueren diese und nehmen an der anderen Straßenseiten den zwischen Durchgangsstraße (links) und Moldau-Stausee (rechts) verlaufenden und asphaltierten **Radweg** (*Rekreacny Bycl. Trava*).

Sie queren nun den recht einfachen ⛺ **Camping-Platz Vresna** (☎ ++420/602/25 57 33, 💻 www.camp-lipno.cz, es können kleine Bungalows gemietet werden - Reservierung unbed. nötig).

Einige Minuten nachdem Sie die Rezeption des Camping-Platzes passiert haben, weist ein gelber Pfeil nach rechts hinunter - nicht die Schotterstraße nehmen, sondern erst die nach 20 m folgende Asphaltstraße (Radweg 33).

Ca. 15 Min. nach der Camping-Platz-Rezeption passieren Sie zwei Hintereingänge zum 🛏✕ Wellnesshotel Frymburk (💻 www.hotelfrymburk.cz, über Pilgerkategorie) und danach eine **Schrebergarten-Anlage**, gefolgt von einer Ansammlung von Garagen, danach wieder Schrebergarten-Häuschen. Am Ende der Schrebergärten zweigt rechts der **Radweg 33** ab - der Jakobsweg führt aber geradeaus leicht steigend weiter.

Wenn Sie dem Radweg 33 folgen, gelangen Sie direkt zur Fähre bei der Kirche, verpassen also den Hauptplatz/das Zentrum von Frymburk. Beide Wege sind gleich lang, beide führen durch verbautes Gebiet, sind also asphaltiert.

Nach 3 Min. stehen Sie wieder einige Meter vor der Durchgangsstraße, halten sich in die kleine Straße rechts hinein und erreichen nach 5 Min. das obere Ende des lang gestreckten **Hauptplatzes**. Sie folgen dem Hauptplatz hinunter, gehen an der Sv. Bartholomeje/St. Bartholomäus (vor 1277 gegründet, 1530 umgebaut (Spätgotik), weitere Umbauten 1649-1652 und 1735 (Barockisierung, die lediglich durch eine Gittertür zu bestaunende Inneneinrichtung stammt von damals), der Turm wurde 1870 neu gebaut oder lediglich erhöht) vorbei und stehen nach weiteren 50 m am **Moldau-Stausee** und bei der Anlegestelle für die **Fähre** (Privot) nach Frydava/Friedau.

38279 Frymburk nad Vltavou/Friedberg a.d. Moldau

⇧ 708 m ☏ ++420/380 BANK Arzt, Zahnarzt

Mestys ("Minderstadt", gleichbedeutend mit Marktgemeinde) Frymburk, Namesti 78 (am oberen linken Ende des Hauptplatzes), ☏ 73 51 14, www.frymburk.info (nur tschechisch) Dieses Info-Büro ist nicht für Zimmer-Vermittlung zuständig (diesbezüglich ☞ weiter unten). Infos auch bei Infostelle Cesky Krumlov.

Erstmals 1277 erwähnt, 1379 Marktrecht, durch die günstige Lage am Handelsweg Wien - Prag (Brückenzoll an der Moldau-Brücke) weiterer wirtschaftl. Aufschwung, 1492 Stadtrecht, Zerstörung im 30-jährigen Krieg, 1959 ging durch Flutung des Moldau-Stausees ein kleiner Teil des Stadtgebietes verloren. Adalbert Stifter (1805-1868, bedeutender Schriftsteller des Biedermeier) war in den späten 20er-Jahren und frühen 30-Jahren des 19. Jh. oft in Frymburk, da hier seine Jugendliebe Fanny Greipl lebte - die Geschichte ging unglücklich aus.

⌘ Am nach einem Brand (1856) geschaffenen Park am Hauptplatz findet sich ein Brunnen von 1676 und ein Pranger (1651) sowie ein Denkmal für A. Stifter. Der Bach, der den Park durchfließt, ist künstlicher Natur und wurde bereits Ende 16./Anfang 17. Jh. erschaffen.

🛏✕ Hotel Maxant, HNr. 80 (am Hauptplatz), ☏ 73 52 29, 💻 www.hotelmaxant.cz

♦ Hotel Vltava Lipno, HNr. 45 (am Hauptplatz), ☏ 73 56 05, 💻 www.hotel-vltava.com (über Pilgerkategorie)

♦ Penzion Florian, HNr. 251 (in Frydava, gleich nach der Anlegestelle), ☏ 73 57 77, 📱 06 02/69 67 99, 💻 www.florian-frymburk.cz

🛏 Penzion U Kostela, HNr. 38 (am Hauptplatz ganz unten/bei Kirche), 📱 07 24/57 56 85, 💻 www.pension-lipno.cz

♦ Penzion Zuzana, HNr. 235, ☏ 73 55 44 oder ☏ 06 05/17 57 86, ✉ chavik.pension@quick.cz

♦ Penzion/Hotel Stara Skola/Alte Schule, HNr. 36 (bei der Kirche bzw. Fähre), 📱 07 74/88 61 14, 💻 www.pensionlipno.cz

♦ Penzion Frymburk, HNr. 190 (hinter der Kirche), 📱 07 77/12 54 12, 💻 www.penzionfrymburk.cz

⛺ Vresna und 🛏✕ Penzion Vresna sowie 🛏✕ Wellnesshotel Frymburk ☞ obige Wegbeschreibung; 🛏✕ Penzion U privozu ☞ Wegbeschreibung "Eigentlicher Jakobsweg" unten

☺ Für Zimmer-Vermittlung ist NUR das Cestovni agenture/Reisebüro OTRE am rechten unteren Ende des Hauptplatzes, HNr. 76, zuständig, ☏ 73 51 36 od. 📱 06 03/14 10 18, 💻 www.otre.cz.

Die Stadt ist ein tourist. Highlight - günstige Unterkünfte daher rar. Absolute Hauptsaison sind die beiden ersten August-Wochen, doch auch im Juli und den beiden anderen August-Wochen wird es schwierig, ein günstiges Zimmer zu erhalten (Zimmer in den größeren Hotels gibt es immer, rechnen Sie mit ab ca. € 60/Person). Nehmen Sie, was Sie bekommen können (oder reservieren Sie frühzeitig genug).

☺ Abgesehen von den beiden oben erwähnten Pensionen am anderen Moldauufer, findet sich am "Eigentl. Jakobsweg" ("A", Seite 60) die nächste 🛏 in Predni Vyton/Vorderheuraffl - ca. 3,5 km.

Am "Alternativ-Weg" ("B", Seite 65) müssen Sie zur nächsten 🛏 in Sv. Tomas 6 km marschieren (über Pilgerkategorie); dann ist die nächste 🛏 erst in Schwackerreith (A) zu finden (GH Furtmühle) - noch weitere 11,5 km.

Etappe 2: Frymburk/Friedberg (730 m, CZ) - Stift Schlägl (544 m, A)

➲ 29 km, ↑ 720 m, ↓ 910 m ("Eigentlicher Jakobsweg" über Predni Vyton), 25 km, ↑ 590 m, ↓ 770 m auf dem Alternativ-Weg, ⌛ 8 bis 9 Std. ("Eigentlicher Jakobsweg")

Der "Eigentliche Jakobsweg" (☞ Seite 60) führt nun von Frymburk über die Wallfahrtskirche in Predni Vyton/Vorderheurafll und weiter über Sv. Tomas/St. Thomas, St. Oswald bei Haslach (bereits Österreich) und 🛏✕ Furtmühle zum Stift Schlägl. Dazu ist Folgendes zu sagen:

Der Weg über Predni Vyton ist sowieso ein Umweg; obendrein ist die Wallfahrtskirche verschlossen. Daher hat sich auch ein (halb-offizieller) Alternativ-Weg etabliert.

Es wird nun zuerst der "Eigentlichen Jakobsweg" entlang der grünen Markierung über Predni Vyton bis Kreuzung Uhliste beschrieben; danach der um etwa 4 km kürzere Alternativ-Weg entlang der gelben Markierung bis Kreuzung Uhliste.

Dann folgt die Beschreibung des weiterführenden, gemeinsamen Weges.

Landschaftlich betrachtet, halten sich beide Wege die Waage; der Alternativ-Weg weist etwas mehr Asphaltbelag auf.

Der Weg über Stift Schlägl ist ein enormer Umweg. Wenn Sie das Stift nicht besuchen wollen (sonst spricht überhaupt nichts für diesen Umweg), können Sie bereits beim 🛏✕ Furtmühle einen direkten Weg nach Berg/Rohrbach nehmen (liegt bereits auf der 3. Etappe). Mit der Auslassung von Stift Schlägl ersparen Sie sich ca. 15 km Wegstrecke und 450 Steigungsmeter. Streckenbeschreibung ☞ unten nach Info-Block 🛏✕ GH Furtmühle.

Insgesamt beträgt die Strecke Frymburk-Predni Vyton-GH Furtmühle - Berg/Rohrbach entlang der Abkürzung ca. 30 km, (über Stift Schlägl ca. 45 km). Wenn Sie Predni Vyton auch auslassen, verkürzt sich die Strecke auf ca. 25 km.

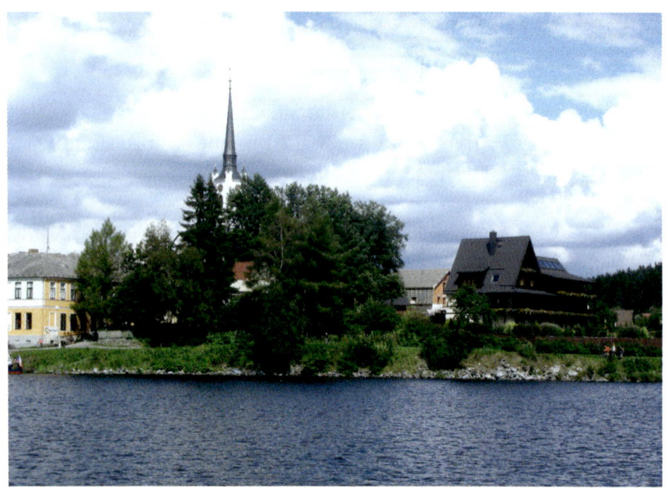

Frymburk von der Fähre aus - im Hintergrund Turm der St. Bartholomäus-Kirche

Die kleine Fähre/Privot (nicht zur Schiffs-Anlegestelle/Lodni gehen) zwischen Frymburk und Frydava/Friedau fährt je nach Auslastung - sind genügend Passagiere vorhanden, fährt Sie ununterbrochen hin und her, eine Strecke ca. 5 Min. Zumindest im Juli, August sind - zumindest bei Schönwetter - immer genügend Passagiere vorhanden. Mindestfahrplan für die Monate Juni bis September: 7:20, 8:30, 9:30, 11:00, 12:00, 13:20, 14:00, 15:00, 16:00, 17:00, 18:00, 19:00. Im Falle von Nebel oder Sturm fährt die Fähre nicht.

Eine Fahrt kostet 10 Kronen (nicht ganz € 0,50); falls Sie mit Begleitfahrzeug unterwegs sind: Es können 4 Pkw befördert werden (70 Kronen pro Fahrzeug inkl. Fahrer, ca. € 3).

A) Eigentlicher Jakobsweg über Predni Vyton zur Kreuzung Uhliste (ca. 8 km)

Sie folgen nach der Überfahrt bis Predni Vyton der
grünen Binden-Markierung.

Sie verlassen die Fähre, folgen der leicht ansteigenden Asphaltstraße 100 m und stehen an einer quer laufenden Asphaltstraße (Kreuzung **Frydava Privot**, ⇧ 740 m, ggü. ein kleiner Imbiss-Stand). Auf dieser Straße marschieren Sie rd. 200 m links (wenn Sie rechts gehen, erreichen Sie nach 50 m die Penzion U privozu, ☏ ++420/602/19 49 89, ✉ uprivozu@seznam.cz) und zweigen dann (kurz nach der **Ortsende-Tafel** Frydava bzw. am Ende eines Zaunes) rechts in den Wald hinauf ab. Bereits nach etwa 20 m beschreibt der Weg eine Linkskurve und verläuft noch kurz parallel zur Straße. Ca. 4 Min. ab Verlassen der Asphaltstraße mündet der schöne Waldweg in eine **brutale Erdstraße** ein, der Sie nach links folgen (den sehr schnell folgenden Linksabzweig zur Straße ignorieren Sie natürlich). Bei der schnell erreichten Gabelung nehmen Sie den rechten, **stärker steigenden Ast** und der Weg entfernt sich nun von der Straße.

Ca. 15 Min. nach dieser Gabelung wird eine **Forststraße** geradeaus gequert und 5 Min. später erreichen Sie die 1902 errichtete Kapelle Ma. Himmelfahrt (auch **Kreuzberg-Kapelle**, dahinter eine 1901 errichtete Lourdes-Grotte).

Wenn Sie dieses Wegkreuz kurz nach der Kreuzberg-Kapelle sehen, sind Sie richtig

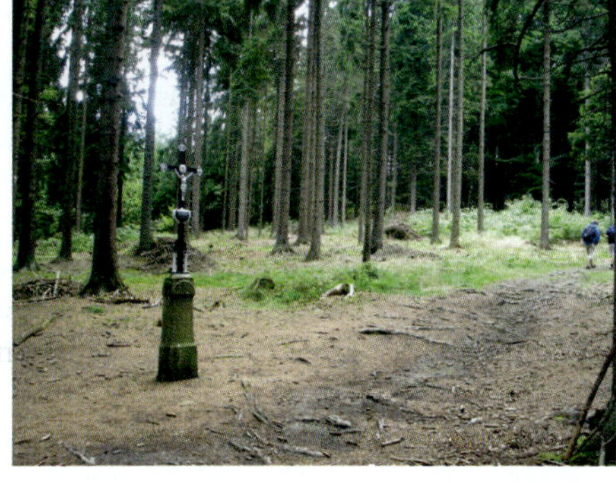

2 Min. nach der Kapelle erreichen Sie bei einer **Wildfütterungs-Stelle** eine Gabelung und nehmen den **linken Ast** - der Weg beginnt nun zu fallen. 4 Min. nach dieser Gabelung ist bereits die nächste erreicht und Sie nehmen wieder den linken Ast. 100 m danach passieren Sie ein **gusseisernes Wegkreuz** und nach längstens 5 Min. ab Gabelung endet der Wald und Sie gehen entlang der Grenze Wald (links) - Wiese (rechts) noch ca. 5 Min weiter (keine Markierung, kein eigentlicher Weg vorhanden), bis Sie bei der Penzion Vyhlidka (☞ unten Info-Block Predni Vyton) eine leicht fallende Asphaltstraße

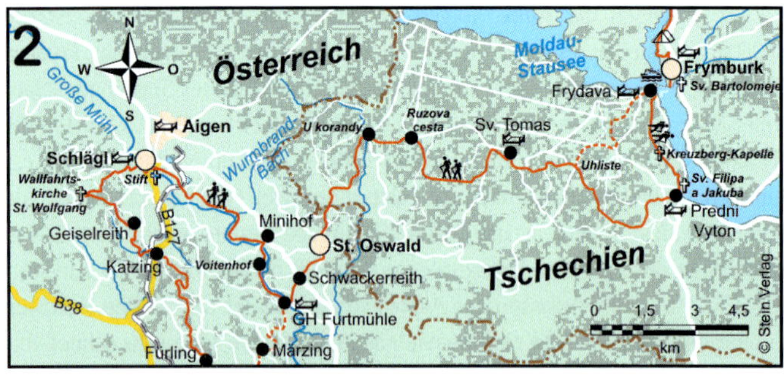

erreichen. (Auch wenn Sie hier nicht nächtigen, sollten Sie zumindest eine kleine Erfrischung auf der Terrasse zu sich nehmen - der Ausblick auf Predni Vyton ist umwerfend.)

Sie folgen der Asphaltstraße ca. 200 m bis zur quer laufenden Durchgangsstraße - ggü. befindet sich die Kirche (ca. 4 km ab Frydava).

38271 Predni Vyton/Vorder-Heuraffl ⇧ 755 m ++420/380

www.prednivyton.cz (so Sie des Tschechischen mächtig sind)

1357 wurde hier ein Kloster/Einsiedelei (6 Zellen, 1 Kapelle) des Eremitenordens des Hl. Pauls gegründet. 1474 siedelten sich hier auch die zum Paulinerorden gehörigen "Bettel-Einsiedler" an. Ziemlich schnell entschloss man sich, beide Einsiedeleien zusammenzulegen, und begann mit dem Bau eines gemeinsamen Klosters mit Kirche (ein Kirchen-Vorläufer war mit ziemlicher Sicherheit seit 1385 vorhanden; höchstwahrscheinlich während der Hussiten-Kriege zerstört). Finanziert wurde der Bau durch päpstliche Ablässe. 1523 war das Kloster fertiggestellt (Kirche wahrscheinlich bereits um 1515) und Heuraffl (damals "Waldhütten") war ein begehrter Wallfahrtsort geworden. Durch unzählige Schenkungen, testamentarische Verfügungen usw. sowie mehrere sehr erträgliche Einkommensquellen (v.a. Zoll an der Moldau-Furt im heutigen Frymburk) wurden die Mönche reich, mächtig (Besitzungen nicht nur in der Region, sondern bis weit ins heutige Österreich hinein), über- und hochmütig. Vielleicht etwas zu mächtig, vielleicht auch etwas zu hochmütig. Denn div. Vergünstigungen (von Päpsten, den in Krumau ansässigen Rosenbergern usw.) wurden bereits während der Bauarbeiten zurückgezogen, auch ließ die Wallfahrt rapide nach, der wirtschaftliche Verfall wurde eingeleitet und 1556 starb der letzte Mönch in Heuraffl. Ab 1548 verwalteten die Zisterzienser aus Vyssi Brod das verlassene Kloster, 1597 ging es in deren Besitz über. Während des 30-jährigen Krieges wurde das Kloster zerstört. Die spätgotische ✞ Sv. Filipa a Jakuba/St. Philipp und Jakob blieb bestehen und wurde 1883-86 erneuert (📷 Titelbild).

🛏✕ Barborka, HNr. 32 (am Kreisverkehr), ☎ 73 59 41, 📱 06 02/18 69 22, 💻 www.hotel-barborka.cz

♦ Penzion Vyhlidka, HNr. 38 (☞ Wegbeschreibung oben), ☎ 73 50 64, 📱 06 02/61 18 48, 💻 www.pensionvyhlidka.cknet.cz (nur tschechisch, man spricht aber Deutsch)

🛏 Hotel Albatros, HNr. 21 (am Kreisverkehr), 📱 06 02/38 65 22, 💻 www.lipno-albatros.cz

♦ Penzion Jezerka, HNr. 18 (neben der Kirche), ☎ ++420/603/10 03 74, 💻 www.apartmanyjezerka.cz (tschechisch), ✉ rcg@mybox.cz

♦ Penzion Hejrov HNr. 82 (am Kreisverkehr), 📱 07 77/12 98 01, 💻 www.hejrov.cz

☺ Nächste 🛏 in Sv. Tomas (ca. 7 km; schön, aber über Pilgerkategorie), dann erst wieder in (A) Schwackerreith (GH Furtmühle), 19 km ab Predni Vyton.

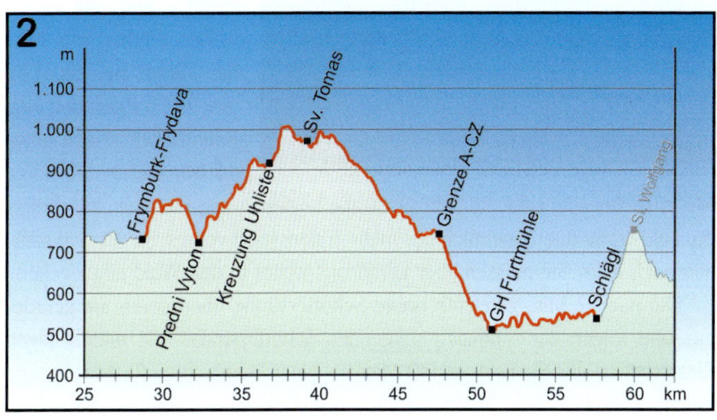

Ab Predni Vyton müssen Sie bis zur Kreuzung Ruzova cesta der **roten Binden-Markierung** folgen.

An der erreichten Durchgangsstraße halten Sie sich rechts, erreichen nach nicht einmal 200 m einen **Kreisverkehr** (mehr oder weniger das Zentrum von Predni Vyton) und halten sich in die rechts abzweigende Asphaltstraße. Nach weiteren 200 m nehmen Sie an der Gabelung beim **COOP** den linken, leicht steigenden Ast. Bald ersetzen Betonplatten den Asphaltbelag und ca. 750 m nach dem COOP (bei einem Mobilfunk-**Sendemast**) folgen Sie der geradeaus weiterführenden Erdstraße (nicht der links abzweigenden Schotterstraße). Den bereits nach wenigen Metern vorhandenen Rechtsabzweig ignorieren Sie und bei der nach wenigen Augenblicken danach erreichten Gabelung nehmen Sie den **linken Ast**. Damit es nicht fad wird, folgt bereits nach wenigen Metern die nächste Gabelung - hier nehmen Sie allerdings den **rechten Ast**.

Wiesenweg zwischen Predni Vyton und Sv. Tomas am "Eigentlichen Jakobsweg"

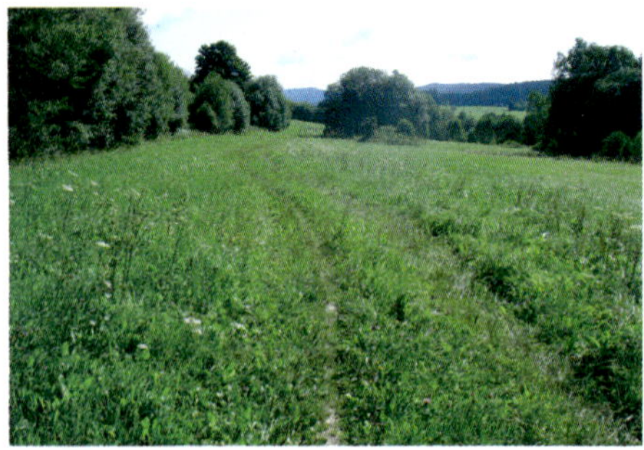

Aus der Erdstraße wird nun langsam eine durch Wiesen/Weiden hindurchführende Traktorspur, welche ca. 15 Min. ab Sendemast an einer breiten Feldstraße endet - links auf dieser weiter (rechts wie links des Weges begleiten Sie jeweils ein Zaun und eine Baumreihe). Nach etwa 15 Min. sehen Sie einige Meter rechts eine schmale Schotterstraße beginnen und wechseln auf diese - die Feldstraße (hier eigentlich nur mehr Traktorspur) verabschiedet sich nämlich nach links, Sie müssen aber geradeaus **weiter in den Wald hinein**gehen.

Die nach 2 Min. erreichte breite Schotterstraße überqueren Sie geradeaus und folgen der schmalen steigenden Schotterstraße (mit **mittelläufigen Grasstreifen**), bis Sie nach ca. 30 Min. bei einer überdachten Raststation und einem Parkplatz eine Asphaltstraße erreichen (alle kleineren Abzweiger haben Sie natürlich ignoriert) - die bereits oben erwähnte **Kreuzung Uhliste**, ⇧ 917 m ist erreicht - etwas mehr als ca. 1 Std./ca. 4 km ab Predni Vyton, ca. 2 Std./ca. 8 km ab Frydava.

Sie überqueren die Asphaltstraße und nehmen die kleine, etwas fallende Asphaltstraße entlang dem Parkplatz.

B) Alternativ-Weg von Frymburk/Frydava bis Kreuzung Uhliste

Sie folgen nach Überfahrt bis Kreuzung Uhliste der **gelben Binden-Markierung**

Sie verlassen die Fähre und folgen der leicht ansteigenden Asphaltstraße 100 m und stehen an einer quer laufenden Asphaltstraße (Kreuzung **Frydava Privot**, ⇧ 740 m, ggü. ein kleiner Imbiss-Stand). Auf dieser Straße marschieren Sie rechts weiter, passieren nach 50 m die Penzion U privozu, gehen dann beim **Parkplatz** (200 m nach der Penzion) die Linkskurve aus (nicht geradeaus weiter) und nehmen bei der nach **weiteren 100 m** erreichten Gabelung den rechten Ast (Fahrverbot).

Bereits nach 2 Min. **verlassen Sie die Asphaltstraße nach links** und stoßen in den Wald hinein. Nach 5 Min. endet die Waldstraße bei einer **größeren Erdstraße** und Sie gehen links auf dieser weiter. Bei der nach 5 Min. erreichten Gabelung nehmen Sie den rechten Ast (eine Traktorspur), erreichen nach ca. 15-20 Min. eine quer laufende Asphaltstraße (**Pod Plesny**, ⇧ 855 m, ca. 30-40 Min./2,5 km ab Frydava), halten sich auf dieser rechts hinauf und erreichen dergestalt nach ca. 1,5 km die **Kreuzung Uhliste**, ⇧ 917 m (ca. 1 Std./knapp 4 km ab Frydava) und zweigen rechts ab.

C) Weiterer gemeinsamer Weg von Kreuzung Uhliste bis Stift Schlägl

Ab Kreuzung Uhliste folgen nun alle bis zur Kreuzung Ruzova cesta der **roten Binden-Markierung**

Egal wie Sie hier hergekommen sind, Sie folgen der schmalen Asphaltstraße **entlang dem Parkplatz** und zweigen nach 100 m bei der **Warntafel**

"Gefahr des Baumfallens, Eintritt auf eigene Gefahr" links in eine durch schönen Wald steigende Erdstraße ab. Nach 3 Min. ignorieren Sie einen Linksabzweig und nach etwa 30 Min. ab Kreuzung Uhliste stoßen Sie auf eine quer laufende **Asphaltstraße** und folgen ihr nach links. Nach wenigen Minuten vereinigt sich diese mit einer weiteren. Sie gehen geradeaus weiter und erreichen nach nicht einmal 500 m die Rückseite des 🛏✕ **Hotel Sv. Tomas** (etwas über Pilgerkategorie, ☏ ++420/380/70 98 11, 📱 06 02/71 47 94, 💻 www.hotel-svatytomas.cz, ☺ nächste 🛏 in Schwackerreith (A, GH Furtmühle) ca. 11 km) und marschieren entlang der Hotelfront weiter.

Beim Platz am Ende des Hotels (**Wegweiser-Pfahl Sv. Tomas**, ⇧ 972 m) halten Sie sich links, leicht hinunter und umgehen den Hotel-Komplex (wenn Sie geradeaus noch 100 m weitergehen, gelangen Sie zur ursprünglich romanischen, versperrten (Gitter zum Durchschauen) und dem Leiden Christi geweihten Kirche. 1348 erbaut, Sakristei vermutlich aus 1252, im anfängl. 16. Jh. spätgotisch umgebaut, 1858-74 neugotisch renoviert).

Am unteren Ende des Hotels (Vorderfront) folgen Sie weiterhin der Asphaltstraße (auch wenn der Waldweg schöner wäre) und gelangen nach 0,5 km (50 m vor der **Ortsende-Tafel** Sv. Tomas) zu einem kleinen "**Imbiss-Stand**". Sofort nach diesem müssen Sie links abzweigen (im Gebüsch versteckt sich auch ein kleiner Bildstock).

Anfänglich folgen Sie noch dem Asphalt, doch dann - nach knapp 10 Min. - nehmen Sie bei einer Gabelung den rechten, geschotterten, steigenden Ast. Nach rd. 10 Min. passieren Sie das **HNr. 132** und ignorieren sofort danach einen Rechtsabzweiger, der Weg beginnt nun allmählich zu fallen.

Etwa 15 Min. nach dem HNr. 132 endet das Gefälle und es geht eben/nur mehr sachte fallend weiter (hier geradeaus weiter, nicht in die links abzweigende Schotterstraße gehen).

Wiederum ca. 15 später erreichen Sie eine Asphaltstraße (Kreuzung **Ruzova cesta**, ⇧ 870 m) und halten sich auf dieser links.

Ab Kreuzung Ruzova cesta folgen Sie bis Kreuzung U korandy der **gelben Binden-Markierung**.

Nach rd. 20 Min. ist verirrungsfrei die Kreuzung **U korandy**, ⇧ 788 m (ehem. Rosenhügel) erreicht (ca. 1 Std. 30 Min. ab Sv. Tomas).

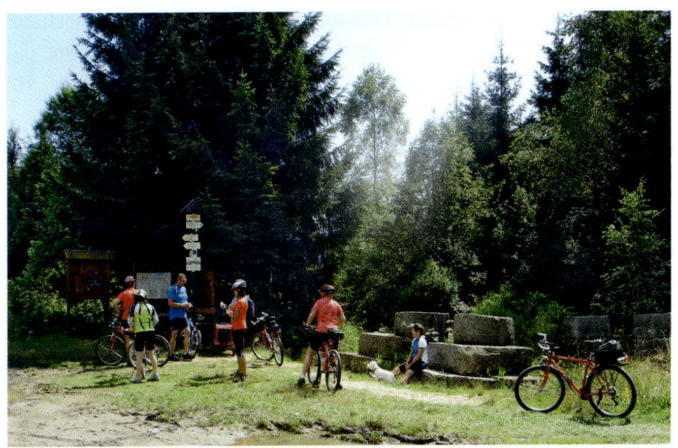

Kreuzung U korandy/Rosenhügel mit Monument Wasserscheide

Hier befindet sich die europ. Hauptwasserscheide zwischen Schwarzem Meer und Nordsee. Das aus 4x2 Steinblöcken errichtete Monument des "Skulpturenweges der Nachbarschaft" weist darauf hin.

Ab Kreuzung U korandy folgen Sie bis zur ⚒ Grenze CZ - A wieder einer **blauen Binden-Markierung**.

Sie halten sich an dieser Kreuzung links und erreichen nach knapp 20 Min. die **Info-Tafel** "Eiserner Vorhang" und verstehen auch die hin und wieder im tiefen Wald vorhandenen Obstbäume.

Die bisher fallende und sich klaglos in Ordnung befindliche Straße wird nun abrupt schlechter und verläuft ziemlich eben weiter. 30 Min. nach der Info-Tafel "Eiserner Vorhang" ist die ⚒ Tschechien - Österreich (7 Tage je 24 Std. geöffnet) bei der Skulptur "connect it" erreicht (knapp 20 km/5 Std. ab Frymburk/Frydava).

An der Grenze endet der schöne tschech. Wald und Sie folgen der fallenden Asphaltstraße. Bereits nach 5 Min. verlassen Sie diese bei der Info-Tafel **"Galgenberg"** (im Gebüsch versteckt sich auch ein Marterl und nach 20 m passieren Sie eine Kapelle) nach rechts und nutzen den Wald- dann

Wiesenweg, der nach wenigen Min. wieder an einer Asphaltstraße endet. Auf dieser gehen Sie rechts und erreichen nach nicht einmal 10 Min. das Zentrum von 4170 **St. Oswald** bei Haslach (ℹ Gemeindeamt HNr. 18, ☎ 072 89/715 55, 💻 www.st-oswald-haslach.ooe.gv.at, BANK).

Sie folgen ab **Kirche St. Oswald** weiterhin der fallenden Asphaltstraße und zweigen nach 200 m rechts in eine schmale, etwas stärker fallende Asphaltstraße ein. Bereits nach 2 Min. queren Sie eine quer laufende Asphaltstraße geradeaus und zweigen dann (einige Meter vor der Durchgangsstraße) rechts in die Wiese ab - kein eigentlicher Weg vorhanden (Sie können aber behelfsmäßig der (eigenartigen) blau-weißen NWK-Weg-Markierung bzw. der roten Bindenmarkierung folgen).

Sie müssen entlang der beiden hölzernen **Stromleitungs-Masten** weiter hinuntergehen. Kurz vor dem zweiten Masten queren Sie einen Wiesenweg, gehen weiter entlang einem Feld (rechter Hand) hinunter bis zu einem allein stehenden **Apfelbaum** (mit Bank und Marterl). Weiter geht's mehr oder weniger schnurgerade hinunter entlang dem nächsten Feld - dieses nun linker Hand - und nach wenigen Minuten erreichen Sie bei einem **Bauernhof** wieder eine Asphaltstraße (ca. 10 Min. ab Verlassen der letzten Asphaltstraße).

Sie folgen der Asphaltstraße nach links und zweigen nach 100 m am Ortsrand von **Schwackerreith** rechts in die kleine Asphaltstraße Richtung "Furtmühle" ab. Dieser folgen Sie ca. 1 km (15 Min.) und zweigen dann rechts in einen Wiesenweg ab - 2 Min. danach ist das 🛏✕ GH Furtmühle erreicht.

♦ ☎ 072 89/716 53, 💻 www.furtmuehle.at, Ruhetag Di, das GH bietet auch sehr preiswerte Übernachtungs-Plätze auf Schlaf-Lager für 12 Personen, das Gebäude existiert seit 1618

☺ Nächste 🛏 in Schlägl/Aigen (7-8 km) bzw. - entlang der nun vorgestellten Abkürzung - in Rohrbach (6 km).

Der weitere Weg über Stift Schlägl nach Rohrbach ist ein ziemlicher Umweg (landschaftlich allerdings sehr schön - immer mehr oder weniger an der Großen Mühl entlang) und findet seine Berechtigung nur in der historischen und spirituellen Dimension des Stiftes. Wenn Sie dieses nicht besuchen wollen/möchten, erlaube ich mir, hier eine um etwa 15 km kürzere (auch um ca. 450 Steigungsmeter gemütlichere) Möglichkeit bis Berg/Wallfahrtskirche Ma. Trost (bzw. Rohrbach) vorzustellen:

Sie gehen vom GH links rückwärts und dann über die **Brücke der Großen Mühl** und folgen der Asphaltstraße durch die Weiler Gattergaßling und Märzing ("Grenzland-Radweg"). Sie bleiben immer auf der Hauptstraße (größtenteils durch Wiesen/Weiden/Felder hindurch, Wald findet sich eher selten) und ignorieren alle kleineren Abzweiger links wie rechts, egal ob geschottert oder asphaltiert.

Erst nach etwa 4 km/1 Std. - ca. 500 m nach dem (ignorierten) Abzweig nach Hundbrenning bei der **Autobus-Haltestelle "Hundbrenning-Abzweig"** - müssen Sie links in eine kleinere Asphaltstraße abzweigen (hier verlassen wir auch den "Grenzland-Radweg").

500 m nach diesem Abzweig nehmen Sie bei einer **Gabelung bei Kapelle** den rechten Ast und überqueren nach weiteren 500 m die **Eisenbahngleise**. Sofort danach folgt eine Gabelung - Sie nehmen den rechten, steigenden Ast. Nach 300 m haben Sie an der Kreuzung bei der "**Pfaffenberg-/Pest-Säule**" wieder den Mühlviertler Jakobsweg erreicht und halten sich links auf dem asphaltierten *Höhenweg*. Dieser wird bald in *Maria Trost* umbenannt und knapp 10 Min. nach der Säule ist die **Wallfahrtskirche Maria Trost** erreicht.

Beschreibung derselben sowie des weiteren Wegverlaufes ☞ Etappe 3/letzter Absatz vor Info-Block Rohrbach (☞ Seite 79).

Wenn Sie die Kirche nicht besuchen wollen, können Sie bei der Pfaffenberg/Pest-Säule auch geradeaus auf der Asphaltsraße weitergehen (*Pfaffenberg*). Nach ca. 200 m erreicht diese Straße eine Kreuzung (links *Mitterweg*, rechts *Hofmark*) und Sie gehen geradeaus weiter durch die enge Gasse (Fahrverbot). Diese mündet in die *Berggasse*, der Sie hinunter bis zum *Stadtplatz* von Rohrbach folgen (noch ca. 400 m).

Gut, Sie wollen nach Schlägl/Aigen marschieren, gehen daher beim GH Furtmühle ebenfalls links rückwärts und überqueren ebenfalls die Große Mühl, folgen der Asphaltstraße aber nur 200 m und zweigen dann rechts in den Wiesenweg ab.

Von hier bis Schlägl können Sie auch der **roten** wie der **lila-farbenen Binden-Markierung** folgen.

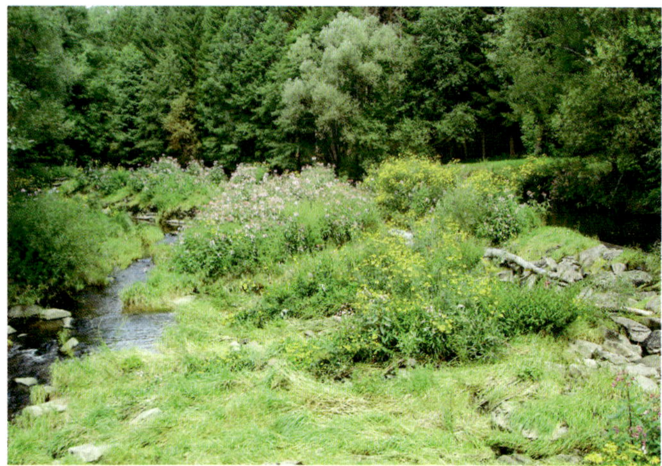

Wald- und Wiesenidyll am Weg nach Stift Schlägl, kurz vor Minihof

Nach etwa 5 Min. entfernt sich der Weg etwas von der Großen Mühl und beginnt leicht in den Wald hinauf zu steigen, fällt aber nach 5 Min. wieder zum Fluss hinunter (rechter Ast bei Gabelung). Bei der nächsten Gabelung nehmen Sie wieder den rechten Ast hinunter zum Fluss, passieren nach einigen Minuten das **Erinnerungskreuz** an Toni Göstl und gehen kurz danach noch ca. 200 m über Wiesen zum etwas oberhalb gelegenen Bauernhof (**Voitenhof**) weiter (rein theoretisch können Sie auch eben entlang der Großen Mühl weitergehen - nach 5 Min. trifft dieser (nicht vorhandene) Weg wieder auf die von oben kommende Asphaltstraße).

Beim Bauernhof folgen Sie der anfänglich noch eben, dann fallend verlaufenden Asphaltstraße, überqueren nach nicht einmal 10 Min. die Große Mühl und stehen am anderen Brücken-Ende in der Ortschaft **Minihof**.

So verlockend es auch wäre, links abzuzweigen, müssen Sie dennoch der steigenden Asphaltstraße (**Güterweg "Knollmühlenweg"**) folgen. Schnell erreichen Sie bei der Ortstafel Minihof die Durchgangsstraße nach Schlägl, gehen auf dieser links 100 m weiter und zweigen dann links rückwärts (kurz vor **Kapelle**) in die Sackgasse ab. Nach 5 Min. endet der Asphaltbelag und Sie wandern auf Schotterstraße (kurz darauf Erdstraße) weiter.

Ca. 5 Min. nach Asphalt-Ende ist wieder Fluss-Niveau erreicht (➲ ca. 70 m) und Sie marschieren entlang dem Waldrand (links von Ihnen) dahin. Ziemlich abrupt endet der Wald und auch die Erdstraße - vor Ihnen eine **große Wiese** mit nicht immer erkennbarem Weg (wenn gemäht, ist Traktorspur vorhanden).

Sie müssen hier eine 90°ige Rechtskurve ausgehen und quer über die Wiese zum nächsten Wald hinauf gehen (der Fluss bleibt anfänglich dabei immer parallel in annähernd selber Entfernung - 50-70 m). Am Waldrand (von hier sieht man den Fluss nicht mehr) beginnt wieder ein schöner und **deutlicher Waldpfad** mit eindeutiger roter Markierung (wenn Sie über scharfe Augen verfügen, sehen Sie diese bereits von unten. Die gesamte Wiesen-Aktion dauert keine 5 Min.).

Nach 5 Min. des Wandelns auf dem schmalen Waldpfad mündet dieser in einen breiteren Waldweg - links fallend auf diesem weiter und 2 Min. danach wird im tiefen Mühlviertler Wald der **Wurmbrand-Bach** überquert. Am Ende der Brücke halten Sie sich links und sofort endet der Weg an einem quer laufenden Waldweg - links auf diesem steigend weiter. Nach längstens 5 Min. endet die Steigung und Sie kommen am Waldrand an einer quer laufenden Forststraße zu stehen - links auf dieser fallend weiter, eine kleine Wiese wird geradeaus überquert, dann wieder Wald - aus dem Pfad ist nun ein breiter Waldweg geworden. Die beiden nächsten Rechtsabzweiger ignorieren Sie.

3 Min. nach dem zweiten zu ignorierenden Abzweig beschreibt der Waldweg - nun fast Schotterstraße - eine Rechtskurve. Sie müssen aber den am Beginn derselben links abzweigenden **Waldweg** nehmen, der nach 2 Min. wieder an einem quer laufenden breiteren, groben Waldweg endet. Sie gehen links auf diesem 2 Min. weiter hinunter, überqueren geradeaus eine Wiese (50 m) und wandern an der erreichten Schotterstraße links weiter (ca. 30 Min. nach Überquerung des Wurmbrand-Baches).

Sie folgen der Schotterstraße 3 Min. und gelangen bei einem **schönen, renoviertem Haus/Hof** (Bruckmühle) zu einer Kreuzung und halten sich rechts (auch wenn´s verführerisch klingt, das GH Kollonödt steht nicht im

Programm) durch Wiesen und Felder weiter. 5 Min. nach der Kreuzung beim renovierten Haus wird die **Eisenbahn** überquert und 30 m danach mündet die Schotterstraße in eine Asphaltstraße ein - rechts (bzw. geradeaus) auf dieser weiter. Nach 3 Min. in einer Rechtskurve folgen Sie aber geradeaus weiter der Traktorspur, welche nach wenigen Minuten bei der **Fachschule** für biolog. Landwirtschaft in eine breite Asphaltstraße mündet. Sie halten sich auf dieser links (bzw. geradeaus, *Schaubergstraße*) und erreichen nach wenigen Minuten die Hauptstraße von **Schlägl** - ca. 1½-2 Std. ab GH Furtmühle (das Stift befindet sich links von Ihnen, um nach Aigen zu gelangen, müssen Sie sich rechts halten - ca. 1 km bis ins Zentrum).

4160 Schlägl

⇧ 540 m BANK ✕ 🏨 und 4160 Aigen, ⇧ 600 m 📯 BANK ✕ 🏨 ✆ für beide 072 81

Trotz derselben Postleitzahl sind Schlägl wie Aigen jeweils unabhängige Gemeinden, werden aber üblicherweise aufgrund der unmittelbaren Nähe in einen Topf geworfen.

- i TVB Ferienregion Böhmerwald, Aigner Hauptstr. 2, ☏ 200 65, 💻 www.boehmerwald.at, 💻 www.aigen-schlaegl.at
- ♦ Gemeindeamt Schlägl, Schlägler Hauptstr. 4, ☏ 62 55-0, 💻 www.schlaegl.at
- ♦ Gemeindeamt Aigen, Marktplatz 17, ☏ 62 52, 💻 www.aigen.ooe.gv.at

✞ Prämonstratenser-Chorherrenstift Schlägl

Ursprünglich wurde (unweit von hier) 1202/03 ein Kloster der Zisterzienser ins Leben gerufen (Cisterce Slage, ein sog. Rodungs-Kloster). Das Kloster war schlecht mit Finanzmitteln ausgestattet - ca. 1210 wurde es wieder geschlossen (wahrscheinlich verloren die Mönche ganz simpel den Kampf gegen Klima und Urwald).

Daraufhin konnten die Prämonstratenser für eine Neubesiedelung gewonnen werden; 1218 offiziell gemacht. Aufgabe des Klosters war die wirtschaftliche und kulturelle Erschließung des oberen Mühlviertels (damals noch Urwald). Durch großzügige Schenkungen (Barmittel, Grundbesitz) des Bischofs von Passau und der Herren von Krumau ging es dem neuen Kloster von Anbeginn finanziell gut. Während der Hussitenkriege wurde das Kloster zerstört und danach unter Propst Andreas Rieder (1444-81) wieder aufgebaut und 1448 neu geweiht. Mauerwerk und Raumform des aktuellen Baus

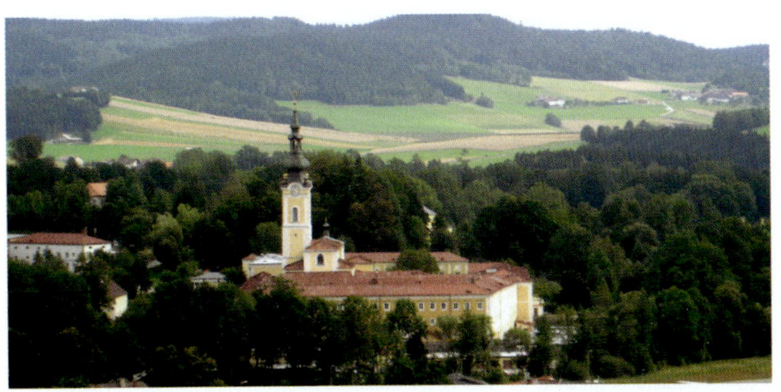

Blick auf Stift Schlägl

gehen auf diese Zeit zurück. Während der Reformationszeit geriet das Kloster unter weltliche Herrschaft und wäre fast zugrunde gegangen. Erst 1589 entspannte sich mit dem neuen Propst Wenzeslaus Zypser die Lage allmählich. Großer wirtschaftlicher Aufschwung Ende 16. Jh. durch Verleihung des Salzhandel-Privilegs nach Böhmen durch Kaiser Matthias. 1626 (Bauernkrieg) wurde das Kloster erneut niedergebrannt. 1637 war die Klosterkirche sowie die Propstei wieder hergestellt, Gründung der Philosophisch-Theologischen Lehranstalt, 1657 Erhebung zur Abtei. 1850 durch Brand weitgehend zerstört. 1924 Gründung einer Landwirtschafts-Schule. Heute ist das Kloster geistliches wie wirtschaftliches Zentrum des oberen Mühlviertels.

Die Stiftskirche Mariä Himmelfahrt glänzt - obwohl im beginnenden 17. Jh. durch Propst Crispin Fuck (1609-22) (früh-)barockisiert - durch einen gotisch-romanischen Raumcharakter; vor allem im Mittelschiff des drei-jochigen Langhauses (welches wahrscheinlich noch über einen rein romanischen Kern verfügt). Die reiche Kanzel stammt aus 1646/47 und wurde von Johann Worath, der verhalten bewegte Hochaltar 1728 vom Salzburger Bildhauer Hans Waldburger geschaffen. Erwähnenswert auch die 60.000 Bücher (davon 240 Handschriften, 190 Inkunabeln) umfassende, neubarocke Bibliothek (1852 vollendet), ℹ ☏ 88 01-0, 💻 www.stift-schlaegl.at.

Und sollte während Ihres Besuches Orgelmusik Ihre Ohren verwöhnen, dann betätigt vielleicht Chorherr Prof. (Mag.art., Dr.theol., Dr.phil.) Rupert

Gottfried Frieberger selbst die Pedale - international bekannter und berühmter Organist/Orgelimprovisator, Komponist, Theologe, Musikwissenschafter, Träger zahlloser Preise usw.

Dem Stift ist auch die einzige Stifts-Brauerei Österreichs angeschlossen (Brautradition geht auf 1580 zurück).

⌘ neben dem Stift "Kerzenwelt"-Wachsmuseum

🛏 Margit Gruber, Schachlingstr. 18 (☞ Wegbeschreibung unten), ☏ 84 04
✝ Seminarzentrum im Stift, ☏ 88 01-211 oder -400
✕ Stiftskeller im Stift, ☏ 880 12 80, Ruhetag Mo

Wenn Sie in Schlägl nicht unterkommen können, dann bieten sich im rd. 1 km entfernten Aigen noch folgende Unterkünfte an:

🛏✕ Bärnsteinhof, Marktplatz 12, ☏ 62 45, 💻 www.baernsteinhof.at, Ruhetag Mi
♦ Biergasthof Schiffner, Linzer Str. 9, ☏ 88 88, ✉ schiffner@biergasthaus.at, Ruhetag Di
🛏 E. Gierlinger, Paul-Jauker-Str. 7, ☏ 63 83
♦ Bauernhof Veit, Kircheng. 9, ☏ 65 38, ✉ renate-veit@aon.at
♦ Pension Etzelstorfer, Paul-Jauker-Str. 8 (nahe Zentrum Aigen), ☏ 072 81/62 69, ✉ etzelstorfer@resi.at
☺ Nächste 🛏 in Rohrbach - 15 km

Etappe 3: Stift Schlägl (544 m) - Sarleinsbach (561 m)

➲ 29 km, ↑ 1.130 m, ↓ 1.120 m (ein ewiges Auf und Ab ohne wesentliche Einzel-Steigungen), ⌛ 8 bis 9 Std.

Der erreichten *Hauptstraße* von Schlägl folgen Sie nach links, passieren nach 200 m einen Kreisverkehr und zweigen schnell nach diesem rechts in die *Schachlingstraße* ab, der Sie ca. 1 km durchweg steigend folgen. Nach dieser Plackerei endet die Steigung bei der **Ortsende-Tafel** von Schlägl an einer quer laufenden Asphaltstraße. Sie folgen dieser 100 m nach rechts und zweigen dann links in einen Waldweg ab (bei Bauernhof). Auch dieser steigt an und endet nach 5 Min. bei einem **quer laufenden Waldweg**, welchem Sie nach rechts folgen. Der Weg verläuft nun einige Augenblicke eben, doch noch vor dem Bauernhof, der durch die Bäume schimmert, zweigen Sie schon wieder links steigend ab. 2 Min. danach muss eine Wiese geradeaus überquert werden (ca. 100 m) und am **gegenüberliegenden Waldrand** halten Sie sich links hinauf weiter und erreichen nach knapp 5 Min. (wieder einige Meter vor einem Bauernhof) eine Asphaltstraße und folgen dieser noch ca. 10 Min. nach rechts hinauf - dann ist die beliebte, aber dennoch versperrte Wallfahrtskirche **St. Wolfgang** erreicht (ein Blick durch das schmiedeeiserne Gitter wird einem gewährt) - 30 Min. ab Schlägl (einige Meter vorher ist mit 752 m der höchster Punkt dieser Etappe überschritten).

✞ Wallfahrtskirche St. Wolfgang (am Stein)

Eine hölzerne Vorläufer-Kapelle wurde bereits 1430 erwähnt; der aktuelle Bau wurde 1642 bis 44 von Cipriano Novo unter Abt Greysinger (Stift Schlägl) erbaut und 2002-04 umfassend renoviert. Die Inneneinrichtung stammt großteils aus der Erbauungszeit und stellt das am besten erhaltene Werk des Bildhauers Johann Worath dar. An der Südseite der Kirche entspringt eine Quelle, die in einer Steinmuschel gefasst ist - man schreibt dem Wasser heilende Wirkung bei Augenleiden zu. Gegenüber der Kirche befindet sich die große Friedenskapelle.

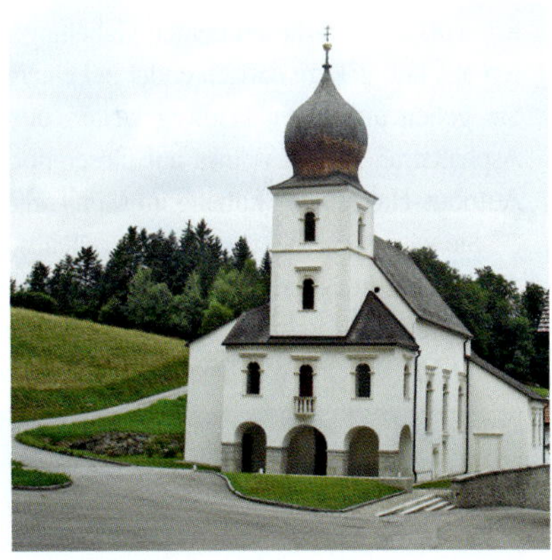

Sie umrunden die Kirche und gehen auf einer Asphaltstraße wieder hinunter (quasi links rückwärts). Sie ignorieren alle asphaltierten und auch nicht asphaltierten Abzweiger und zweigen nach ca. 1 km/10-15 Min. (größtenteils durch Wald) bei einem **Bildstock mit Eisengitter** (von 1869) rechts in die

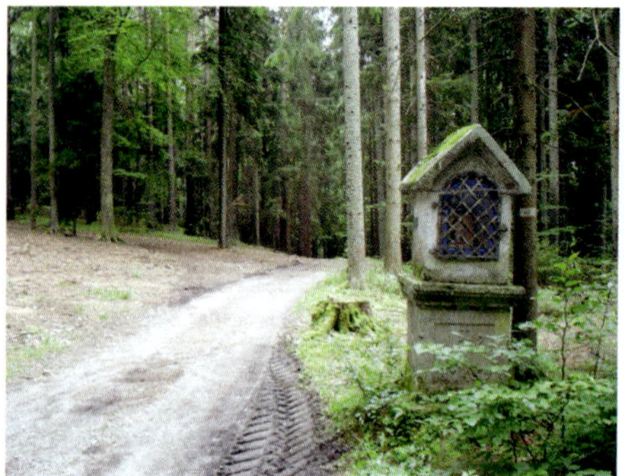

Hier rechts abzweigen, 15 Min. hinter Kirche St. Wolfgang

breite, geschotterte Waldstraße ab (30 m vor Ihnen steht an der Asphaltstraße (linke Straßenseite) ein großes hölzernes Wegkreuz) - den hier ebenfalls rechts abzweigenden kleinen, stark fallenden Waldweg sollten Sie tunlichst ignorieren. Nach 10 Min. ab Abzweig ist bereits der Weiler **Geiselreith** erreicht und Asphaltbelag beginnt wieder. Sie folgen ihm und nehmen nach etwa 100 m an der Gabelung bei einem großen Gehöft den rechten Ast. Bei der nächsten Gabelung - einige Meter nach dem Gehöft - nehmen Sie ebenfalls den rechten Ast. Rd. 500 m nach diesen beiden Gabelungen gehen Sie die beiden **Spitzkehren** aus und 200 m danach endet bei einem Wohnhaus der Asphaltbelag und Sie gehen auf einem Feldweg weiter, der nach vielleicht 5 Min. an einer Asphaltstraße endet - links auf dieser noch ca. 5 Min. weiter und bei der **Autobus-Haltestelle** "Katzing im Mühlkreis" ist die B127 erreicht.

Sie wird mehr oder weniger geradeaus überquert und danach folgen Sie dem sachte steigenden **Güterweg Katzing**, der nach wenigen Augenblicken einen traumhaft schönen Bauernhof passiert und danach als Wiesenstraße weiterführt (rechts wie links jeweils 1 betonierter Fahrstreifen, dazwischen

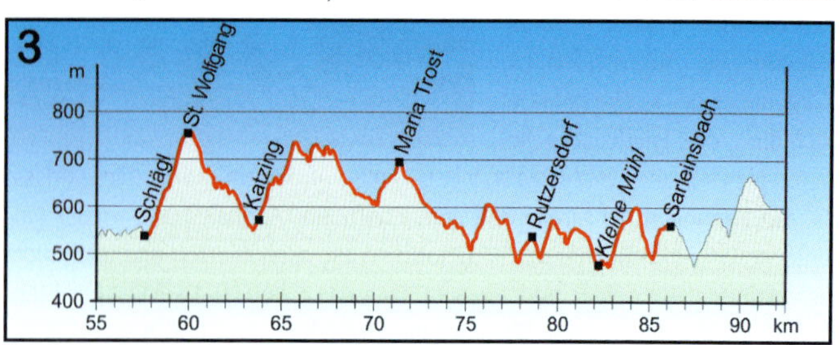

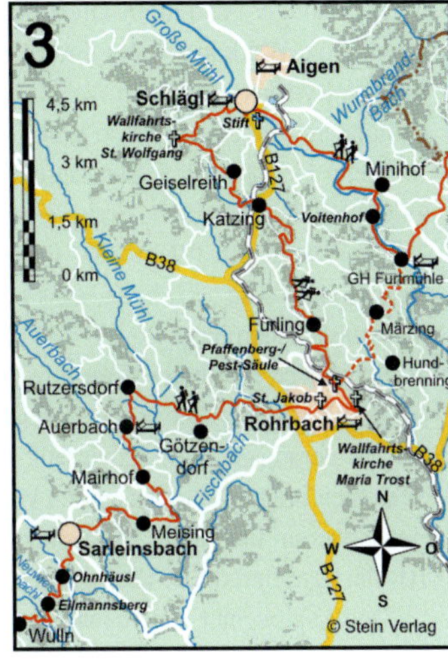

Grasstreifen). Kurz nach dem Bauernhof (ca. 400 m nach der B127) erreichen Sie eine Gabelung und wählen den linken, am Waldrand entlangführenden Ast, der bereits nach vielleicht 20 m links in den Wald hineinstößt. Dieser endet (vorübergehend) ca. 10 Min. nach dem traumhaft schönen Bauernhof an einer Wiese und Sie queren diese einfach geradeaus - wenn gemäht, entlang der Traktorspur. Nach 2-3 Min. wird daraus eine Schotterstraße welche ziemlich schnell in eine weitere einmündet, der Sie geradeaus weiter folgen. 3 Min. nach diesem Zusammenschluss ist die nächste - nun quer laufende - Schotterstraße erreicht, Sie marschieren rechts auf dieser weiter und stehen nach längstens 3 Min. an einer Gabelung. Sie wählen den linken Ast - **Kirsteig** (Weg Nr. 50)

Ab hier können Sie bis zur Pfaffenberg/Pest-Säule (kurz vor Wallfahrtskirche Ma. Trost in Berg/Rohrbach auch der Markierung "Kirsteig“ bzw. (Weg) "50“ bedenkenlos folgen.

2 Min. danach ignorieren Sie an einer Gabelung den rel. breiten, einladenden, linken Ast und halten sich auf dem rechten Ast hinauf weiter. 5 Min. danach queren Sie wieder mal eine Wiese geradeaus bis zum nächsten Waldrand, halten sich an diesem rechts und nehmen bei der schnell erreichten Gabelung den linken, steigenden Ast, welcher nach nicht einmal 5 Min. in einen gleich breiten Waldweg mündet - links auf diesem weiter (hier verlässt Sie auch der seit einigen Minuten parallel verlaufende Wandergolf-Weg).

Ca. 5 Min. nach dieser Einmündung passieren Sie einen **Kahlschlag** und müssen ziemlich mittig in diesem - praktisch weglos - eine Rechtskurve ausgehen und durch Aufforstungen und Brombeer-Gestrüpp hindurch, bis wieder richtiger Wald Ihren Tatendurst hemmt (nach 2-3 Min.). Sie marschieren nun am Waldrand weiter und gehen nach weiteren 2-3 Min. eine 90°ige Rechtskurve aus, die in den Wald hineinführt (noch immer kein richtiger Weg vorhanden, Markierung ist so lala).

Wenn Sie nach ca. 2 Min. an einer klar und deutlich erkennbaren Gabelung zu stehen kommen, sind Sie richtig (2010 stand hier noch eine gelbe Tafel mit Aufschrift (Weg) "50" (insgesamt benötigt diese praktisch weglose Strecke ca. 5 Min., ich hoffe, dass man sie mittlerweile zumindest mit Wegweisern versehen hat).

An soeben erwähnter Gabelung halten Sie sich rechts, kurz fallend, dann wieder eben weiter. Die schnell erreichte, quer laufende Forststraße überqueren Sie geradeaus und bleiben auf dem Waldweg. Erst beim 10 m danach erreichten breiten, quer laufenden Waldweg halten Sie sich links hinauf durch Heidelbeeren hindurch. Den stark fallenden Rechtsabzweig nach knapp 10 Min. ignorieren Sie. Kurz danach endet die Steigung.

Der Weg beginnt nun zu fallen, passiert den **Hochbehälter** Berg/Rohrbach (HNr. *Perwolfing 27*) - ab hier wandeln Sie auf einer Schotterstraße weiter. Bereits nach wenigen Minuten wird eine gleich breite Schotterstraße geradeaus überquert und Sie marschieren vielleicht noch 50 m am Waldrand weiter, dann steigt der Weg in den Wald hinein/hinauf.

Nach ca. 5 Min. endet der Wald und Sie folgen einer Asphaltstraße - **Fürling** ist erreicht - ab Ortstafel **Berg** wird die Straße *Fürlingerberg* genannt. Nach insg. ca. 15 Min. auf fallender Asphaltstraße *Fürlingerberg* stehen Sie auf einmal in der *Molkereistraße* (*Fürlingerberg* beschreibt hier eine extreme Linkskurve, Sie gingen aber einfach geradeaus weiter) und zweigen nach einigen Metern bei der **Bushaltestelle** Berg-Molkereistraße (hier auch HNr. 12) links weg, gehen am Betriebsgelände der Molkerei vorbei und folgen dann der durch Wiesen leicht fallend hindurchführenden Schotterstraße, die nach 5 Min. in schattigen Wald eintaucht. Am Waldanfang befindet sich die obligate Gabelung und Sie nehmen den rechten Ast, die schönere Erdstraße. Diese endet bereits nach 5 Min. an einer Traktorspur, welcher Sie nach rechts folgen - wie Sie aus dem Vorhandensein des psalmenbewehrten (62,2-3) Granitblockes (Nr. 5) bereits erahnen, folgen Sie nun bis Wallfahrtskirche Ma. Trost dem 2003 geschaffenen **Psalmenweg**.

Der Wald endet nach 3 Min. Nach weiteren 100 m überqueren Sie die **Eisenbahngleise** und nach weiteren 3 Min. stehen Sie an einer Kreuzung und halten sich links. Ein Weg ist nicht wirklich zu erkennen - Sie tasten sich entlang der lockeren **Birkenreihe** an einer kleinen Geländestufe weiter (immer Richtung bereits zu sehender Wallfahrtskirche, nach wie vor Psalmenweg, aber auch Kapellenweg). Nach 5 Min. passieren Sie das 1955 errichtete Befreiungs-Kreuz und 3 Min. nach diesem stehen Sie an der Kreuzung mit der **Pfaffenberg/Pest-Säule**.

Hier treffen auch diejenigen wieder hinzu, die ab GH Furtmühle die Abkürzung genommen haben (und Schlägl links liegen gelassen haben).

Wenn Sie die Wallfahrtskirche nicht besuchen wollen (nur ein kleiner Umweg, vielleicht 1 km), gehen Sie rechts die Asphaltstraße (*Pfaffenberg*) hinunter (Sie können sich auch nach der Markierung (Weg) "50" (Kirsteig) orientieren. Nach ca. 200 m erreicht diese Straße (mittlerweile schon in *Berggasse* umbenannt) eine Kreuzung (links *Mitterweg*, rechts *Hofmark*) und Sie gehen geradeaus weiter durch die enge Gasse (links vom HNr. Hofmark 1, Fahrverbot). Diese mündet in die *Berggasse*, der Sie hinunter bis zum *Stadtplatz* von Rohrbach folgen (ca. 1,5 km ab Säule).

Sie queren die Kreuzung geradeaus (verlassen also den Kirsteig) und folgen nun dem asphaltierten *Höhenweg*, welcher bald in *Maria Trost* umbenannt wird, und knapp 10 Min. nach der Pfaffenberg/Pest-Säule erreichen Sie die

✞ Wallfahrtskirche Maria Trost

In grauer Vorzeit befand sich auf diesem Hügel mit höchster Wahrscheinlichkeit ein keltisches Kultzentrum. Im Mittelalter errichteten die Herren von Berg/Perg hier eine Burg. 1541 starb das Geschlecht im Mannesstamm aus und ein Jahr später wurden die Grafen von Rödern mit der Herrschaft Berg/Perg belehnt. 1626 wurde die Burg im Zuge des Oberösterreichischen Bauernkrieges zerstört.

Da man aus Schaden ja klug wird, gelobte Theodorich von Rödern, auf den Ruinen der Burg eine Kirche zu errichten, wenn die Herrschaft nur von den (schwedischen) Greueln des 30-jährigen Krieges verschont bleiben würde. Berg blieb verschont und 1645-55 wurde die Kirche erbaut. Die heutige Gestalt der Kirche sowie ein Großteil der Einrichtung stammt von 1765. Das Gnadenbild - frühbarocke Madonna mit Jesukind - ist 1,70 m hoch, der Strahlenkranz weist einen Durchmesser von 1,80 m auf und stammt (möglicherweise) von Johann Worath (zumindest hat er die Statue 1656 restauriert). Die prächtigen Gewänder werden je nach Festtag/-zeiten gewechselt.

Unterhalb des Kreuzweges findet sich das Maria-Troster-Bild (Maria mit dem Kinde) - lt. Inschrift hat es der o.e. Gründer der Kirche 1688 bei der Einnahme des seit 150 Jahren von türkischen Truppen besetzten Szekesfehervar/Stuhlweißenburg (heute Ungarn) diesen eigenhändig entrissen.

Sie gehen rechts an der Kirche vorbei und nehmen dann 30 m weiter den fallenden Waldweg. Nach 5 Min. ist der Waldrand erreicht und Sie halten sich an diesem rechts rückwärts (Panoramaweg). Bereits nach 2 Min. zweigt rechts ein Pfad zum **2. und 3. Aussichtspunkt** ab - Sie ignorieren diesen und gehen geradeaus weiter. Nach 2 Min. beginnt beim HNr. 19, Asphalt den Boden zu bedecken. Diese fallende Straße wird *Bergweg* genannt und mündet nach 3-4 Min. in die *Berggasse* - auf dieser rechts durchweg fallend weiter ist nach 5 Min. die Pfarrkirche von **Rohrbach** erreicht, und wenn Sie durch den Durchgang gehen, stehen Sie bei der Info Böhmerwald am *Stadtplatz*.

4150 Rohrbach

⇧ 605 m ✆ 072 89

BANK ✉ 🛒 ⚖ ✕ Drogerie, Arzt ⚕ Krankenhaus

ℹ TVB Böhmerwald, Stadtplatz 1-2, ☏ 81 88, 💻 www.boehmerwald.at

♦ Stadtgemeindeamt, Stadtplatz 1-2, ☏ 62 55, 💻 www.rohrbach.at

Um 1200 planmäßig an einer Kreuzung von Handelswegen (v.a. der Goldene Steig - ein Salzhandelsweg vom Donauraum nach Böhmen) als Raststätte vor der Überquerung des Böhmerwaldes gegründet (Rorebach). 1320 Marktrecht (wichtigster Viehmarkt des oberen Mühlviertels), 1986 Stadterhebung.

✝ Pfarrkirche St. Jakob d. Ä. - nach Brand des Vorläufer-Baus (1303 erstmals erwähnt) 1696-1700 von Carlo Anonio Carlone neu erbaut (Turmhöhe 75 m), Einrichtung von 1700-40. Der Holzaufbau des Hochaltars stammt vom Rohrbacher Tischlermeister Konrad Stempl, die Statuen vom Linzer Bildhauer Leopold Mähl (1710). Das Altarbild - Mariä Himmelfahrt - wird Antonio Belluci zugeschrieben. Die meisterliche Kanzel schuf Hans Georg Stempl 1709. Links vom Altar über dem Durchgang findet sich eine Statue des Apostels Jakob d.Ä.

Innenansicht der Pfarrkirche St. Jakob d. Ä.

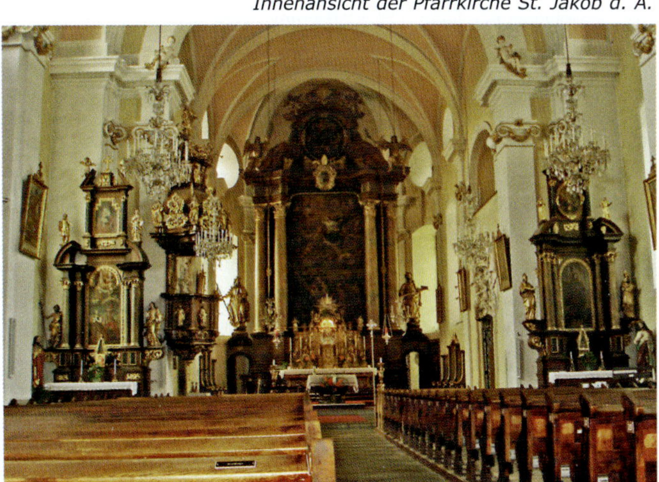

🛏✗ GH/Pension Dorfner, Stadtplatz 25, ☎ 43 32-0, 💻 www.dorfner.co.at

♦ Rohrbacher Hof, Stadtplatz 31 (nur zu erkennen am Restaurant-Namen Chari Vari), 📱 06 64/147 51 38 od. 06 99/12 16 52 14, 💻 www.rohrbacherhof.at

🛏 Mühltalpension (Fam. Kitzberger), 4121 Altenfelden, Stierberg 18, ☎ 072 82/59 29, 💻 www.oberoesterreich.at/kitzberger, ✉ pension-kitzberger@aon.at. Diese ungemein freundliche Unterkunft liegt zwar 7 km abseits, man holt Sie aber nicht nur von Rohrbach, sondern auch von Sarleinsbach und - wenn die Umstände schlecht stehen - sogar noch von Putzleinsdorf ab und bringt Sie natürlich am nächsten Tag wieder zum Ausgangspunkt zurück.

☺ Nächste 🛏 in Auerbach (Schaffl-Hof) - 7 km

Am *Stadtplatz* angekommen halten Sie sich rechts und zweigen am Ende desselben (nach 50 m) links in die ***Hanriederstraße*** ab (ggü. dem Abzweig das ✕ Chari Vari). Nach 200 m zweigen Sie rechts in die *Grabenstraße* ein (kurz vor der "Hopfen-Darre"). Dieser folgen Sie 300 m und zweigen dann links ab.

Ab hier begleitet Sie bis kurz vor Götzendorf auch die Markierung (Weg) "57" - Götzendorfer Steig. Die Markierung "Weg Sinnenreich" läuft zwar auch noch kurz parallel ("58") findet aber keine Berücksichtigung.

Nach 2 Min. endet mit der Siedlung auch der Asphaltbelag und Sie gehen auf Schotterstraße weiter. 2 Min. danach unterqueren Sie die B38/127 und gehen an der sofort anschließenden Kreuzung geradeaus weiter. Kurz darauf wird der **Lanzerstorfer-Bach** überquert und aus der Schotterstraße wird ein Wiesenpfad. 5 Min. nach der Bach-Querung mündet der Wiesenpfad wieder in eine Schotterstraße und Sie gehen auf dieser kurz links am Waldrand entlang weiter und zweigen dann rechts ab (geben Sie Obacht - hier haben sich schon viele verlaufen - trotz des Wegweisers "Nach 30 m rechts abzweigen").

Einige Meter nach Abzweig natürlich die obligate Gabelung - linken Ast (schmale Schotterstraße) nehmen und 30 m danach breitet schon der schattige Wald (Lanzerstorfer Holz) sein Dach über Ihnen aus. 3 Min. später verlassen Sie die Schotterstraße nach links und überqueren einen namenlosen Bach. 2 Min. danach wählen Sie an einer Gabelung den linken Ast (am rechten Ast verlässt Sie der Weg 58). Bereits 20 m nach dieser Gabelung stoßen Sie auf eine quer laufende Forststraße bzw. Kreuzung - gehen Sie geradeaus weiter und queren Sie die Forststraße. Bereits nach 2 Min. ist die nächste Gabelung erreicht - rechten, fallenden Ast nehmen (breiter mit Gras bewachsener Waldweg). Nach wenigen Schritten kommen Sie an einer Kreuzung zu stehen und wandern am rechts abzweigenden und mit Geländer versehenen, **stark fallenden Steig** weiter.

Nach 15 Höhenmetern verläuft der Weg wieder eben und verliert sich etwas am Waldrand: Kurz nach Ende des stark fallenden Steiges (mit Geländer) passieren Sie ein **gusseisernes Wegkreuz** (bei letzter Begehung war hier auch noch ein kleines hölzernes Kreuz vorhanden). Einige Meter danach wird in einer Rechtskurve ein sehr kleines, namenloses Bächlein überquert und Sie gehen weiter am Waldrand entlang. Spätestens 1 Min. danach führt der (mehr oder weniger nicht vorhandene) Weg in einer Links-Rechts-Kurve wieder in den Wald hinein und überquert den vergleichsweise breiten **Fischbach** (vielleicht 3 Min. ab Ende des Steiges mit Geländer).

Am anderen Ende der Brücke macht sich wieder Wiese breit und Sie folgen der steigenden, undeutlichen Traktorspur zwischen Feldern (anfänglich auch links Wiese), die nach ca. 200 m eine Linkskurve beschreibt und nach 200 weiteren Metern in eine schmale Asphaltstraße einmündet - rechts auf dieser weiter. Nach etwas mehr als 5 Min. mündet diese bei einem **gusseisernen Wegkreuz** in eine etwas breitere, asphaltierte Vorfahrtstraße ein und Sie folgen dieser nach rechts Richtung Brezerhaus (ca. 4 km ab Rohrbach, hier verabschiedet sich auch der Weg 57 nach links und führt ins ca. 200 m entfernte Zentrum von 4150 Götzendorf, ✕).

Nach etwa 300 m erreichen Sie bei der **Ortstafel Rumerstorf** eine Gabelung, nehmen den linken Ast (bzw. gehen geradeaus weiter) und durchqueren das Dorf auf Asphalt. Nach ca. 5 Min. stehen Sie beim letzten Bauernhof des Ortes und vor Ihnen breitet sich eine riesige Wiese/Weide aus.

Im Mühlviertel - Weiler Koblmühle

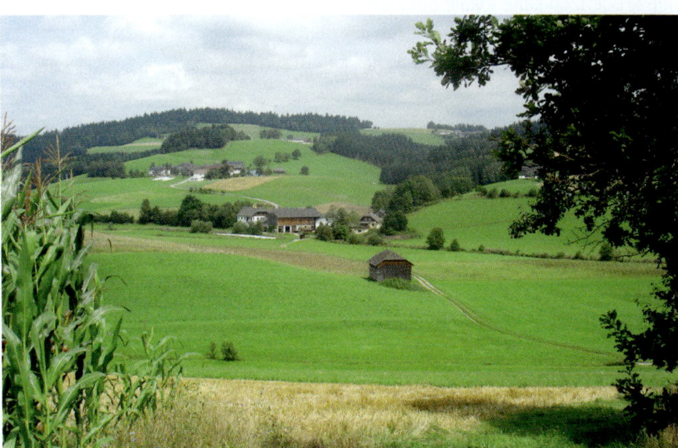

Sie sehen unten im Tal einen weiteren Bauernhof (zumindest die schwarzen Dächer), auch die dorthin führende Traktorspur durch die Wiese (vorbei an den beiden allein stehenden Eichen) ist ziemlich deutlich - nach 10 Min. ist der o.e. Bauernhof (**Koblmühle** ⇧ 486 m) erreicht und Sie überqueren die Kleine Mühl auf einer Brücke. Nach der Brücke teilt sich der Weg:

Der besser beschilderte (allerdings einen Umweg von knapp 1 km beschreibende) Jakobsweg führt nach der Brücke rechts die steigende Asphaltstraße hinauf nach Rutzersdorf; bei der Kreuzung am Ortsrand von **Rutzersdorf** (nach ca. 750 m) gehen Sie links (nicht die Hofzufahrt nehmen). Nach vielleicht 100 m müssen Sie links abzweigen, um nach Auerbach (dem nächsten Ziel) zu kommen. Zum Brezerhaus geht's allerdings an dieser Kreuzung rechts (ca. 50 m).

⌘ ✕ Jausenstation Brezerhaus (Kulturdenkmal) - das Gebäude entstammt dem 16. Jh. und ist (wahrscheinlich) ein sog. Ausgedinge-Häusl - entspricht einem Altersheim im Familienkreise auf dem Land. Der Erhaltungszustand kann als originalgetreu angesehen werden. ◨ lediglich an So und Fei (13:30-19:00) zwischen Ende Mai und Ende Oktober (für Gruppen ab 8 Personen gegen Voranmeldung auch an anderen Tagen), ansässige Bäuerinnen kredenzen kalte lokale Spezialitäten (Speck, Käse, Mehlspeisen usw.) und Getränke.

ℹ Fr. M. Scharinger, ☏ 072 83/86 16 bzw. TVB Sarleinsbach (☞ Seite 87)

Wie bereits oben gesagt halten Sie sich an der zweiten Kreuzung links (bzw. kommen vom Brezerhaus wieder hierher zurück und gehen geradeaus weiter) in die Feldstraße hinein. Sie können ab hier bis Sarleinsbach auch der Markierung Brezer-Jausen-Weg Nr. 34 folgen. Der Feldstraße folgen Sie knapp 1 km (den einzigen erwähnenswerten Linksabzweiger haben Sie ignoriert) und zweigen dann rechts in die steigende Asphaltstraße ab.

Nach 300 m ist der erste Bauernhof von **Auerbach** erreicht, geradeaus weiter auf Asphalt und beim HNr. *Auerbach 1* rechts und gleich wieder (bei Pestsäule) links hinunter abzweigen. Weitere Wegbeschreibung sowie Unterkunft in Auerbach ☞ unten.

Wenn Sie das Brezerhaus nicht besuchen wollen, halten Sie sich nach der Brücke links in die Schotterstraße hinein und überqueren nach 5 Min. ein namenloses Bächlein. Am anderen Ende der Brücke gehen Sie geradeaus weiter hinauf - es ist nur mehr eine leichte Traktorspur vorhanden - die zwischen/entlang von Feldern hinaufführt (anfänglich auch noch eine niedrige Eichengalerie). Im Prinzip gehen Sie in Richtung der schwarzen Dächer, die Sie auf der Kuppe sehen. Spätestens nach 10 Min. endet diese Traktorspur an einer quer laufenden Traktorspur. Die schwarzen Dächer sind zwar noch immer gerade vor Ihnen oben, doch geradeaus führt kein eigentlicher Weg und Sie müssen hier rechts abzweigen. Bald wird aus der Traktorspur eine veritable Schotterstraße und nach 3 Minuten zweigen Sie links in eine steigende Asphaltstraße ab. Diese führt Sie nach **Auerbach** (noch ca. 300 m), welches nach rd. 20 Min. ab Koblmühle erreicht ist.

🛏(✕) Pension Schafflhof, Auerbach 5 (zwar 1 km abseits, doch man holt Sie von Auerbach ab), ☏ 072 84/82 87, Essen muss vorbestellt werden.

☺ Nächste 🛏 in Sarleinsbach - 6 bis 7 km

Ab Auerbach hilft Ihnen auch die Markierung Weg Nr. "34" ("Brezer-Jausen-Weg") bis Sarleinsbach weiter.

Sie folgen nun der Asphaltstraße und halten sich beim **HNr. *Auerbach 1*** (ca. 100 m nach dem ersten Bauernhof im Dorf) rechts und gleich danach bei der **Pestsäule** links hinunter (Betonplattenweg mit mittigen Grasstreifen). Nach 2 Min. erreichen Sie die erste Gabelung exakt an der Kante eines Feldes und nehmen den linken Ast - anfänglich noch eine deutliche Traktorspur, dann aber immer unkenntlicher werdend. Sie müssen entlang dem Feld (rechts von Ihnen) weitergehen und dann den **schmalen Waldstreifen** queren (20 m). Hier beginnt wieder ein klarer Weg und nach längstens 5 Min. überschreiten Sie den wilden **Auerbach** und erreichen einige Augenblicke danach eine quer laufende Forststraße - rechts auf dieser durch Wiesen weiter.

10 Min. nach Querung des Auerbaches erreichen Sie am Ortsrand von **Mairhof** eine Asphaltstraße, halten sich auf dieser rechts und zweigen sofort wieder links ab (praktisch betrachtet, wird die Asphaltstraße also überquert).

Nach wenigen Minuten ist das kleine Dorf durchschritten, der Asphaltbelang endet und weiter geht die Wanderung auf Feldstraße (den Linksabzweig nach dem letzten Bauernhof ignorieren Sie natürlich). Nach einigen Minuten stößt der Weg wieder in den Wald hinein und erreicht nach 3 Min. einen quer laufenden Waldweg in selber Breite - Sie halten sich auf diesem rechts und erreichen nach weiteren 3 Min. eine Asphaltstraße.

Sie halten sich auf dieser links hinunter, gehen die Spitzkehre aus und zweigen nach insg. 300 m (direkt vor der Brücke über die Kleine Mühl - mit 468 m niedrigster Punkt dieser Etappe) rechts in die Waldstraße ab. Nach ca. 0,5 km/15 Min. erreichen Sie eine Gabelung und folgen dem rechten Ast, eine am Waldrand entlangführende, steigende Erdstraße. Nach 10 Min. ist bei einem Bauernhof eine Asphaltstraße erreicht (wenn Sie sich umdrehen, erhaschen Sie einen Blick auf Schloss Sprinzenstein - in seiner heutigen Form geht es im Wesentlichen auf die Mitte des 16. Jh. zurück, urkundlich bereits 1253 erwähnt) und Sie folgen dieser steigend zum nächsten Bauernhof (5 Min.) - HNr. Meising 1 (✕ Jausenstation **Wirt z´Meising**, nur kalte Gerichte und Getränke), ☏ 072 83/82 61, Mi-So ab 14:00) - ca. 30 Min. ab Abzweig von letzter Asphaltstraße.

Sie folgen nun weiterhin der nach wie vor steigenden Asphaltstraße, ignorieren nach ca. 5 Min. die beiden Abzweiger nach rechts bei einer **Kapelle** (Gekreuzigter) und nehmen dann, 50 m nach der Kapelle (bei einem großen, schönen, aber reparaturbedürftigen Wohnhaus) den rechts abzweigenden, endlich **fallenden Waldweg** (anfänglich noch asphaltiert, dann geschottert; nicht die Haus-Zufahrt nehmen!).

Bereits nach wenigen Metern (bereits geschottert) verlassen Sie die Straße nach rechts (ziemlich steil) hinunter, gehen ca. 50 m am Waldrand entlang und stoßen dann in Wald hinein, ein deutlicher Waldweg empfängt Sie. Leider endet der Wald bereits nach 5 Min. und Sie gehen zwischen den beiden Häusern hindurch und weiter auf besonntem Wiesenweg, welcher nach bereits 1 Min. bei der **Sarleinsbacher Lichtmühle** (diese Naturteich-Anlage gleichen Namens verbirgt sich hinter Gebüsch) eine Asphaltstraße erreicht. Diese wird überquert und weiter geht der Weg hinunter (nun auf Asphalt). Den Rechtsabzweig bei HNr. 10 ignorieren Sie und überqueren nach 200 m den **Lichtenbach**. 100 m danach kürzt ein steigender Wiesenweg eine Spitzkehre ab und mündet bei der **Ortstafel Sarleinsbach** wieder in die Asphaltstraße. Sie folgen dieser - *Gollnerweg* - nach rechts. Nach 0,5 km erreichen Sie an der quer laufenden *Schulstraße* das Zentrum von **Sarleinsbach** - links geht der Weg weiter, rechts gelangen Sie zur Pilgerherberge Kräuter-Mandl.

4152 Sarleinsbach

⇧ 561 m ✆ 072 83

(am Kreisverkehr) Drogerie

TVB Sarleinsbach + Marktgemeindeamt, Marktplatz 2, ☏ 82 55-22, www.sarleinsbach.at

Erlebnishof-Kräutermandl, Schulgarten 8 (unwesentlich abseits), ☏ 82 27, www.erlebnishof.at

♦ Gasthof Jagawirt, Gollnerweg 1 (☞ Wegbeschreibung oben), ☏ 82 47, www.jagawirt-sarleinsbach.at

♦ Gasthof Zum Kirchenwirt, Marktplatz 9, ☏ 82 25

☞ auch Mühltalpension im Info-Block Rohrbach

☺ Nächste Unterkunft in Putzleinsdorf - ca. 6 bis 7 km

Etappe 4:
Sarleinsbach (561 m) - Neustift i.M. (591 m)

➲ 20 km, ↑ 850 m, ↓ 820 m, ⌛ 5 bis 6 Std.

Sie haben sich an der quer laufenden *Schulstraße* links gehalten, auch den lang gestreckten *Marktplatz* gequert und erreichen nach knapp 0,5 km ab Zentrum einen **Kreisverkehr**. Hier rechts Richtung Altendorf abzweigen und am Ende der nach weiteren 0,5 km erreichten **Spitzkehre** links hinunter den Wiesenweg nehmen (nicht den zuvor abzweigenden Güterweg Kirchholz). Der Weg taucht schnell wieder in den Wald ein und erreicht nach nicht einmal 500 m wieder die zuvor verlassene Asphaltstraße (es wurde nur eine weitere, lang gezogene Spitzkehre abgekürzt) und Sie halten sich auf dieser links.

100 m nach Einmündung treffen Sie auf eine quer laufende Asphaltstraße und folgen dieser ebenfalls nach links, bald darauf beginnt bei einem Bauernhof (**Ohnhäusl**, einige Meter zuvor haben Sie bei einer Bachüberquerung auf 473 m den tiefsten Punkt dieser Etappe überschritten) der Weg zu steigen.

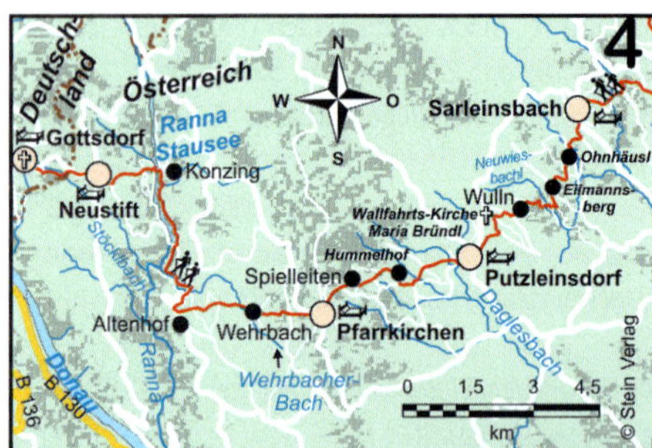

1 km nach Ohnhäusl erreichen Sie in **Eilmannsberg** wieder einen Bauernhof, durchschreiten diesen und nehmen kurz danach an einer Gabelung den eben verlaufenden Ast - eine geschotterte Straße mit mittigen Wiesenstreifen.

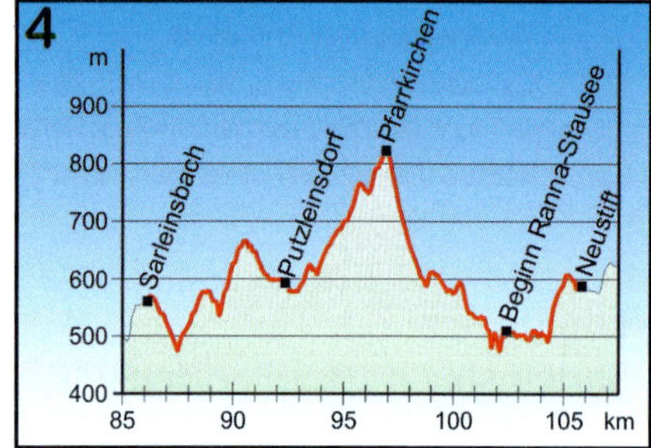

Nach etwa 5 Min. verlassen Sie bei einer **Rastbank** diese Straße nach rechts (ebenfalls Wiesenstreifen-Straße, fallend). Bereits nach 3 Min. zweigt rechts ein Waldpfad ab und überquert nach 2 Min. das **Neuwiesbachl**.

Naturgemäß beginnt der Weg nun die andere Talschulter hinanzusteigen und endet nach 5 Min. an einer mit Dachziegelschutt gepflasterten, schmalen Forststraße, Sie gehen auf dieser rechts weiter hinauf und erreichen nach längstens 10 Min. eine quer laufende, breite Forststraße, rechts hinauf weiter und nach wenigen Augenblicken endet der Wald.

Sie steigen am Waldrand (dieser links von Ihnen) 50 m weiter hinauf, gehen dann eine Rechtskurve aus (nicht auf Schotterstraße wieder zurück in den Wald gehen) und marschieren tapfer weiter hinauf. Bald beginnt der Weg Asphalt zu tragen und mündet bei einem Lagerschuppen in eine ebenfalls asphaltierte, quer laufende Straße. Sie folgen dieser nach links weiter hinauf. Nach 200 m ist der Weiler **Wulln** und bei HNr. 6 eine weitere quer laufende Asphaltstraße erreicht - rechts auf dieser weiter.

Nach 200 m beim HNr. 1 nicht links abzweigen, sondern noch geradeaus weitergehen und erst 200 m danach links auf eine Wiesenstraße abzweigen, die nach bereits 100 m in Wald hineinführt. Den nach 100 m erreichten Linksabzweig sollten Sie tunlichst ignorieren und besser geradeaus weitergehen (Bründlweg Nr. 25). Und wie der Name verheißt, erreichen Sie nach wenigen Augenblicken die kleine

✞ Wallfahrts-Kirche **Maria Bründl**

Irgendwann im beginnenden 17. Jh. träumte ein schwer unter Gicht leidender "reicher Graf aus Wien" mehrmals von einer Quelle in Putzleinsdorf. Er suchte diese, fand sie und badete darinnen - und siehe da, er genas. Weiterhin fand er auch noch ein Marienbildnis - es befindet sich heute als "Bründlmuttergottes" (seit 1750) im Knorpelwerk-Altar (wahrscheinlich älter als die Kirche) der Wallfahrtskirche, oberhalb des Altarbildes und ist das eigentliche Ziel der Wallfahrt. Mitte 17. Jh. war die Heilkraft der Quelle (allgemein verjüngend wirkend, hilft auch - wie üblich - bei Augenleiden, daher der Beiname "Augenbründl") allseits bekannt und berühmt - eine "Wasserkapelle" wurde errichtet (heute Lourdes-Kapelle hinter der Kirche aus 1884), Ende 17. Jh. wurde eine Badeanstalt erbaut, 1712-16 wurde die heutige Kirche errichtet. Der Badebetrieb wurde nach dem 1. Weltkrieg eingestellt, die Wallfahrt zum Bründl blieb bis heute bestehen - Wasser kann bei der Lourdes-Kapelle entnommen werden.

Sie gehen rechts der Kirche geradeaus weiter (Asphalt bedeckt nun die Straße) und erreichen sehr schnell **Station 14** eines Kreuzweges (1877 angelegt). Sie folgen der Asphaltstraße noch einige Meter und zweigen bei **Station 12** (Kapelle, Jesus stirbt am Kreuz) links ab und folgen dem Waldrand (dieser links von Ihnen) hinunter.

5 Min. nach Abzweig bei Station 12 stößt der Weg (auch der Kreuzweg) in den Wald hinein und erreicht 2 Min. danach bei **Station 1** und einem nicht gerade üblichen Wegkreuz eine Asphaltstraße. Dieser folgen Sie rechts rückwärts (Straße *Bründl*, ab Ortstafel Putzleinsdorf *Bründlstraße*) und erreichen nach ca. 500 m die 1706/7 erbaute Pfarrkirche St. Vitus und Hl. Schutzengeln (Einrichtung in unterschiedlichen barocken Phasen von 1708-40, der 35 m hohe Turm stammt von 1760-64). Rechts weiter (*Markt*) kommen Sie nach 100 m ins Zentrum von **Putzleinsdorf** (ca. 6 bis 7 km/1½ bis 2 Std. von Sarleinsbach).

4134 Putzleinsdorf ⇧ 603 m ✆ 072 86 BANK Drogerie

Marktgemeindeamt, Markt 7, ☏ 82 76, www.putzleinsdorf.at

⌘ Der 4,75 m hohe Pranger im Zentrum stammt aus dem Jahre 1580.

Gasthof Ranetbauer, HNr./Markt 8, ☏ 82 70, www.ranetbauer.at

☺ Nächste in Pfarrkirchen - 5 km

Sie queren das Zentrum (Durchgangsstraße *Markt*) in gerader Richtung und zweigen nach etwa 200 m links in die asphaltierte *Mangstraße* ab. Nach 300 m mündet diese in eine Vorfahrtstraße (*Spitalstraße*, später *Neubau*) - rechts auf dieser weiter und den **Daglesbach** überqueren. Rd. 100 m nach der Bachquerung zweigen Sie rechts ab in die *Dorfstraße*, die nach vielleicht 200 m zu steigen beginnt. Nach 0,5 km endet die Steigung und Sie gehen bei der Kreuzung bei einem Bauernhof geradeaus die Asphaltstraße weiter, nun fallend.

Rd. 0,5 km nach diesem Bauernhof gehen Sie die Rechtskurve der Asphaltstraße aus (Richtung Schrattendoppel) und zweigen nicht links ab. 300 m/5 Min. nach dieser Stelle zweigen Sie rechts ab in den asphaltierten **Güterweg Hummelhof**. 200 m/3 Min. danach durchschreiten Sie das Gehöft *Schrattendoppel 5* und folgen danach der noch kurz durch Wiesen, dann durch Wald (beginnender Hohlweg) steigenden Straße.

Einige Meter nach Waldbeginn splittet sich der Weg in 3 Äste auf und Sie nehmen den mittleren steigenden (bis Pfarrkirchen sowieso durchgehend steigend). An den beiden nächsten Gabelungen (in Minutenabständen) nehmen Sie jeweils den linken Ast und bei der folgenden dritten Gabelung ist es egal, welchen Sie nehmen. Sie treffen kurz darauf wieder zusammen. Bei der 5 Min. danach erreichten **vierten Gabelung** nehmen Sie wieder den linken Ast.

Nach 3 Min. endet dieser Waldweg an einem gleich breiten Waldweg - Sie halten sich links auf diesem und queren ziemlich schnell danach ein Bächlein. Noch immer im tiefen Wald ignorieren Sie einige Meter nach der Bächlein-Querung einen Rechtsabzweiger und stoßen einige Meter nach diesem auf einen quer laufenden, breiten Waldweg und halten sich auf diesem rechts, verhalten steigend, weiter. 1 Min. danach endet der Wald. Sie gehen noch kurz durch Wiesen weiter und erreichen bei HNr. 3 den Weiler **Spielleiten**.

Sofort beginnt Asphaltbelag zu sprießen (Güterweg Spielleiten), Sie folgen ihm bis zur nächsten quer laufenden Asphaltstraße (ca. 200 m), überqueren diese und folgen weiterhin dem steigenden Waldweg (anfänglich einige Meter fallend, ursprünglich Kirchensteig, jetzt Wallfahrer-Weg), der nach etwa 10 Min. ziemlich problemlos am **Ortsrand von Pfarrkirchen** beim HNr. 42 wiederum in eine quer laufende Asphaltstraße einmündet. Hier halten Sie sich links, zweigen nach 100 m beim Panorama-Cafe rechts ab und stehen nach 50 m wieder an einer quer laufenden Asphaltstraße (ggü. HNr. 4, ca. 30 Min. ab Hummelhof, ca. 11 km/3 Std. ab Sarleinsbach).

4141 Pfarrkirchen ⇧ 819 m ✆ 072 85

TVB/Gemeindeamt, HNr. 13, ☎ 415, www.pfarrkirchen.at

✝ Pfarrkirche Mariä Himmelfahrt - Der romanische Freskenstreifen (ca. 1250-90) an der linken Kirchenschiffwand sowie ein heute vermauertes Rundbogen-Tor lassen den Schluss zu, dass die Kirche ursprünglich an der Schwelle von Romanik zu Gotik erbaut wurde. Während der Hussitenkriege wurde die Kirche weitgehend zerstört. Aktuell sind davon noch Nord- wie

Deckenfresken Pfarrkirche Ma. Himmelfahrt

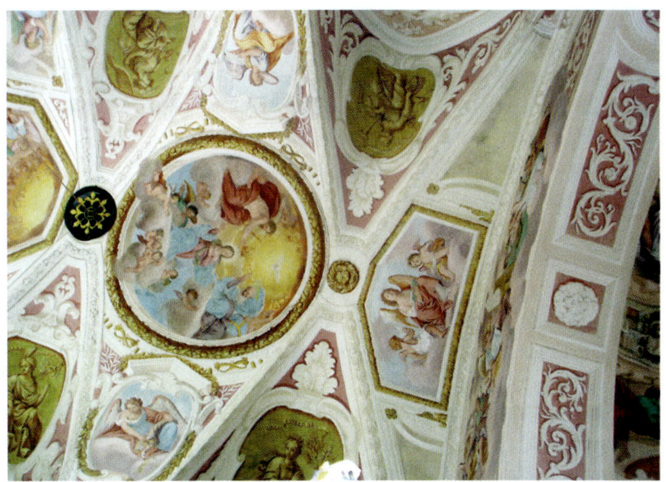

Westwand sowie Teile der Ostwand des Langhauses vorhanden. Die heutige Gestalt der Kirche stammt vermutlich aus der ersten Hälfte des 17. Jh. Ab 1683 wurde eine spätbarocke Neugestaltung durch den Passauer Domarchitekten Carlo Antonio Carlone durchgeführt. Erwähnenswert sind hierbei vor allem die einmaligen, von Giovanni/Johann Carlone geschaffenen Fresken, die erst 1988-93 in ihrer Gesamtheit freigelegt wurden. Es handelt sich um eine höchst seltene Gesamtkomposition des Künstlers, die die kunsthistorische Bedeutung der Kirche weit über eine lokale Ebene hinaus hebt. Erstmals in Österreich wurde hier auch der Stuck gemalt. Der qualitätsvolle spätbarocke Hochaltar von 1736 stammt vom Tischler/Bildhauer Franz Stadler und dem Maler Wolf Martin Geiger. Altarblatt (Himmelfahrt Mariens) und Oberbild stammen aus derselben Zeit und wurden vom Maler Johann Phillip Ruckerbauer aus Sarleinsbach geschaffen.

Die für eine "Dorfkirche" - das in schöner Abgeschiedenheit und verkehrstechnisch ungünstig liegende Pfarrkirchen erlebte nie eine Markterhebung - äußerst unübliche Größe und reiche Ausstattung lässt sich nur mit großzügigen Dotierungen durch Adel und Klerus erklären. Das Warum ist aber nicht eindeutig geklärt.

Weiterhin noch eine südlich/links der Kirche gelegene Loretto-Kapelle von 1694.

🛏✕ GH Scherrer, HNr. 16, ☏ 409, 💻 www.gasthofscherrer.at, Ruhetag Mo

🛏 Panorama-Cafe, HNr. 40, ☏ 428, 💻 www.panoramacafe.at, Ruhetag Mi (nur Frühstücksbuffet und Cafe-typische Torten/Kuchen usw.)

♦ Gästehaus Lang, HNr. 56 (unwesentlich abseits), ☏ 64 70, ✉ pension.lang@resi.at

♦ Pension Raab, HNr. 7, ☏ 427, ✉ pensionraab@gmail.com

☺ Nächste 🛏 in Neustift - 9 bis 10 km

Wenn GH Scherrer Ruhetag hat, bietet sich nur noch das nebenan liegende ✕ GH Höglinger an - ☏ 413 - Essen nur auf Vorbestellung, Ruhetag Mi.

Zwischen Pfarrkirchen und Altenhof können Sie auch der Markierung **"Lugbauernweg"** (Nr. 76) folgen. Grundsätzlich ist aber die Markierung etwas mangelhaft.

Sie **durchschreiten das Kirchenareal**, verlassen es wieder am Hinterausgang, queren die anschließende Straße, gehen **zwischen den Häusern 10 und 9** hindurch und folgen der fallenden Traktorspur durch Wiesen hindurch (links ein Golfplatz). Nach 2 Min. ist ein größeres Wohnhaus erreicht und Sie halten sich noch vor diesem leicht links hinunter Richtung Wald. Wie nicht anders zu erwarten, empfängt Sie am Waldrand eine Gabelung. Sie folgen dem rechten Ast, der schnell schmaler wird und als schöner Pfad durch den Wald führt. 5 Min. später stehen Sie bei einem **Wegkreuz** an der nächsten Gabelung, nehmen den linken Ast und erreichen nach ein paar Metern eine quer laufende Asphaltstraße (10-15 Min. ab Pfarrkirchen). Sie überqueren diese, folgen der anschließenden Schotterstraße geradeaus und zweigen nach 10 m rechts in die quer laufende Schotterstraße ab.

Nach vielleicht 50 m verlassen Sie die Schotterstraße nach links und folgen einem schmalen, fallenden Waldweg. Leider endet der Wald nach 5 Min. und Sie gehen am Waldrand und danach zwischen Feldern weiter hinunter (Traktorspur) Richtung Asphaltstraße, welche ca. 3-4 Min. nach Waldende erreicht ist. Sie folgen ihr nach rechts hinunter und erreichen nach etwa 300 m eine Kreuzung im lang gestreckten Dorf **Wehrbach**. Sie überqueren diese geradeaus, queren nach etwa 500 m den Wehrbacher-Bach und nehmen an der sofort folgenden Gabelung den linken steigenden Ast (Asphaltstraße). Nach etwa 200 m endet der Asphaltbelag bei einem Bauernhof, Sie folgen der Schotterstraße und erreichen nach weiteren 200 m eine Gabelung - hier nehmen Sie den rechten, zum Waldrand führenden Ast (Traktorspur).

Direkt am Waldrand (100 m entfernt) erreichen Sie bei einem **gusseisernen Wegkreuz** eine quer laufende Feldstraße - links auf dieser weiter in den Wald hinein. Bei der nach 20 m erreichten Gabelung nehmen Sie den rechten, fallenden Ast. Sofort danach die nächste Gabelung - hier dem linken Ast folgen. 10 Min. nach dieser Gabelung erreichen Sie eine quer laufende Forststraße, überqueren diese geradeaus und folgen dem fallenden Waldweg. Dieser endet nach 2 Min. an einer Asphaltstraße (HNr. *Gerastorf 7*), der Sie nach links folgen. Den sofort auftauchenden Linksabzweiger ignorieren Sie und gehen steigend noch ca. 300 m bis HNr. ***Altenhof 12*** weiter. Hier stoßen Sie auf eine quer laufende Asphaltstraße und folgen dieser nach rechts.

Nach etwa 100 m passieren Sie das ✕ GH Zur Post (☏ 072 85/265, Ruhetag Mo) und einige Meter danach zweigen Sie am Beginn eines Parkplatzes rechts ab und kürzen via fallenden Wiesenweg in einer weiten Linkskurve die lang gezogene Spitzkehre ab (ggü. dem Parkplatz befindet sich der Eingang zum Schloss Altenhof - wahrscheinlich schon vor 1200 erbaut, 1724 nach einem Brand umgebaut; die barocke Schlosskirche gilt als größte Privatkirche Österreichs).

Auch die nächste Spitzkehre wird via Wiesenweg abgekürzt und nach wenigen Minuten halten Sie sich an der wieder erreichten Asphaltstraße (bei **Trafohäuschen**) rechts und zweigen nach nicht einmal 100 m vor der Eisstock-Halle links in den asphaltierten **Güterweg Hofmühle** ab.

Nach ca. 200 m geht dieser Güterweg bei den Häusern ***Hochhaus 6 und 7*** in eine Wiesenstraße über. Wie nicht anders zu erwarten, ist die erste Gabelung bereits nach 2 Min. erreicht und Sie nehmen den linken Ast hinunter. Nach einigen Augenblicken stehen Sie bei einem kleinen **Kraftwerk** am Ufer eines Baches/Kanals - Sie bleiben am diesseitigen Ufer und folgen dem parallel zum Bach verlaufenden Waldweg (immer mehrere Meter oberhalb). Nach etwa 20 Minuten ist die **Ranna-Staumauer** erreicht (wahrscheinlich die schönsten 20 Minuten seit Cesky Krumlov) und Sie halten sich an der erreichten Asphaltstraße rechts rückwärts, steigend weiter. Nach 1 Min. zweigen Sie in einer Spitzkehre links ab und folgen dem **Fitness-Weg** (Schotterstraße). Nach ca. 30 Min. ist der 70 m lange **Konzinger-Steg** über den Stausee erreicht und Sie nutzen ihn.

An der anderen Steg-Seite erreichen Sie einen **quer laufenden, breiten Waldweg** und folgen diesem vielleicht 50 m nach rechts und zweigen dann links rückwärts steigend in den noch immer rel. breiten Waldweg ab. Bereits nach 3 Min. verlassen Sie diesen nach rechts und folgen einem **schmalen, steigenden Waldpfad** (schlecht markiert, Weg nicht unbedingt klar erkennbar), welcher eine lang gezogene Linkskurve beschreibt und bald zu einer schlecht erkennbaren und mit Gras bewachsenen **Traktorspur** wird. Der Weg steigt weiterhin durch dichten Wald, wird immer deutlicher und endet schließlich - ca. 15 Min. ab Steg - an einer quer laufenden Forststraße. Sie folgen dieser rechts - weiter hinauf - und erreichen schnell die nächste quer laufende Forststraße - nun links hinauf weiter. Sehr schnell beginnt der Weg

Asphalt zu tragen. Sie folgen ihm weiter hinauf (ignorieren wie zuvor alle Abzweiger) und erreichen nach weiteren 300 m endlich die Kuppe.

Die Straße beginnt nun zu fallen und Sie ignorieren auf den nächsten 500 m ebenfalls alle Abzweiger und erreichen beim **Friedhof** die *Rannatalstraße* (=Hauptstraße) von **Neustift** im Mühlkreis - Sie müssen rechts weitergehen und erreichen nach 200 m die Pfarrkirche am *Kirchenplatz* und nach weiteren 200 m - nach Querung einer Vorfahrtstraße - das Gemeindeamt in der *Passauer Straße*.

4143 Neustift im Mühlkreis ⇧ 591 m ✆ 072 84 BANK ✕

i TVB/Marktgemeindeamt, Passauer Str. 14, ☎ 81 55,
www.neustift-muehlviertel.at, www.oberoesterreich.at/neustift/

GH Zur Post, Passauer Str. 1, ☎ 81 01, www.gasthaus-wundsam.at, Ruhetag Di

♦ Jugendherberge Neustift, Herberggasse 5 (unwesentlich abseits, Nebenstraße (links) der Rannatalstraße, kurz vor der Kirche), ☎ 81 96,
www.cafe-dikany.com

☺ Nächste in Gottsdorf (D) - 2,5 km

Etappe 5: Neustift i.M (591 m) - Thyrnau (458 m)

27 bis 28 km, ↑ 560 m, ↓ 690 m, ⌛ 7½ bis 8½ Std.

Sie folgen der *Passauer Straße* weiter hinunter und zweigen ca. 200 m nach dem Gemeindeamt links in den ebenfalls fallenden **Güterweg Haitzendorf** ab. Nach 200 m überschreiten Sie in der Talsohle den **Stöcklbach**, zweigen nicht rechts in den "Schmugglerweg" ab, sondern folgen noch ca. 750 m der nun steigenden Asphaltstraße bis zum Waldende.

Dort sehen Sie rechter Hand zwei alte **Grenzsteine** aus Maria-Theresianischer Zeit, zwei Warntafeln (☞ Landes-, Staatsgrenze) sowie eine **Info-Tafel**. Abgerundet wird das Ensemble noch durch zwei Rastbänke mit Tisch und einem schönen Blick auf Gottsdorf. Sie zweigen aber bereits 20 m vor diesem anmutigen "Denkmal" rechts in den Schmuggler-Weg ab (die **grüne Markierung** begleitet Sie bis Gottsdorf). Bereits nach 1 Min. verlassen Sie die breite Forststraße nach links und folgen dem Waldweg. Schnell endet der Wald und Sie gehen an dessen Rand weiter, nun wieder auf Schotterstraße. Nach insg. nicht einmal 10 Min. ab Grenze erreichen Sie eine quer laufende Asphaltstraße (ab Ortstafel heißt sie *Alte Dorfstraße*) und folgen dieser nach links - nach 500 m ist das Zentrum von **Gottsdorf** erreicht (ca. 2,5 km ab Neustift).

94107 Gottsdorf

⇧ 530 m ✆ 085 93

Arbeitskreis für Tourismus Gottsdorf, ☏ 933 00, www.feriengebiet-gottsdorf.de

✞ Die um 1451 entstandene Pfarrkirche St. Jakobus hat ihren gotischen Stil im Wesentlichen beibehalten können. Eine qualitätsvolle Statue des Hl. Jakobus dominiert den Altar.

Landgasthof Zum Lang, Alte Dorfstr. 29, ☏ 933 00, www.landgasthof-lang.de

Pension Böhmisch, Am Bad 2 (☞ Wegbeschreibung unten), ☏ 391, robert.boehmisch@omv.com

♦ Pension Zum Ebenstein, Riedl 7 (ca. 1 km abseits, man holt Sie aber von Gottsdorf ab), ☏ 381, www.ebenstein.de

☺ Nächste in Untergriesbach - ca. 9 bis 10 km

Ab Pfarrkirche folgen Sie weiterhin der *Alten Dorfstraße* und zweigen nach ca. 400 m rechts weg in die Straße *Am Bad*. Sie gehen aber nicht Richtung Schwimmbad weiter - d.h. Sie zweigen nicht ab, sondern gehen geradeaus weiter - die Straße heißt nun *Bergweg*. Bei der Gabelung bei den **letzten Häusern von Gottsdorf** nehmen Sie den linken, geradeaus weiterführenden Ast (Sie überschreiten bald den höchsten Punkt dieser Etappe - 664 m) und stoßen nach knapp 0,5 km auf eine quer laufende Vorfahrtstraße - links auf dieser weiter und nach vielleicht 50 m ist die nächste quer laufende Vorfahrtstraße erreicht - auf dieser rechts hinunter und nach weiteren 50 m gleich wieder links abzweigen. Nach knapp 1 km beginnt Wald (die von links hinten einmündende Straße ignorieren Sie und gehen weiter Richtung Untergriesbach), der aber bereits nach ca. 4-5 Min. wieder endet - hier ignorieren

Sie einen Rechtsabzweiger und gehen geradeaus weiter durch Wiesen und Felder. Nach ca. 300 m passieren Sie den Weiler **Hitzing** und 200 m hinter diesem erreichen Sie in **Stollberg** eine quer laufende Asphaltstraße und überqueren diese geradeaus.

Kurz nach dem Ortsende von Stollberg ignorieren Sie bei einem Solarkraftwerk einen Linksabzweiger und 100 m nach diesem ignorieren Sie die beim "Haus Waldfriede" links rückwärts abzweigende Asphaltstraße.

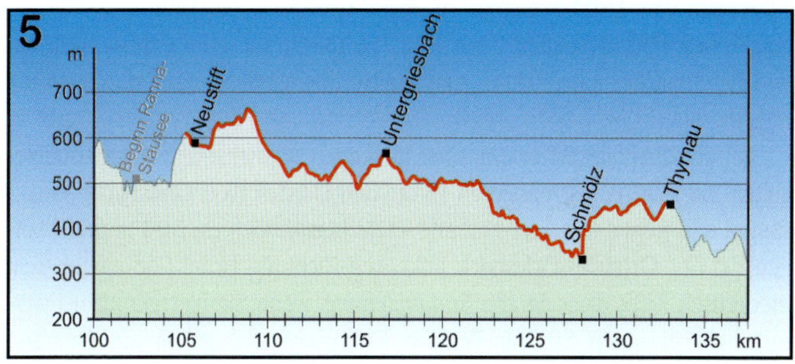

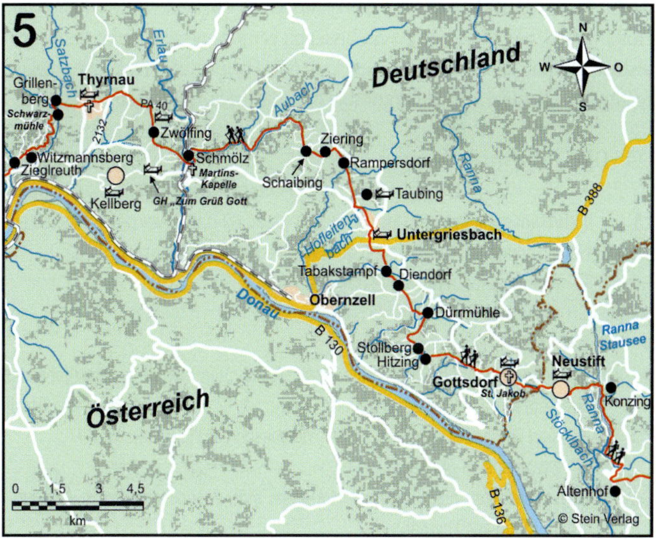

300 m nach dem Haus Waldfriede zweigen Sie an der Kreuzung in **Dürrmühle** links weg Richtung Kronawitthof/Schwimmbad. Nach nicht einmal 500 m ist das Schwimmbad passiert und 100 m danach zweigen Sie bei einem **Trafohäuschen und Wegkreuz** rechts weg. 300 m danach überqueren Sie die Verbindungsstraße Lämmersdorf-Obernzell geradeaus. Nach weiteren 300 m stoßen Sie in **Diendorf** wieder auf eine quer laufende Vorfahrtstraße, halten sich auf dieser 100 m rechts und zweigen dann bei einem **Wegkreuz von 1904** ("Gelobt sei Jesus Christus") bei HNr. 6 links weg. Nach etwa 100 m beginnt beim HNr. 16 die Straße zum Griesenbach hin zu fallen, welcher nach 500 m - anfänglich durch Wiese, dann durch Wald - erreicht ist.

Bei der ebenfalls erreichten quer laufenden Asphaltstraße (**Richtermühle**) halten Sie sich rechts, passieren sofort den Ortsteil (von Griesbach) Tabakstampf und folgen der Asphaltstraße leicht hinauf noch ca. 500 m und zweigen bei der **Ortstafel Griesbach** links weg Richtung Hotel Sonnenhof (rein theoretisch heißt diese Straße *Südumgehung*, wenn Sie hier geradeaus weitergehen, gelangen Sie zur Pension Gahbauer) und gehen am Ortsrand dahin. Nach ca. 500 m zweigen Sie rechts in die *Pilsgasse* ab (wenn Sie zum Hotel wollen, müssen Sie noch ein bisschen geradeaus weitergehen) und spätestens 5 Min. danach ist die quer laufende Hauptstraße (links *Marktplatz*, rechts *Marktstraße*) von **Untergriesbach** erreicht (ca. 12 km ab Neustift).

94107 Untergriesbach

⇧ 556 m ✆ 085 93

BANK ✕ (abseits) Drogerie Arzt, Zahnarzt

- TVB/Marktgemeindeamt, Marktplatz 24, ☏ 90 09-0, www.untergriesbach.de
- ✕ Hotel Sonnenhof, Burgweg 7 (☞ Wegbeschreibung oben), ☏ 91 30, www.sonnenhof-untergriesbach.de
- ♦ GH Obermüller, Marktplatz 17, ☏ 337
- ♦ GH Zur Post, Marktplatz 6, ☏ 261
- ♦ Taubinger Hof, Taubing 12 (ca. 1,5 km abseits, man holt Sie in Untergriesbach oder Zipf ab, ☞ Wegbeschreibung unten), ☏ 12 11, www.taubinger-hof.de
- Pension Gahbauer, Postweg 7 (☞ Wegbeschreibung oben), ☏ 447, www.pension-gahbauer.de
- ☺ Abgesehen vom o.e. Taubinger Hof findet sich die nächste in Zwölfing - 14 km (3 km vor Thyrnau)

Sie überqueren die Hauptstraße *Marktplatz/Marktstraße* geradeaus, folgen der *Hauzenberger Straße* knapp 0,5 km und zweigen dann bei der **Röhrndl-Kapelle** (mit dem filigranen, durchsichtigen Turm, eigentlich St. Johannes d. Täufer) links in die Straße gleichen Namens ab. Nach etwa 0,5 km zweigen Sie ggü. HNr. 37 (einige Meter vor einem **Trafo-Häuschen**) rechts ab. Nach 20 m endet der Asphaltbelag und Sie stehen an einer Gabelung. Nehmen Sie den linken Ast (schmaler Waldweg). Der Wald endet bald, kurz danach überqueren Sie den **Holleiten-Bach** und schon stehen Sie bei einem gusseisernen **Wegkreuz** wieder an einer quer laufenden Asphaltstraße (ggü. HNr. ***Zipf 4***). Sie halten sich kurz auf dieser links und erreichen die Hauptsraße, der Sie nach rechts folgen (kurz danach findet sich der Abzweig rechts nach Taubing zum Taubinger-Hof).

Nach etwa 20 Min. passieren Sie die Ortstafel **Rampersdorf**. Die Straße heißt nun *Alte Straße* und mündet nach ca. 750 m bei der Ortstafel **Ziering** in eine Vorfahrtstraße (*Schaibinger Straße*). Hier halten Sie sich links und zweigen nach ca. 5 Min. bei einem Wegkreuz bzw. **Gedenkstein zur Flurbereinigung** (hier auch Ziering-Ende, **Schaibing-Anfang**) rechts in die *Dorfstraße* ab. Beim HNr. *Dorfstraße 40* zweigen Sie rechts in die *Kirchstraße* ab, passieren nach 100 m die Kirche St. Josef (mit zeitgenössischer Innenausstattung) und den Friedhof.

Sie folgen weiterhin der Asphaltstraße, queren auch die nach 0,5 km erreichte Kreuzung (Wald beginnt) geradeaus hinunter, ignorieren danach die rechts abzweigende Schotterstraße und queren nach insg. 20-25 Min. ab Friedhof/Schaibing den **Aubach**. An der quer laufenden Asphaltstraße an der anderen Brückenseite halten Sie sich links auf der eben verlaufenden Schotterstraße weiter.

Der Weg führt nun ca. 1 Std. ziemlich eben/unmerklich fallend entlang dem Aubach weiter (ehem. Bahntrasse der Passauer Graphit AG zum Abtransport des Rohstoffes aus dem Bergwerk Kropfmühl). Sie ignorieren alle Rechtsabzweiger und Brücken und überqueren erst nach 1 Std. den Aubach links gehend. An der anderen Brückenseite gehen Sie geradeaus weiter und erreichen schon nach wenigen Minuten eine quer laufende Asphaltstraße im Weiler **Schmölz** (mit einer Höhe von 330 m der tiefstgelegene Punkt dieser Etappe). Sie folgen dieser nach links und queren schnell danach wieder den

Aubach auf einer Brücke. Danach folgen Sie der steigenden Asphaltstraße und passieren nach 100 m die **Martins-Kapelle**.

Nach der Kapelle endet der Asphalt (nun Schotterstraße) und Wald beginnt, in welchem Sie nach einigen Metern die **Eisenbahn** auf einer Brücke überqueren. Sofort danach ignorieren Sie einen Linksabzweiger. Bald wird aus der Schotterstraße ein schmaler, ebenfalls geschotterter Pfad, der sich aber genauso schnell wieder zu einer mit Natursteinen "gepflasterten" Straße (ähnlich den alten Römerstraßen) verbreitert.

Dort, wo diese "Pflasterung" ziemlich abrupt in **äußerst grobe Schotterung** übergeht, befindet sich eine Gabelung. Den linken Ast sieht man eindeutig - er beschreibt eine Linkskurve und nach vielleicht 20-30 m befindet sich oben der Waldrand. Sie interessiert aber mehr der **rechte, unsichtbare**, von Unmengen Laub bedeckte **Weg**: Sie müssen praktisch im annähernd selben Winkel, den der linke Ast beschreibt, eine flache Rechtskurve gehen und nach einigen Metern ein kleines (im Sommer meist ausgetrocknetes) **Bächlein** übersteigen. Nach insgesamt vielleicht 50 m sehen Sie den Weg wieder klar und deutlich vor sich. Dieser steigt noch einige wenige Minuten durch den dunklen Wald (Erlauholz) weiter kräftig an, verflacht dann zusehends, vereinigt sich mit einem weiteren Weg (geradeaus weiter) und führt dann entlang dem Waldrand als grober Feldweg zu einer quer laufenden Asphaltstraße (ca. 20 Min. ab Schmölz, an dieser Straße links gelangen Sie zum GH Zum Grüß Gott, ☞ Info-Block Thyrnau). Dieser folgen Sie nach rechts und durchschreiten nach etwa 200 m das Dorf **Zwölfing**. Rd. 400 m nach dem Ortsende-Schild von Zwölfing geht's rechts zur 🛏 Pension Lichtenauer Hof (ca. 300 m/5 Min., ☏ 085 01/900 31 23, 🖳 www.lichtenauer-hof.de, ☺ nächste 🛏 in Thyrnau - 3 km) und 100 m nach diesem Abzweig ist die quer laufende **Vorfahrtstraße PA 40** erreicht. Sie gehen auf dieser links steigend weiter und erreichen nach 200 weiteren Metern die nächste **Vorfahrtsstraße** (Nr. 2132) - hier links hinunter weiter und nach etwas mehr als 5 Min. rechts abzweigen (nach wie vor PA 40, ab Ortstafel *Hofmarkstraße*).

Nach etwas weniger als 5 Min. passieren Sie bei der **Ortstafel Thyrnau** die schlichte Christophorus-Kirche und nach weiteren 5-10 Min. ist bei der imposanten Loretto-Kapelle nicht nur die Pfarrkirche, sondern auch die Gemeindeverwaltung der ehem. Hofmark **Thyrnau** erreicht.

94136 Thyrnau

⇧ 458 m ✆ 085 01

Drogerie, Arzt, Zahnarzt

ℹ Tourist-Info Kellberg-Thyrnau, St. Blasiusstr. 10, 94136 Kellberg, ☎ 320, www.kellberg-thyrnau.de

♦ Gemeindeverwaltung Thyrnau, Hofmarkstr. 18, Thyrnau, ☎ 91 17-0, www.thyrnau.de

Hofmark bezeichnete seit 23.4.1330 (Hofmarkenprivileg Ludwigs des Bayern) eine klar definierte Grundherrschaft, welche die "Niedere Gerichtsbarkeit“ innehatte; also das Richten über alle Straftaten, außer denen, die mit dem Tode bestraft wurden (Mord, Raub, usw., heute würde man Kapitalverbrechen dazu sagen). Sie werden noch einige Hofmarken auf dem Weg nach Kufstein durchwandern.

✝ St. Christophorus - höchstwahrscheinlich um 1370 errichtet, um 1500 um das Doppelte nach Osten erweitert (man sieht noch heute die Mauerfuge) sowie erhöht. Altar wie Altarbild (rechts auf diesem befindet sich der Hl. Jakobus!) stammen von 1598.

✝ Pfarrkirche St. Franz Xaver (eigentlich Francisco de Xavier, 1506-52, Pionier der Mission in Asien (v.a. China) und Mitbegründer der Gesellschaft Jesu/Jesuiten) - 1765-69 erbaut, 1771 geweiht. Der Hochaltar stammt von 1929, das Altarbild jedoch von 1769. Die Kanzel ist eine Rokoko-Schöpfung. Bedeutendstes Kunstwerk ist die sog. "Thyrnauerin“, eine halblebensgroße, steinerne Marienfigur mit Jesuknaben aus dem ausgehenden 15. Jh. von Niclas Gerhaert van Leyden (oder seinem Umfeld). Ursprünglich stand die Statue in der Christophorus-Kirche. Einzigartig ist auch die doppelgiebelige Verschmelzung der Kirchenfassade mit der Fassade des Pfarrhofes. Errichtet wurde die Kirche (und der Pfarrhof) übrigens weitgehend mit Spendengeld aus dem Opferstock der nebenan liegenden

✝ Loretto-Kapelle - 1622 wurde vom Hofmarksherren Urban Schätzl eine Marienkapelle gebaut, 1699 wurde diese zu einer originalgetreuen Loretto-Kapelle von Fürstbischof Johann Philipp von Lamberg umgebaut. Die Malereien an der Außenseite stammen von 1700. Der proportional ziemlich daneben geratene, neubarocke Turm stammt von 1893/94 und sollte ursprünglich zwischen Pfarrkirche und Kapelle zu stehen kommen (beide verfügten nur über ein kleines Türmchen).

✞ Zisterzienserinnen-Abtei St. Josef - ursprünglich weltliches Schloss, Abbruch und Neubau 1714, 1902 erwarben Zisterzienserinnen aus Frankreich (Vezelise) das Anwesen und besiedelten es, seit 1925 Abtei. Einen bedeutenden Namen hat sich das Kloster auf dem Sektor der Paramenten- (Textilien in Kirchen) und Fahnenstickerei/-näherei gemacht.

🛏✕ Land-GH Grinninger, Hofmarkstr. 32, ☏ 252, Ruhetag Do (ab 14:00)
♦ Christophorus-Hof (neben der Christophorus-Kirche), 2010/11 geschlossen, vielleicht aber bei Ihrer Ankunft schon wieder in Betrieb - wer weiß.
✞🛏✕ Abtei Thyrnau, Abteistr. 1, ☏ 939 09, 💻 www.kloster-thyrnau.de
☺ Nächste 🛏 in Passau - 10 km

Falls Sie in Thyrnau nicht unterkommen: Im benachbarten Kurort Kellberg (Luftlinie 4 km entfernt) gibt es Unterkünfte zuhauf - vielleicht holt man Sie ab - wenden Sie sich vertrauensvoll an oben angeführte Tourist-Info.

Am nächsten (ca. 1 km) liegt 🛏✕ GH Zum Grüß Gott, Prof.-Dr.-Schedel-Str. 1 (☞ Wegbeschreibung oben, man holt Sie von der erreichten Asphaltstraße ab), ☏ 760 od. 91 51 27, 💻 www.zum-gruess-gott.de

Etappe 6: Thyrnau (457 m) - Neuhaus (323 m)/Schärding (318 m)

➲ 25,5 km, ↑ 340 m, ↓ 490 m, ⌛ 7 bis 8 Std.

Der Ausgangspunkt dieser Etappe - Thyrnau - ist auch gleichbedeutend mit dem höchstgelegenen Punkt derselben. Der tiefstgelegene Punkt dieser Etappe befindet sich in Passau (Luitpold-Brücke). Von hier an geht es die nächsten ca. 320 km bis Breitenbach (mehr oder weniger) eben weiter. Ich nehme daher von den Vorstellungen des höchsten bzw. niedrigsten Punktes der Etappe vorübergehend Abstand.

Sie folgen weiterhin der *Hofmarkstraße*, missachten aber nach 200 m die Linkskurve dieser Straße und gehen geradeaus die ***Abteistraße*** weiter. Wie nicht anders zu erwarten, führt diese Straße zum Klostereingang und direkt vor diesem halten Sie sich rechts (nach wie vor *Abteistraße*). 1 km danach passieren Sie den Weiler **Grillenberg** und 200 m danach zweigen Sie bei der **Ortstafel Weihermühle** links ab Richtung Schwarzmühle.

Es ist hier zwar ein Jakobsweg-Wegweiser vorhanden; allerdings fand sich 11/2010 ein weiterer, 30 m hinter dieser Abzweigung, ebenfalls links weisend. Wenn Sie dort abzweigen, sollten Sie vielleicht sofort eine Suchmannschaft organisieren, denn ein Weg existiert dort nicht. Lassen Sie sich nicht irritieren. Vielleicht hat man diesen irreleitenden Wegweiser aber mittlerweile entfernt.

Weiterhin gilt es noch zu sagen, dass nun bis Zieglreuth (also die nächsten ca. 3 km) die Markierung eher schlecht und falls vorhanden (in erster Linie sind hier die grünen Dreiecke des Fernwanderweges E8 (Dursey Head/Irland bis Istanbul/Türkei) zu nennen) eher missverständlich sind (da - nicht immer, aber immer wieder - in beiden Richtungen markiert wurde).

Rd. 200 m ab Abzweig durchschreiten Sie den Weiler **Weihermühle** und am Ende desselben (nach 1 Min.) überqueren Sie den **Satzbach**. 100 m nach diesem zweigen Sie bei einer **Kapelle** rechts ab (kurz vor dem Bauernhof *Schwarzmühle 1* - Mühle gibt es dort schon seit den 70er-Jahren keine mehr) und folgen der Feldstraße. Nach etwa 5 Min. beginnt links von Ihnen wieder Wald (Steinbichel-Forst). Sie gehen nun am Waldrand entlang einige Meter weiter, verlassen die Feldstraße dann nach links (Forststraße) und stoßen in den Forst hinein.

Wenn Sie die beiden Linksabzweiger ignorieren, erreichen Sie nach ca. 5 Min. kurz nach einem **Kahlschlag** eine etwas breitere, quer laufende Schotterstraße. Es ist nun egal, ob Sie links oder rechts gehen, beide Wege sind annähernd gleich lang und stoßen nach 20-25 Min. wieder zusammen (wenn Sie links gehen, müssen Sie nach etwa 15 Min. einen fallenden Linksabzweiger ignorieren).

In beiden Fällen gehen Sie nach dem Zusammenschluss der beiden Wege **geradeaus weiter** (auch wenn die grünen Dreiecke anderes vermuten lassen), ignorieren nach 1 Min. einen steigenden Waldpfad rechts (markiert mit "Edtseite") und überqueren 5 Min. nach diesem eine Kreuzung geradeaus. Erst **20 m nach dieser Kreuzung** zweigen Sie links in einen Waldweg ein.

Möglicherweise wird hier der Wegverlauf geändert und man geht noch ca. 300 m geradeaus weiter und hält sich dann bei der nächsten quer laufenden Straße links hinunter bis zu u.e. Unterführung.

Derweil zweigen Sie halt links ab, gehen noch 20 m durch Wald weiter und marschieren dann am **Waldrand** hinunter, zweigen aber bereits nach vielleicht 50 m wieder **rechts in den Wald hinein** ab. Man sieht hier nur den Wegweiser, nicht aber den fallenden Pfad und wenn im nächsten Frühjahr das Gebüsch wuchert, sieht man vielleicht den Wegweiser auch nicht mehr. Geben Sie Obacht.

Gut, Sie sind an der richtigen Stelle rechts abgebogen - Weg ist trotzdem keiner vorhanden. Sie müssen praktisch weglos geradeaus weitergehen (2 Min.) dann gelangen Sie zu einer kleinen/schmalen, **quer laufenden Asphaltstraße** (man sieht sie bereits einige Meter nach dem Abzweig). Diese Asphaltstraße wird geradeaus überquert, dann geht´s noch ca. 20 m durch die letzten Reste Wald und danach treffen Sie auf eine **quer laufende Schotterstraße** am Ortsrand von **Witzmannsberg**. Auf dieser Schotterstraße halten Sie sich am Waldrand nun rechts hinunter und überqueren schnell nach dem Abzweig den asphaltierten ***Orchideenweg*** bei HNr. 9 und 10 (keine 5 Min. ab letzter Asphaltstraße, Sie befinden sich nun bereits in **Zieglreuth**) und gehen auf Asphalt weiter hinunter (rel. steil). Nach bereits ca. 3 Min. ist die nächste quer laufende Asphaltstraße erreicht (gegenüber befindet sich

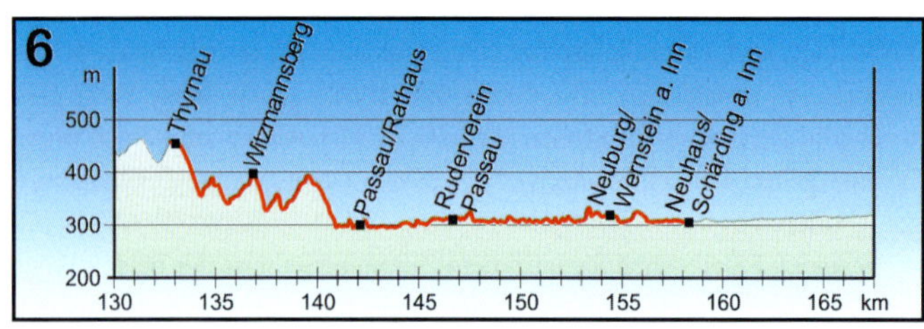

HNr. 19, die Straße heißt ganz simpel *Zieglreuth*). Auf dieser Straße halten Sie sich nun links, queren schnell danach den **Scharbach** und auch das Ortsende-Schild von Zieglreuth (hier beginnen endlich wieder die Jakobsweg-Wegweiser zu sprießen). 3 Min. nach der Ortsende-Tafel Zieglreuth unterqueren Sie die **Staatsstraße 2319**/*Hauzenberger Straße* und sehen einige Meter nach der Unterführung rechts eine Treppe mit Steinstufen den Hang hinansteigen. Sie ignorieren diese und gehen geradeaus noch einige Meter weiter bis zur nächsten quer laufenden Asphaltstraße, auf welcher Sie sich rechts halten (ca. 1 Std. ab Thyrnau/Schwarzmühle).

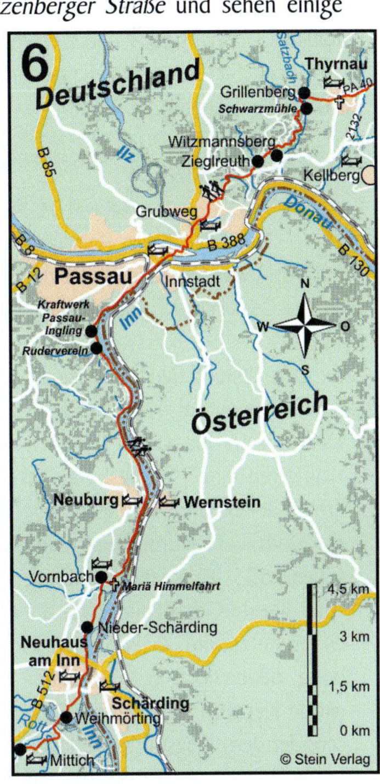

Nach insg. vielleicht 200 m ab Staatsstraßen-Unterführung zweigen Sie rechts in den asphaltierten und fallenden ***Breiteichweg*** ein. Diesem folgen Sie ca. 1,5 km/20 Min. und zweigen dann rechts in die *Plöckensteinstraße* ab (hier beginnt nun durchgehend verbautes Gebiet), welche nach 150 m am quer laufenden ***Säumerweg*** endet. Sie überqueren diesen geradeaus und folgen der weiterhin fallenden Straße *Laimgrub*. Diese endet nach ebenfalls ca. 150 m bei der **Feuerwehr** wieder an einer quer laufenden Vorfahrtstraße (*Schulbergstraße*), der Sie 50 m nach rechts bis zur Einmündung in die ***Alte Straße*** folgen. Hier nun links hinunter weiter (Sie befinden sich nun im Ortsteil Grubweg). Nach ca. 1 km stoßen Sie beim 🛏✕ GH Spetzinger (☏ 08 51/439 02, Ruhetag Mi) auf die quer laufende *Freyunger Straße*, überqueren diese und nehmen sofort danach den **Fußgänger-/Radfahrer-Steg** über die Ilz (wenn Sie der *Freyunger Straße* einige Meter nach links folgen, zweigt dann wieder links die Straße *Christdobl* zum 🛏 Frickinger ab, ☞ Info-Block).

Am Ende des Steges halten Sie sich links und erreichen nach 5 Min. einen **Parkplatz**, welchen Sie geradeaus queren. Am Ende desselben lassen Sie die Auto-Brücke über die Ilz links liegen, gehen durch den Tunnel hindurch und überqueren danach die **Donau** auf der Luitpold-Brücke. Am anderen Ende halten Sie sich rechts (*Donau-Kai*), erreichen nach weiteren 200 m das **Alte Rathaus** (*Rathausplatz*) und zweigen sofort danach links in die *Schrottgasse* ab. Wenn Sie dieser folgen, stehen Sie nach 2 Min. am *Residenzplatz* (ca. 10 km ab Thyrnau).

94030 Passau

⇧ ca. 300 m ✆ 08 51

BANK Drogerie Arzt, Zahnarzt

Tourist-Information, Rathausplatz 3 (im Neuen Rathaus), ☏ 955 98-0, www.tourismus.passau.de

♦ Gemeindeamt, Rathausplatz 2 (Altes Rathaus), ☏ 396-0, www.passau.de

Der Altstadthügel war bereits zwischen 5.-1. vorchristlichem Jh. von Kelten besiedelt. Im 1. Jh. nach Chr. kamen die Römer und gründeten das Kastel/Castra Batava als Teil der Limesbefestigung. 476 errichteten hier die Bajuwaren eine Herzogsburg, bereits 739 war die Stadt Bischofsitz. 999 erhielt der Bischof von Passau vom Kaiser auch die weltliche Herrschaft über die Stadt, 1217 Ernennung zum Fürstbistum, 1225 Stadt-Erhebung. Zwischen 1535-40 entstand im Kerker der Veste Oberhaus der sog. "Ausbund" - das älteste Gesangbuch, das ohne Unterbrechung in einer christlichen Kirche genutzt wird. Geschrieben von inhaftierten Vertretern der Täuferbewebung, heute noch in Verwendung bei den Amischen (USA). Mitte 16. Jh. wurde hier im Palais Lamberg (Domplatz) der "Passauer Vertrag" geschlossen, der den "Augsburger Religionsfrieden" vorbereitete. In der zweiten Hälfte des 18. Jh. Verlust der österreichischen Teile des Bistums (ca. 85 % des Grundbesitzes; mehr oder weniger zählte alles, was Sie bisher durchwanderten, irgendwann einmal zum Bistum Passau und ist eine Gründung desselben). 1803 endete die bischöfliche Macht mit der Säkularisation der Stadt durch den Staat Bayern.

Da Sie nun bis Kufstein laufend an säkularisierten (verweltlichten, d.h. in diesem Zusammenhang zwangs-aufgelösten) Klöstern usw. vorbeiwandern

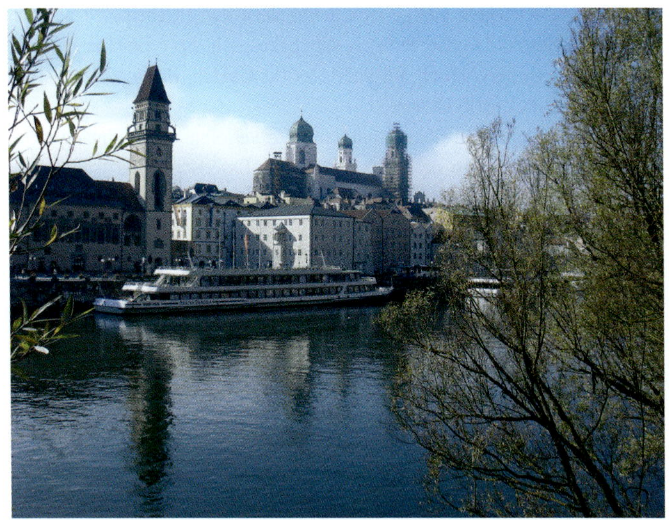

Rathaus und Dom von Passau

werden, möchte ich - zumindest für die nichtbayrischen Wanderer/Pilger - kurz einige Worte dazu anmerken: 1794 hatten die französischen Revolutionsheere unter Napoleon Bonaparte das linke Rheinufer besetzt (Straßburg, Mainz, Koblenz, Trier, Aachen usw.). 1801 musste diese Annexion im Frieden von Luneville auch vom Hl. Röm. Reich dt. Nation anerkannt werden. In diesem Friedensvertrag wurde u.a. auch festgehalten, dass die Fürsten/Herzöge der von Frankreich annektierten linksrheinischen Gebiete vom "Reich" (und nicht von Frankreich) entschädigt werden müssten. Dies führte zu der Frage "... und woher sollen wir das Geld dafür nehmen?"

Im Reichsdeputationshauptschluss vom 25.2.1803 (Abschlussbericht des Reichstages) wurde beschlossen, die Klöster sowie kirchlichen Reichsstände (das waren Personen/Institutionen mit Sitz und Stimme im Reichstag - z.B. der Fürstbischof von Passau) Kurbayerns zu enteignen. Der Kirche blieben nur die Stiftskirchen, die durchweg zu Pfarrkirchen bestimmt wurden. Der Rest (enormer Grundbesitz, unglaubliche Klosterschätze, Gebäude usw.) wurde verkauft/versteigert. Die Erträge waren allerdings mäßig - es wurden mit über 300 Objekten viel zu viele Immobilien zur gleichen Zeit auf den Markt geworfen, die Preise verfielen somit drastisch. So erbrachte z.B. der Verkauf vom Kloster Asbach lediglich 16.000 Gulden, das war damals der Gegenwert von ca. 300 Ochsen.

Weiterhin gingen unzählige Kulturschätze verloren - v.a. umfangreiche Bibliotheken, teils lagern sie heute noch in der Bayerischen Staatsbibliothek (und begründen ihren Weltruf), teils wurden sie aber auch als Altpapier verscherbelt.

Um die nun heimatlos gewordenen Mönche unterzubringen, wurden einige wenige Klöster verschont, welche die Mönche aufnahmen - sog. Zentral- oder Aussterbeklöster. Diese durften keine neuen Mitglieder aufnehmen (der bayrische Kommissar Schilcher sprach daher von "Crepieranstalten für die halsstarrigen klostertreuen Individuen"). Die Säkularisation Bayerns war einer der tiefgreifendsten Umbrüche in der bayr. Geschichte.

⌘ Die gesamte zwischen Donau und Inn gelegene, neubarocke Altstadt mit ihren Binnenhöfen und Laubengängen ist sehenswert. Das südländisch anmutende Gesamtbild - "Venedig Bayerns" - stammt von den ital. Baumeistern Carlone und Carlo Lurago, die nach einem Brand 1662 die Stadt praktisch neu aufbauten. Stadtführungen (Dauer ca. 1 Std.) führt die o.e. Tourist-Info durch.

✟ Erwähnenswert sind Dom **St. Stephan** (spätgot. Chor von 1407, Langhaus 1668-78, größter barocker Kircheninnenraum nördl. der Alpen, die Orgel war bei Errichtung (1924) die größte der Welt, heute bietet der Dom die größte Orgelanlage (5 Orgeln, 333 Pfeifenreihen) Europas (fünftgrößte der Welt) - **Alte Bischöfl. Residenz** (14. Jh., in der 2. Hälfte 17. Jh. erneuert) - **Neue Bischöfl. Residenz** (1771 vollendet, mit Domschatz- und Diözesan-Museum) - **Severinskirche** (im 5. Jh. gegründet, flach gedecktes Langhaus aus dem 9. Jh., Chor 1476) - **Heiliggeist-Spital-Kirche** (1442) - **Altes Rathaus** (14. Jh.) - **Veste Oberhaus** (Burg und Residenz der fürstlichen Bischöfe, Baubeginn 1219, bis 1800 laufend erweitert/umgebaut, heute Stadtmuseum/Galerie (Schwerpunkt Ostbayern/Böhmen/Österreich), Aussichtsturm, Restaurant, Jugendherberge).

🛏 Unterkünfte existieren in Passau zuhauf - wenden Sie sich vertrauensvoll an die o.a. Tourist-Info (oder marschieren Sie weiter). Aus Platzgründen können hier nur solche angeführt werden, die mehr oder weniger direkt am Weg bzw. unwesentlich abseits liegen bzw. aus Kostengründen interessant sind.

♦ Pension Krinninger, Englmeierstraße 18 (Ortsteil Grubweg, wenn Sie von der Straße Laimgrub kommend die Alte Straße erreichen, rechts, gleich wieder links und nach wenigen Metern rechts abzweigen), ☎ 418 57, 📱 01 71/851 04 36

♦ Pension Frickinger, Christdobl 13 (Ortsteil Grubweg, ☞ Wegbeschreibung oben), ☎ 452 12, 💻 www.frickinger-passau.de

♦ Pension Rößner, Bräugasse 19 (Altstadt, nach der Donaubrücke links), ☎ 931 35, 💻 www.pension-roessner.de

♦ Schwarz Ursula, Klaftergasse 3 (Altstadt, vor dem Residenzplatz links), ☎ 358 27

In der Veste Oberhaus (knapp 30 Min. abseits) ☎ 49 37 80, 💻 www.passau.jugendherberge.de

Weiterhin noch unzählige Hotels in der Altstadt (durchweg über Pilgerkategorie) - direkt am Weg liegt 🛏✕ Hotel Wilder Mann, Rathausplatz, ☎ 350 71, 💻 www.wilder-mann.com (dem Hotel ist ein ⌘ Glasmuseum angeschlossen, v.a. Exponate des weltberühmten Böhmischen Glases).

☺ Nächste 🛏 in Neuburg (D) bzw. Wernstein (A) - ca. 10 km

Am Beginn des *Residenzplatzes* halten Sie sich bei der **Hofapotheke** Zum schwarzen Adler links hinunter in die *Innbrückgasse*, gehen nach 1 Min. durch den **Innbrück-Bogen** hindurch und stehen an der *G.-Schäffer-Straße* sowie an der **Marienbrücke** über den Inn. Sie bleiben auf dieser Seite und nehmen am Beginn der Brücke die **Treppe** (Ballhaus-Stiege) hinunter zum Flussufer und halten sich dann auf dem Inntal-Radweg flussaufwärts.

Falls der Inn über die Ufer getreten ist, müssen Sie bis Kraftwerk Passau-Ingling der höher gelegenen *G.-Schäffer-Straße* folgen (nach 300-400 m ab *Karolinenplatz* Umbenennung in *Innstraße*).

Nach etwa 2,5 km/40 Min. endet der Rad-/Spazierweg vor dem Kraftwerk Passau-Ingling an der *Innstraße*. Sie folgen nun dieser (nicht die Kraftwerks-Zufahrt nehmen) und umgehen das Kraftwerk. Nach 1 weiteren km erreichen Sie kurz nach dem Ruderverein Passau einen Parkplatz und folgen ab hier (geradeaus weiter) dem **Rad-/Wanderweg Nr. 10** (nach wie vor auch Inntal-Radweg) - immer am Inn entlang, großteils Wald/Waldrand.

Nach etwa 6 km/1 Std. 30 Min. zweigt rechts eine stark steigende (18 %) Straße ab und führt nach

94127 Neuburg

BANK ✕ (beide abseits)

⌘🛏✕ **Schloss Neuburg** (ca. 750 m ab Abzweig, weit über Pilgerkategorie, die Rezeption befindet sich in der gegenüberliegenden "Hoftaferne" (☏ 085 07/91 10 00, 💻 www.schlossneuburg.de). Baubeginn für die Burg war 1050, 1158 übernahmen die Grafen von Andechs Anlage wie Dorf, nach deren Aussterben stritten ab 1248 Bayern, das Bistum Passau und Österreich um die Anlage, das führte 1310 zur Zerstörung derselben. Die Österreicher blieben siegreich und bauten die Burg wieder auf - im Großen und Ganzen stammt das heutige Erscheinungsbild von damals. Die Hoftaferne ist übrigens seit 1440 eine solche. Heute befindet sich die Burg im Besitz des Landkreises Passau und fungiert in erster Linie als internat. Begegnungszentrum für die Uni Passau und als Tagungsstätte für den Kreistag. Die Innenhöfe können besichtigt werden - toller Ausblick auf den Inn.

Sollten Sie wirklich nicht mehr weiterkönnen, so bieten sich am gegenüberliegenden Ufer - mittels 2006 errichtetem **Mariensteg** (Symbol für den ideellen Brückenschlag zwischen den Partnerstädten Neuburg und Wernstein) einfach zu erreichen - in 4783 Wernstein (A) noch folgende Unterkünfte an:

🛏✕ Gasthof/PensionHoftaverne, Innstr. 5, ☏ 077 13/70 76, 💻 www.hoftaverne-wernstein.at

♦ Landhotel Zur Mariensäule, Innstr. 17, ☏ 077 13/66 08, 💻 www.mariensaeule.at

🛏 Haus Beham, Brunngasse 6, ☏ 077 13/71 00

♦ Haus Winkelbauer, Schulstr. 6, ☏ 077 13/62 24, ✉ fam.winkelbauer@gmx.at
Alle vier in unmittelbarer Ufernähe; wenn Sie anrufen, sollten Sie kontrollieren, über welches Netz Sie gerade telefonieren - nötigenfalls müssen Sie die Vorwahl für Österreich - ✆ 00 43 - zusätzlich eintippen.

ℹ Gemeindeamt Wernstein, Innstr. 1, ☏ 077 13/70 00, 💻 www.wernstein.at

☺ Nächste 🛏 in Vornbach - ca. 3 km

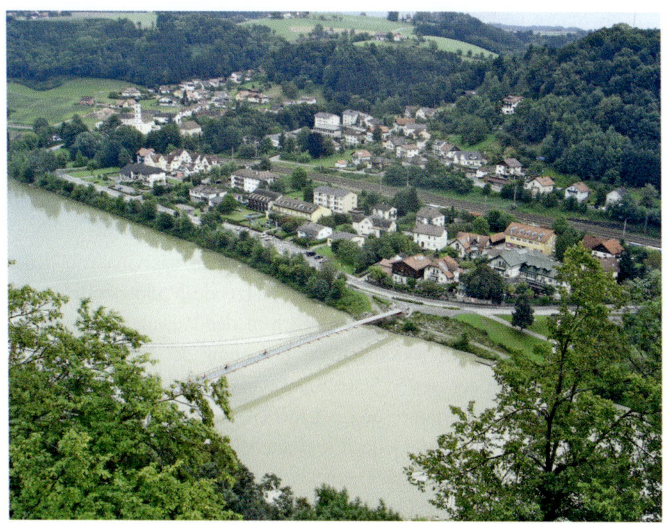

Mariensteg zwischen Neuburg (D) und Wernstein (A)

Ca. 2 km nach diesem Abzweig nach Neuburg - am **Ortsrand von 94152 Vornbach** (⇧ 314 m BANK ✕) - entfernt sich der Radweg etwas vom Inn und führt bald den Namen *Vorreiterweg* (geschottert). Dieser mündet nach knapp 500 m in die asphaltierte *Schauerödstraße*, der Sie 100 m nach links folgen, um beim Zeughaus der Feuerwehr rechts in die *Abt-Rumpler-Straße* abzuzweigen. Wenn Sie hier der links abzweigenden Straße folgen (*Maria am Sande*), gelangen Sie nach 100 m zur

✝ Pfarrkirche Mariä Himmelfahrt (ehem. Abteikirche) - 1125 wurde mit dem aktuellen Kirchenbau in Form einer spätromanischen Doppelturm-Basilika begonnen, Mitte 14. Jh. Neubau des Chores, 1630-37 massiver Umbau unter Einbeziehung der romanischen Mauern und des gotischen Chores. 1728-33 spätbarocke Innenausstattung. Die heutige aufwendig gegliederte West-Fassade mit den zwei Türmen und den meisterhaft gelungenen Proportionen entstand 1765-70.

Das Innere besticht durch seine elegante Luftigkeit und v.a. durch eine unglaubliche Bewegtheit - in erster Linie ein Werk des begnadeten Frührokoko-Stuckateurs und -Bildhauers Franz Joseph Ignaz Holzinger aus Schörfling/Attersee. Im Gegensatz dazu wirken die handwerklich soliden Fresken des Tirolers Innozenz Anton Waräthi volkstümlich, fast schon derb. Der Hochaltar stammt von 1730 und ist ebenfalls ein Meisterwerk Holzingers, das Altarblatt aus demselben Jahr wurde von Bartolomeo Altomonte realisiert.

In der ersten linken/nördlichen Seitenkapelle steht das Gnadenbild der Wallfahrt nach Vornbach - eine geschnitzte, sitzende Madonnenstatue mit Kinde von ca. 1475. Es stand ursprünglich in der Wallfahrtskirche Maria am/vom Sande; diese bestand schon vor Errichtung der Abtei und wurde 1831 abgerissen. In der vierten Seitenkapelle an der Südwand befindet sich eine lebensgroße Marienstatue von ca. 1380.

Größter Schatz der Kirche jedoch sind die beiden Orgeln, die in original barockem Zustand (inkl. Klangbild!) erhalten geblieben sind. Geschaffen wurden sie 1732 vom Passauer Orgelbauer Johann Ignaz Egedacher.

Details (v.a. die unglaublich spannende Historie der Orgeln) unter
💻 www.egedacherorgel-vornbach.de.

Das ehem. ✞ Benediktinerkloster Vornbach (heute nicht zugänglich) wurde wahrscheinlich 1040 von Himiltrud von Vornbach gegründet und erst 1094 von Benediktinern aus Göttweig (Österreich) besiedelt. 1803 wurde das Kloster im Zuge der Bayr. Säkularisation aufgelöst und verkauft, ein Teil wurde Pfarrhof, Schule. Berühmtester Abt war Angelus Rumpler (1430-1513, Vertreter des deutschen Frühhumanismus und großer bayr. Geschichtsschreiber). In seiner Blütezeit zählte das Kloster Vornbach zu den größten Grundeignern Bayerns und hatte seine Besitzungen weit über deutsche und österr. Lande verteilt - so wird auch die für eine "Dorfkirche" außergewöhnliche Größe der Pfarrkirche verständlich.

Falls Sie noch einige Minuten Ihrer kostbaren Zeit erübrigen können, ist auch die nebenan gelegene ✞ Friedhofs-Kapelle/Aufbahrungs-Halle St. Martin einen Besuch wert. Es war die ursprüngliche Pfarrkirche (urkundlich 1114 erstmals erwähnt) von Vornbach. Da man sie durch die "Degradierung" der

Stiftskirche nicht mehr benötigte, riss man sie 1826 ab. Nur der Chor (das heutige Gebäude) blieb bestehen. Die unglaublich schönen, luftigen Fresken stammen aus dem frühen 15. Jh. (um 1420) und wurden erst 1976-78 entdeckt und freigelegt. Der Schreinaltar mit der ausdrucksvollen Pieta stammt von 1480.

🛏✕ Appartment-Hotel Vornbach am Inn, Dr.-Duisbergstr. 1 (☞ Wegbeschreibung unten), ☏ 085 03/92 47, 💻 www.hotel-vornbach.de

☺ Nächste 🛏 in Neuhaus - ca. 4 km

Gut - zwei reale und eine dritte, imaginäre Kirche besucht - weiter die *Abt-Rumpler-Straße* gegangen. 100 m nach dem Abzweig zur Kirche passieren Sie das 🛏✕ Vornbach am Inn und zweigen gleich danach links in den *Mühlenweg* ab. Diesen verlassen Sie schon nach ca. 30 m wiederum links in den *Graf-Eckbert-Weg*. Dieser führt nun noch (wieder als Inntal-Radweg Nr. 10) knapp 2 km etwas abseits des Inn durch Felder hindurch und erreicht dann in Nieder-Schärding wieder den Fluss, dem Sie flussaufwärts folgen. Nach 750 m unterqueren Sie die B512 (= Neue Innbrücke) - der Radweg heißt nun *Vornbacher Weg* (später *Innlände*).

Nach etwa 500 m zweigt - beim **rosa-weißen**, sich auf einer kleinen Insel befindlichen **Kloster** der Englischen Fräulein (Congregatio Jesu/Maria Ward, ursprünglich (1320) Wasserschloss, 1724 abgebrannt, ab 1725 barock neu errichtet, beherbergt auch eine Realschule) - rechts die *Klosterstraße* ab (ca. 16 km ab Passau) - so Sie im u.a. 🛏✕ Zum Schwaiger bzw. bei 🛏 bei Fam. Wagmann nächtigen wollen.

Wenn Sie am Inn entlang noch weitere 500 m gehen (nun *Innlände*) und einige Meter vor der **Alten Innbrücke** (die Pfeiler stammen wahrscheinlich aus dem beginnenden 14. Jh.) rechts in die *Postgasse* abzweigen, gelangen Sie zum GH Alte Innbrücke.

Wenn Sie ein paar Meter weiter gehen und die Alte Innbrücke nach links benutzen, gelangen Sie nach **Schärding** (A) und halten sich am österr. Ufer sofort einige Meter links zum Parkplatz und nehmen eine der beiden Treppen zum Zentrum hinauf (5 Min. ab Brücken-Anfang).

94152 Neuhaus am Inn

⇧ 320 m ✆ 085 03

Drogerie

Gemeindeamt, Klosterstr. 1, ☎ 91 11-0, www.neuhaus-inn.de

Hotel/Gästehaus Alte Innbrücke, Finkenweg 7 (☞ Wegbeschreibung oben), ☎ 92 33 24, www.hotel-alteinnbruecke.de

Zum Schwaiger, Sulzbacherstr. 12, ☎ 92 31 80

Fam. Wagmann, Moorweg 4 (unwesentlich abseits), ☎ 81 47, familie-wagmann@t-online.de

☺ Nächste in Mittich - 3,5 km

4780 Schärding

⇧ 320 m ✆ (00 43)077 12

Drogerie Arzt, Zahnarzt

TVB Schärding, Innbruckstr. 29 (sofort nach der Innbrücke), ☎ 43 00, www.schaerding.at

Der Ort ist schon seit der Jungsteinzeit besiedelt, 15 v.Chr. kamen die Römer, um 500 wanderten die Bajuwaren ein. 804 erstmals urkundlich erwähnt als "Passauer Wirtschaftshof" (Scardinga). Die Lage am Inn war wirtschaftlich sehr günstig - Schärding entwickelte sich zu einem Handelszentrum (Salz, Erze, Glas, Textilien, Vieh). Wenn wundert´s daher, dass sich Bayern und Österreicher heftig um die Stadt stritten, welches sogar dazu führte, dass Schärding zweimal seine Stadterhebung feiern konnte - am 20.1.1316 durch die Wittelsbacher und am 24.9.1364 durch die Habsburger. 1369 fiel die Stadt schließlich an Bayern.

Im ausgehenden Mittelalter entwickelte sich Schärding auch zu einem Zentrum des Tuchmacher-Gewerbes (Lodenwirker, Weber, Gerber, Färber), was auch die Landwirtschaft enorm ankurbelte (Schafzucht, Hanf- und Flachsanbau). Erst 1816 fiel Schärding endgültig an Österreich zurück und lag nun am äußersten (bedeutungslosen) Rande eines riesigen Staates. Verschärft wurde Lage noch durch die Zollgrenze zu Bayern, die jeglichen Handel abschnitt. Der unausweichliche wirtschaftliche Niedergang folgte auf dem Fuß und die Stadt verarmte.

Da jedes Ding bekanntlich ja zwei Seiten aufweist, findet sich auch hier etwas Positives: Kein Bürger konnte sich Neubauten leisten, die alte Bausubstanz blieb (glücklicherweise) erhalten.

⌘ Unglaublich malerisches Stadtbild der typ. Inn-Salzach-Architektur mit ihren Scheinfassaden und schluchtartigen Häuserzeilen - einzigartig in seiner Dichte und Komplettheit. Die Bürgerhäuser am Oberen und Unteren Stadtplatz sowie die angrenzenden Straßen/Gassen stammen aus dem 16.- beginnendem 19. Jh. (seit 1966 stehen 50 Häuser unter Denkmalschutz). Die Nord-Ost-Seite des Oberen Stadtplatzes wird Silberzeile genannt - wahrscheinlich wegen der reichen Kaufleute (die viel Silber hatten), die hier wohnten. Weiterhin sehenswert sind Stadt-Mauer, Stadt-Tore, Türme und ✞ Pfarrkirche St. Georg (14. Jh. (an diese Zeit erinnert nur noch die Torhalle), nach schweren Beschädigungen während des Spanischen Erbfolgekrieges zwischen 1720-26 vom Passauer Dombaumeister Jakob Pawagner barock wieder aufgebaut.

🛏✕ Cafe/Pension Lachinger, Ob. Stadtplatz/Silberzeile 13, ☎ 22 68, 💻 www.cafe-lachinger.at, 4 DZ mit Dusche im Zimmer, WC am Gang; 1 Komfort-Zimmer

🛏 Haus Mayr, Ob. Stadtplatz/Silberzeile 8, ☎ 30 80

♦ Haus Maria Wagner, Innbruckstr. 25 (nach der Alten Innbrücke noch kurz geradeaus weiter), ☎ 60 34, 💻 www.haus-maria-wagner.at

☺ Sowie mehrere Hotels/Gasthöfe/Pensionen in der Altstadt - durchweg etwas über Pilgerkategorie

Etappe 7: Neuhaus (323 m)/Schärding (318 m) - Bayerbach (355 m)

➲ 32 km (via Abkürzung bei Asbach 29 km), ↑ 390 m, ↓ 340 m

In Neuhaus treffen Inn und Rott aufeinander und Sie verlassen nun den Inn - somit auch den "Inntal-Radweg" - und marschieren nun durch das Rott-Tal, eine der am längsten besiedelten Regionen Bayerns.

Die Beschreibung des Weges beginnt bei der Alten Innbrücke - wer von Schärding kommt, zweigt an deren Ende links ab. Wer vom Kloster Maria Ward kommt, geht geradeaus weiter - ab Brücke heißt die Straße *Auggenthal*.

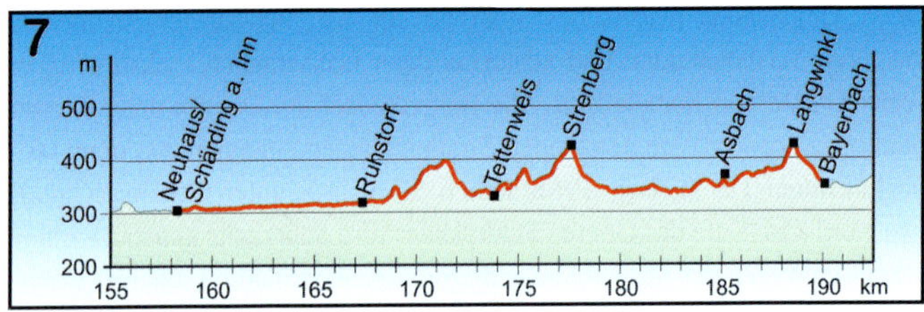

(Lassen Sie sich von dem Jakobsweg-Wegweiser, welcher an der Brücke nach Schärding weist, nicht irritieren - dieses Schild betrifft den Innviertler Jakobsweg und geleitet Sie nach Salzburg).

100 m hinter der Brücke zweigen Sie nicht links zum Bad ab, sondern folgen weiterhin der Straße *Auggenthal* und schnell schwindet der Asphaltbelag zugunsten von Schotter. Aber nach insg. etwas mehr als 500 m (ab Alter Innbrücke) mündet *Auggenthal* wieder in die nächste Asphaltstraße (PA 15), auf welcher Sie sich links halten. Nach 5 Min. wird der Weiler **Weihmörting** durchschritten (auch hier nicht zum Badesee abzweigen) und nach weiteren 5 Min. wird die Rott auf **überdachter Holzbrücke** (1853 erbaut) überschritten. Nach der Brücke gehen Sie noch einige Meter die PA 15 geradeaus weiter und zweigen dann links Richtung Mattau ab. Nach 5 Min. verlassen Sie diese Straße wieder nach rechts (nun Rottal-Radweg) und zweigen nach weiteren 100 m wieder rechts ab. Sie folgen nun strikt der Asphaltstraße, ignorieren alle Abzweiger rechts wie links (nur Zufahrten), erreichen nach etwas mehr als 1 km/15-20 Min. wieder die zuvor verlassene PA 15, halten sich auf dieser vielleicht 20 m links und zweigen dann gleich wieder rechts ab. Nach weiteren 20 m zweigen Sie noch einmal rechts ab - **Mittich** (✕ 🏤 🛏 Pension Eva, Mittich 11, ☎ 085 03/82 64, 💻 www.pension-eva.de, ☺ nächste 🛏 in Ruhstorf - 6,5 km) ist erreicht (ca. 3,5 km ab Neuhaus).

Nach 50 m passieren Sie die Pfarrkirche Maria Himmelfahrt und 100 m danach stoßen Sie auf eine quer laufende Straße - Sie gehen einige Meter rechts, zweigen gleich wieder links ab (**bei Ortstafel**) und unterqueren nach ca. 100 m die **B512**. Danach links weiter, parallel zur B512 bis zur 1740 erbauten **St. Colomann-Kapelle** (750 m ab Unterquerung B512) - hier rechts weiter und beim nach ca. 50 m erreichten **Kreisverkehr** links abzweigen.

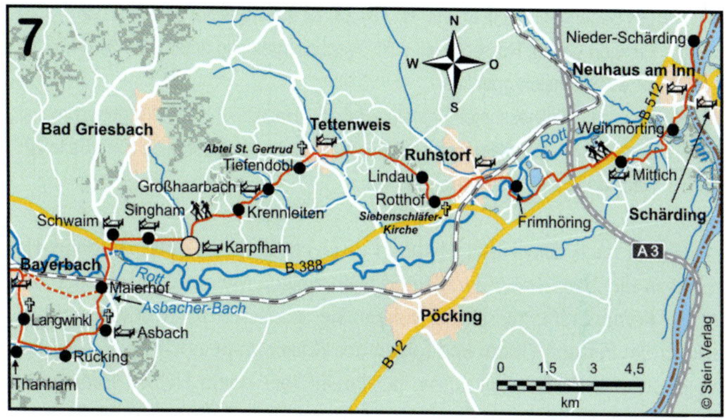

Ca. 750 m nach dem Kreisverkehr unterqueren Sie die Autobahn A3/E56 und zweigen am westlichen Ortsrand bei der nach knapp 10 Min. erreichten Siedlung rechts ab. Nach 300 m gehen Sie die asphaltierte Linkskurve aus (ignorieren also die geradeaus weiterführende Schotterstraße) und münden nach weiteren 300 m in eine quer laufende Straße gleicher Breite ein - links weiter. Nach 500 m nehmen Sie bei der Gabelung den rechten Ast und die beiden nächsten Linksabzweiger ignorieren Sie. Sofort nach dem zweiten überqueren Sie die Rott und erreichen am anderen Ufer **Frimhöring**. Sie durchqueren das (aufgelassene) Sägewerk und überqueren schnell danach einen Seitenarm der Rott. Nach knapp 500 m ignorieren Sie bei der **Ortstafel Ruhstorf** einen Rechtsabzweiger und folgen der *Frimhöringer Straße*. Nach etwa 750 m wird rechts gehend die **Eisenbahn** überquert und 200 m nach diesem erhabenen Augenblick ist an der Schnittstelle von *Am Schulplatz/Hauptstraße* das Zentrum von **Ruhstorf** erreicht (ca. 10 km/2 Std. 30 Min. ab Neuhaus).

94099 Ruhstorf an der Rott

⇧ 319 m ✆ 085 31

Post, Bank, Gastronomie, Apotheke, Arzt, Zahnarzt

i Tourist-Info/Marktverwaltung, Am Schulplatz 8+10, ☎ 93 12-0, www.ruhstorf.de

Hotel Mathäser, Hauptstr. 19 (praktisch neben der Kirche), ☎ 931 45 00, www.mathaeser-ruhstorf.de

♦ GH Besenhart, Haupstr. 10, ☏ 324 28, 💻 www-gasthof besenhart.de

🛏 Pension Graml, Römerstr. 48 (☞ Wegbeschreibung unten), ☏ 35 74, 💻 www.pension-graml.de

🛏✕ Ring- u. Wellnesshotel Antonius-Hof, E. Hatzstr. 2 (☞ Wegbeschreibung unten, über Pilgerkategorie), ☏ 93 49, 💻 www.antoniushof.de (☞ Seite 225)

☺ Nächste 🛏 in Tettenweis - 6,5 km

100 m nach dem Hotel Mathäser zweigen Sie beim Hotel Antonius-Hof rechts in die *Hans-Loher-Straße* und nach einigen Metern gleich wieder links in die *Römerstraße* ab. Dieser folgen Sie, passieren nach etwas mehr als 500 m die Pension Graml und folgen der *Römerstraße* noch weitere 4 Min., bis diese eine 90°ige Linkskurve beschreibt (bei einem kleinen Bildstock) - hier zweigen Sie rechts in die (anfänglich) steigende Schotterstraße ab. Nach 500 m mündet diese am Ortsrand von **Rotthof** in eine quer laufende Straße - links weiter auf Asphalt.

Wenn Sie die Siebenschläfer-Kirche besuchen wollen (empfehlenswert), müssen Sie nach 20 m links abzweigen und das ✕ Gehöft/Siebenschläfer-Stüberl durchschreiten (💻 www.siebenschlaefer-stueberl.de, ☏ 085 31/085 31, 🚪 Fr, Sa ab 14:00, So, Fei ab 10:00)

✝ Siebenschläfer-Kirche Rotthof

Während der Christenverfolgung unter Kaiser Decius versteckten sich 7 Jünglinge in einer Höhle nahe Ephesus (kann heute noch besichtigt werden). Der gerade anwesende Kaiser spürte sie natürlich auf und ließ den Eingang zumauern. Knapp 200 Jahre später wollten Einheimische nahe der Höhle ein Stallgebäude errichten und verwendeten dazu auch bedenkenlos das bereits bröckelnde Mauerwerk vom Höhleneingang. In der folgenden Nacht "erwachten" die 7 und glaubten, nur eine Nacht geschlafen zu haben. Einer von ihnen (Malchus) ging in die Stadt, um Nahrung zu kaufen. Die Händler staunten nicht schlecht, als er mit 200 Jahre alten Münzen bezahlen wollte und schollten ihn Betrüger. Die Angelegenheit endete vor dem Stadtpräfekten und Bischof; auch Kaiser Theodosius II. wurde herbeigerufen. Man verhörte Malchus, inspizierte die Höhle und kam zu dem Schluss, dass Gott ein Zeichen gesandt hatte - als Beweis für die Auferstehung der Toten nach dem Leben. Das Patrozinium der Siebenschläfer ist weltweit nur für zwei Kirchen bekannt

- Sept-Saints in der Bretagne und eben in Rotthof. Für Rotthof ist zu sagen, dass es sich hierbei um einen Irrtum handelt: Eine Schenkungsurkunde vom 14.8.1188 beweist, dass eben zu diesem Datum hier bereits eine Kirche St. Peter und Paul bestand (die der Passauer Bischof samt Dörfern usw. dem Kloster Vornbach schenkte). 1490-98 wurde ein totaler Neubau durchgeführt. Dazu wurden auch Bruchsteine römischer Provinienz verwendet (die Römer siedelten ab 15. v.Chr. bis zum Ende des Reiches in der Region und hinterließen viele behauene Steine). Zwei dieser römischen Steine waren Grabsteine (zumindest Teile davon, wahrscheinlich um 300) und zeigten 3 bzw. 4 Personen im Halbrelief (man sieht sie an der Außenseite des Chores). Über die Summe dieser beiden Grabstein-Büsten kam man auf die Idee der Siebenschläfer. Maßgeblichen Anteil daran hatte der Antiken-Liebhaber Abt Rumpler. 1506 wurde die Kirche unter dem neuen Patrozinium geweiht.

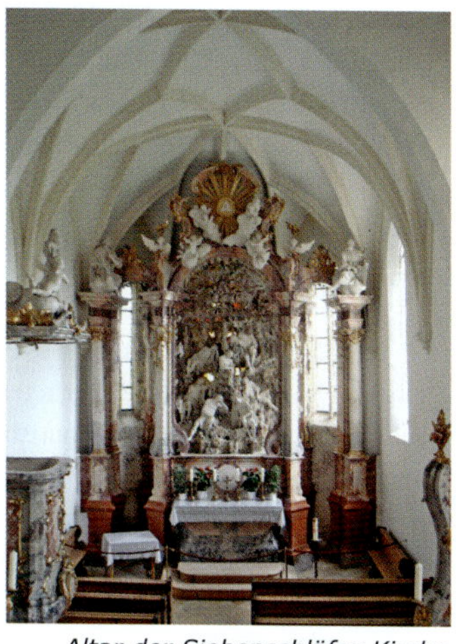

Altar der Siebenschläfer-Kirche

Der heutige Hochaltar stammt von 1758, die beiden Seitenaltäre sowie die Kanzel wurden 1763/64 geschaffen. Ob der geniale Stuckateur/Bildhauer Vater Johann Baptist Modler oder Sohn Franz Joseph Balthasar Modler war ist nicht geklärt. Jedenfalls zählt die Innenausstattung der Rotthofer Kirche zu den Meisterwerken der volkstümlichen Rokokokunst in Bayern.

Nach der Kirchen-Besichtigung gehen Sie wieder zurück zur Asphaltstraße (halten Sie sich links) und folgen ihr weiter hinunter, bis diese in eine quer laufende Vorfahrtstraße einmündet. Hier gehen Sie rechts und nehmen bei der nach 50 m erreichten Gabelung bei der Ortstafel den rechten Ast. 1 km danach erreichen Sie im **Weiler Lindau** eine quer laufende Vorfahrtstraße und folgen ihr nach links. Sie halten sich auf dieser immer geradeaus weiter, auch bei der großen Kreuzung, und erreichen nach ca. 3,5 km in **Tettenweis** (die

Straße heißt ab Ortstafel *Oberschwärzenbach Straße*) eine quer laufende Straße (*Raiffeisenplatz).* Hier halten Sie sich links und zweigen nach wenigen Metern (kurz vor der großen Kreuzung) rechts in den Fußweg *Hofmark* zur Pfarrkirche St. Martin (Langhaus von 1472 mit schönem Palmengewölbe) ab.

94167 Tettenweis ⇧ 334 m ✆ 085 34

Gemeindeamt, Kirchplatz 15, ☏ 96 04-0, www.tettenweis.de

Der Münchener "Malerfürst"/Prof./Ritter/Geheimrat Franz von Stuck (1863-1928, bedeutender Vertreter des (deutschen) Jugendstiles) wurde in Tettenweis geboren - sein Geburtshaus neben der Kirche ist heute (Privat-) Museum.

Gasthof/Pension Lindlbauer, Hofmark 2, ☏ 311

♦ Hoiwinger Stub´n, Großhaarbach 27 (2 km entfernt, ☞ Wegbeschreibung unten), ☏ 239

✞ Gästehaus (des Klosters) Maria Rast, Klosterstraße (☞ Wegbeschreibung unten), ☏ 970 91 23, www.sankt-gertrud.de

☺ Nächsten 4 zwischen Karpfham und Schwaim (abgesehen von o.e. Hoiwinger Stub´n) - 6 bis 9 km

✞ Abtei St. Gertrud - 1797 wurde von Graf Franz Xaver Peter von Joner das "Neue Schloss" erbaut. 1899 wurde es vom Kloster Frauenchiemsee gekauft und noch im gleichen Jahr von Benediktiner-Ordensschwestern bezogen. 1924 Erhebung zur Abtei. Die Schwestern sind Meister im Steppdecken-Nähen (inkl. Daunen-Verkauf) und der Nudelproduktion und betreiben auch ein Wachs-Atelier; weiterhin beherbergt das Kloster einen Kindergarten.

Von der Pfarrkirche nehmen Sie die Straße *Hofmark*, welche Sie rasch zur *Hauptstraße* bringt. Auf dieser halten Sie sich nur einige Meter rechts und zweigen bei der **Benediktinerinnen-Abtei St. Gertrud** links in die *Klosterstraße* ein. Nach etwa 0,5 km zweigen Sie nicht in die *Geroldinger Straße* ab, sondern gehen geradeaus weiter Richtung Großhaarbach. 100 m danach gehen Sie in **Tiefendobl** die Rechtskurve aus und zweigen nicht ab. Auch den Rechtsabzweiger bei HNr. 3 ignorieren Sie. Ca. 750 m nach dem HNr. 3

erreichen Sie bei der Ortstafel **Großhaarbach** eine quer laufende Durchgangsstraße (ggü. Gästehaus Hoiwinger Stub´n) - Sie halten sich auf dieser links und zweigen bereits nach 50 m bei HNr. 5 wieder rechts ab Richtung Grub. Nach 200 m nehmen Sie bei der Gabelung beim **FF-Zeughaus** den rechten Ast und ignorieren 100 m danach einen Rechtsabzweiger. Auch den nach 300 m erreichten, geschotterten Rechtsabzweiger strafen Sie mit Missachtung. 5 Min. nach diesem durchschreiten Sie den Winz-Weiler **Grub** und schnell darauf den ebenso kleinen Weiler **Krennleiten**.

5 Min. nach diesem halten Sie sich an einer **Kreuzung** rechts rückwärts Richtung Strenberg/Karpfham. Strenberg wird nach etwa 500 m durchschritten und 750 m danach passieren Sie die **Sporthalle** von Karpfham (die Straße heißt nun ab Ortstafel *Strenberger Straße*) und nach weiteren 500 m ist das Zentrum von **Karpfham** (BANK www.karpfham.de) erreicht (ca. 6 km ab Tettenweis).

Karpfham ist eine uralte bajuwarische Siedlung (wie das dahinter liegende Schwaim), urkundlich erstmals 903 erwähnt (Chorpheim). 1162 hielt Herzog Heinrich der Löwe hier einen Regierungs- und Gerichtstag ab. Dieses mittelalterliche Event wird gerne als Ursprung des "Karpfhamer Festes" herangezogen - des (angeblich) drittgrößten Volksfestes Deutschlands mit "Rottal-Schau" (Landtechnik-Messe) und allem rund ums Pferd (Turnier, Prämierungen, Rottaler-Zehnerzug). Das Fest wird Ende August/Anfang September abgehalten - Zimmer bekommen Sie zu dieser Zeit keine mehr.

✞ Pfarrkirche Mariä Himmelfahrt - 1453 unter Verwendung älterer Fundamente (v.a. Turm-Unterbau aus dem 13. Jh.) errichtet - zu dieser Zeit war Karpfham ein bedeutender Marien-Wallfahrtsort und die Vorläufer-Kirche für den Pilger-Ansturm zu klein geworden. Die Kirche weist die besterhaltenen (manche sagen auch die schönsten) spätgotischen Fresken (spätes 15. Jh., 1910 entdeckt) Niederbayerns auf. Die sehenswerte neugotische Innenausstattung stammt aus der 2. Hälfte des 19. Jh.

Auf den nächsten ca. 2,5 km (bis Schwaim) finden sich 4 Unterkünfte mehr oder weniger direkt am Weg:

GH Zum Pfandl, Schwaimerstr. 9, ☏ 085 32/92 69 90, www.pfandl.net

🛏 Landhaus Kreileder, Singham 36, ☏ 085 32/96 19,
💻 www.landhaus-kreileder.de

🛏✕ Kur- u. Ferienpark Singham, Singham 40, ☏ 085 32/961 30,
💻 www.camping-bad-griesbach.de, sieht aus wie ein Campingplatz, ist auch einer, hat aber auch Zimmer/App., bei Belegung für 1 Nacht gesellen sich zum Zimmerpreis noch € 15 dazu (Endreinigung), dennoch noch innerhalb der Pilgerkategorie

♦ Landgasthof/Hotel Venus-Hof, Schwaim 68, ☏ 085 32/574,
💻 www.venushof.de

☺ Nächste 🛏 (nach Venus-Hof) im Kloster Asbach - 3 km (4/2011 allerdings geschlossen), dann erst wieder in Bayerbach - weitere 5-6 km.

Die Straße, die Sie gekommen sind (*Strenberger Straße*) mündet im Zentrum (bei BANK) in die quer laufende *Rottalstraße*, der Sie nach rechts folgen. Nach ca. 300 m beschreibt die *Rottalstraße* eine Rechtskurve, Sie gehen aber geradeaus die *Schwaimerstraße* weiter (in der Praxis sieht die *Rottalstraße* aber wie ein Abzweiger aus, Straßenschilder sind keine vorhanden). 200 m danach passieren Sie das 🛏✕ Zum Pfandl und 300 m nach diesem beginnen Sie mit der Durchschreitung des lang gestreckten Weilers **Singham**.

Nach insgesamt 2,5 km ab Zentrum Karpfham mündet im Weiler **Schwaim** die *Schwaimerstraße* in die quer laufende *Summerhofstraße* - gegenüber sehen sie die Seitenfront des Venushofes und Sie folgen dieser Straße nach links. Nach 50 m erreichen Sie die Vorderfront des Gasthofes, die *Summerhofstraße* beschreibt hier eine Rechtskurve, Sie zweigen aber links in den asphaltierten **Spazierweg** ab (direkt vor dem großen, einstöckigen Geschäft-Lokal, 4/2011 TRIGEMA-Testshop), der Sie in 1 Min. zur **Unterführung der B388** bringt.

Am anderen Ende der Unterführung halten Sie sich rechts und ignorieren nach etwa 50 m bei der **Info-Tafel** Rotthalmünster den Rechtsabzweiger und überqueren nach weiteren 50 m die **Rott.** Am Ende der Brücke sofort rechts in die Schotterstraße abzweigen und anschließend die Straße Nr. 2116 unterqueren und weiterhin der geschotterten Straße parallel zur Straße Nr. 2116 (5 m entfernt) folgen (es existieren mehrere Abzweiger zu dieser, missachten Sie diese). Rd. 1 km ab Unterführung überqueren Sie die **Eisenbahngleise** und 200 m nach diesem unvergesslichen Moment stehen Sie am **Orts-**

rand von Maierhof (knapp 1,5 km/20 Min. ab Unterführung) - 2 m rechts von Ihnen die *Dorfstraße* (mit dem weiß-pinken HNr. 4), 4 m links von Ihnen die Str. Nr. 2116, 50 m vor Ihnen eine größere Kreuzung.

Ziemlich genau auf **Höhe des. o.e. HNr. 4** müssen Sie rechts auf die *Dorfstraße* wechseln (der Radweg führt weiter geradeaus) und dieser in Gehrichtung noch ca. 50 m folgen (am HNr. 2 vorbei). Dann erreichen Sie bei einer versperrten **weißen Kapelle** eine quer laufende Asphaltstraße.

Der ausgeschilderte Jakobsweg führt nun über Asbach und Neugertsham nach Bayerbach/*Dorfplatz* und ist unten beschrieben. Falls Sie keine Lust verspüren, die barocke Klosterkirche in Asbach zu besuchen, können Sie auch gleich hier in Maierhof der erreichten Asphaltstraße nach rechts über Volkertsham bis Bayerbach/*Dorfplatz* folgen. Sie ersparen sich 3 km Wegstrecke und knapp 100 Steigungsmeter.

Sie überqueren die erreichte breite Asphaltstraße, **folgen der schmalen Asphaltstraße** ca. 5 Min. und zweigen dann links ab. 100 m nach Abzweig beschreibt diese Straße eine **Linkskurve**. Hier müssen Sie geradeaus die Schotterstraße weitergehen, welche nach 100 m wieder in eine quer laufende Asphaltstraße (*Unterm Berg*) einmündet - links auf dieser weiter. Nach 200 m überqueren Sie den **Asbacher-Bach** und 100 m nach diesem steigt die Straße kurz rel. steil an. Oben nach 100 m angekommen können Sie sich links 100 m zum (ehem.) Kloster bzw. Kloster-/Pfarrkirche St. Matthäus halten oder rechts den Weg weitergehen.

✞ Kloster Asbach - Wahrscheinlich 1191 gegründet, in Folge mehrfach zerstört und wieder aufgebaut. Im ausgehenden 17. Jh. letzter erwähnenswerter Neu-/Umbau durch Domenico Christoforo Zuccalli (auf eigene Rechnung, im Gegenzug erhielt er einen "Jahrtag“ und 125 Seelenmessen), um 1740 arbeitete der berühmte Stuckateur Johann Baptist Modler im Kloster, um 1770 schuf der Tiroler Johann Jakob Zeiller die Fresken.

Die Klosterkirche St. Matthäus wurde 1776-87 erbaut und zählt zu den schönsten frühklassizistischen Kirchenbauten Bayerns. Erwähnenswert sind die vom "Kremser Schmidt“ stammenden Altarblätter. 1803 wurde das Kloster (zwangs-)aufgelöst. Die Gebäude gingen noch im selben Jahr für einen

Pappenstiel durch Versteigerung an den Braumeister Lorenz Lang; 1918 wurde der Brau-Betrieb aufgegeben. Im Lauf der nächsten Jahrzehnte verfiel die Anlage zusehends (teilw. Abriss, Nutzung als Stallung, Scheune usw.). Erst 1973 fand sich eine private Initiative zur Rettung des Objektes.

Heute ist das Gebäude Veranstaltungsort des Kulturkreises Kloster Asbach (Asbacher Reden zur Kultur), beherbergt ein ⌘ Zweigmuseum des Bayrischen Nationalmuseums (Abgüsse bayr. Bildhauerkunst; Objekte der religiösen Volkskunst und Schmiedekunst, ☏ 085 33/23 00) sowie 🛏✕ Hotel und Gaststätte Kloster Asbach (waren zur Zeit der Recherche 4/2011 allerdings geschlossen und suchten einen neuen Pächter, ☏ 085 33/96 21 od. 📱 01 51/55 12 87 10 (Walter-und-Pauline-Baier-Stiftung; ☺ nächste 🛏 in Bayerbach - 5 km).

Allgemeine ℹ zum Kloster usw. 💻 www.kloster-asbach.de.

Sie gehen entweder gleich rechts oder kommen vom Kloster zurück - in jedem Fall nehmen Sie die fallende Straße *Klosterberg*. Nach ca. 300 m/keine 5 Min. überquert diese am Ortsrand von Asbach bei einer Gabelung wieder den **Asbacher-Bach**. Nach weiteren ca. 250 m mündet diese Straße in eine **Vorfahrtstraße** ein (PA 69). Sie überqueren diese vorsichtig und gehen geradeaus weiter, queren die beiden Mini-Ortschaften **Priel** und **Rucking,** danach das etwas größere **Neugertsham** (2 km ab Kloster) und erreichen nach 1 weiteren Kilometer am Ortsrand von Thanheim eine quer laufende Asphaltstraße - rechts auf dieser weiter (PA 72). Nach etwa 500 m bergan erreichen Sie in **Langwinkl** die

✞ Wallfahrtskirche Maria Heimsuchung

Der stumm geborene Johann Grienwald fand 1628 (oder ´29) hier am Langwinkler Hügel ein Marienbildnis (Art und Darstellung heftig umstritten). Kurze Zeit darauf sah er (möglicherweise in Bayerbach) das Gnadenbild der Wallfahrtskirche Maria Hilf (Passau, eine heilsbringende Kopie des Mariahilf-Bildes von Lucas Cranach, heute Jakobsdom Innsbruck), pilgerte dreimal dorthin und siehe da, er erlangte seine Stimme wieder. 1640 errichtete er hier in Langwinkl mit Spendengeldern eine Kapelle (mit dem segensreichen, 12 Jahre zuvor gefundenen Marien-Bildnis), die sich rel. schnell zu einem Wallfahrtsort entwickelte (trotz des Verbots des Abtes von Asbach). 1643 wurde das Bild ausgetauscht. 1644 wurde neben der Kapelle mit dem Bau der Kirche begonnen. 1649 starb Grienwald (Pest), 1686 konnte sie geweiht werden. Die Innenausstattung erfolgte in den folgenden Jahren - wer sie schuf ist nicht eindeutig geklärt. Das heute zu sehende Bildnis - Maria Heimsuchung - schmückt seit 1872 den Altar. Die ursprünglich Kapelle musste 1958 wegen Baufälligkeit abgerissen werden.

Die Straße beginnt nun zu fallen, ist ab Ortstafel Bayerbach als *Langwinkler Straße* ausgewiesen und erreicht etwa 1,5 km ab Langwinkler Kirche den *Dorfplatz* von **Bayerbach** (hier treffen auch diejenigen, die ab Maierhof die Abkürzung gingen, wieder dazu).

94137 Bayerbach

⇧ 355 m ✆ 085 32 BANK ✕

✕ GH Zur Mühle, Mühlstr. 3 (nur einige Meter abseits, ☞ Wegbeschreibung unten), ☏ 961 60, www.gasthof-zur-muehle.de, Ruhetag Do

Ferienhof Geiginger, Langwinkler Str. 3, ☏ 29 41, www.geiginger.de

☺ Nächste in Luderbach - 3 km

Etappe 8: Bayerbach (355 m) - Postmünster (385 m)

23 km, ↑ 260 m, ↓ 220 m, 6 bis 7 Std.

Sie überqueren den *Dorfplatz* in gerader Linie und folgen danach der *Schlossstraße* (im Prinzip gehen Sie immer geradeaus und folgen der Durchgangsstraße). Ca. 500 m nach dem *Dorfplatz* stehen Sie direkt **vor den Bahngleisen**, halten sich **links** in die *Bahnhofstraße* hinein (geradeaus kommen Sie zum o.e. GH Zur Mühle) und gehen parallel zu den Gleisen weiter. Nach ca. 5 Min. passieren Sie das Wellness-Hotel/Camping-Platz Regenbogen und nach knapp 10 weiteren Minuten stehen Sie in **Huckenham** schon wieder vor einem **Bahnübergang**, den Sie ebenfalls nicht benutzen, vielmehr zweigen Sie 5 Meter vor diesem links in die Schotterstraße ab. Nach etwa 750 m stoßen Sie am östl. **Ortsrand von St. Veit** auf eine Asphaltstraße - rechts auf dieser weiter ist nach nicht einmal 5 Min. am westl. Ortsrand des Weilers die namensgebende Kirche erreicht.

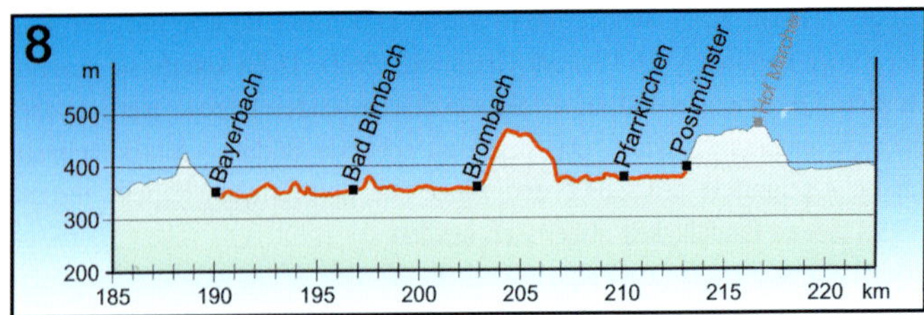

Die kleine ✞ Filialkirche St. Vitus stammt (mit höchster Wahrscheinlichkeit) aus dem 12. Jh., im beginnenden 16. Jh. wurde das spätgotische, niedrige Netz-Gewölbe gebaut. Der angebaute Turm (ein sog. Dachreiter) stammt aus 1847. Der Frührokoko-Altar stammt aus 1730-40.

Sie gehen geradeaus weiter und erreichen nach ca. 0,5 km im Zentrum des Weilers **Luderbach** (bei ✕ Birkeneder, ☏ 085 63/35 13, Ruhetag So, einziges GH in Luderbach, trotzdem nur Getränke und kalte Kleinigkeiten) eine quer laufende Asphaltstraße. Sie gehen auf dieser links weiter (hier auch 🛏 A. Wagner, HNr. 16, ☏ 085 63/21 75, nur Frühstück; ☺ nächste 🛏 in Bad Birnbach - 4 km), überqueren nach nicht einmal 5 Min. den **Luderbach** und erreichen nach einigen Metern die quer laufende Asphaltstraße PAN 13, die Sie geradeaus überqueren. Nach vielleicht 3-4 Min. Asphalt geht die Straße bei der **Ortsende-Tafel Luderbach** in Schotterstraße über und 50 m danach stehen Sie an einer **Gabelung** (bei ziemlich grindigem "Gebrauchtwagen-Abstellplatz") und nehmen den rechten Ast.

Nach ca. 1 km/15 Min. erreichen Sie im Weiler **Edmühle** eine quer laufende Asphaltstraße, folgen dieser nach rechts und überqueren sofort wieder einmal die **Eisenbahn** und vielleicht 5 Min. danach auch die **Rott**.

Sofort **am Ende der Brücke** benutzen Sie den links abzweigenden Radweg und unterqueren nach 300 m rechts gehend die Straße B388 und gehen geradeaus weiter, direkt auf die Kirche zu. Die nach 250 m erreichte Kreuzung mit der *Mooswiesenstraße* queren Sie ebenfalls geradeau s- nun heißt die zu beschreitende Straße *Bleichenbacherweg*. Dieser mündet nach ca. 300 m in die Straße *Auf der Schrann* und Sie gehen auf dieser wieder geradeaus weiter, schnell erfolgt eine Umbenennung in *Hans-Moser-Straße*. Nach vielleicht 100 m mündet diese - einige Meter nach der Pension Patri-

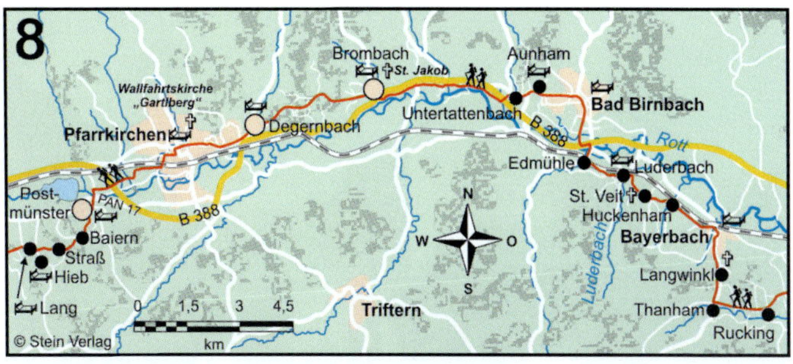

cia, rechts sehen Sie das Hotel Post - in die quer laufende Straße *Hofmark* ein (sieht aber eher so aus, als mache die Hauptstraße eine Linkskurve) - rechts geht´s in Zentrum von **Bad Birnbach**, links geht der Weg weiter.

Bad Birnbach

⇧ 376 m ✆ 085 63

Arzt, Zahnarzt, Drogerie

Gästeinformation im Artrium, Kurallee 7, ☎ 96 30 46 oder 47, www.badbirnbach.de

812 erstmals urkundlich erwähnt (Perinpach), 1504 abgebrannt, danach Wiederaufbau (nur im Kern erhalten), 1673 Hofmark, 1939 bohrte die Bayerische Mineralöl AG nach Erdöl und fand Thermalwasser, die Bohrung musste aber wieder zugeschüttet werden. Erst 1973 wurde wieder gebohrt, 1976 Eröffnung der Rottal-Therme. Das Erscheinungsbild des Ortes änderte sich in den Folgejahren grundlegend. 1984 Markterhebung, 1987 Prädikat "Bad" verliehen.

Der Ort bietet Dutzende Unterkünfte in allen Preisklassen - aus Platzgründen muss ich Sie an o.a. Gästeinformation verweisen. Direkt am Weg in Bad Birnbach liegen:

- Pension Patricia, Hans-Moser-Str. 6, ☎ 14 42, www.pension-patricia.de
- ♦ Pension am Markt, Pfarrkirchner Str. 15, ☎ 97 62 80, www.pension-am-markt.de
- ♦ G. Mayer, Hofmark 33, ☎ 916 10, mayer.g.elektro@t-online.de

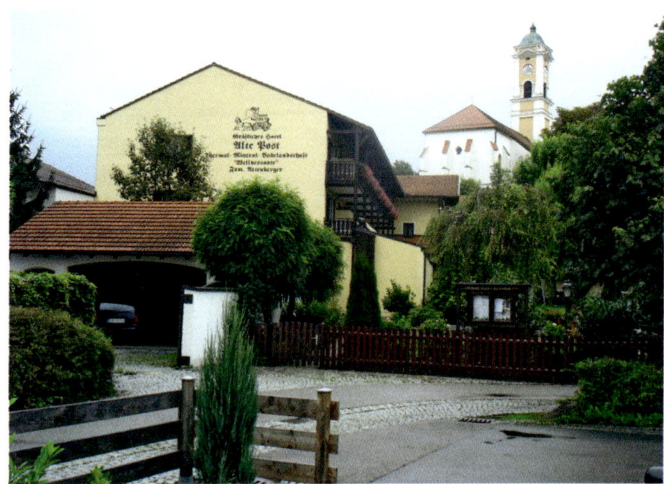

Pfarrkirche Maria Himmelfahrt in Bad Birnbach

Direkt (mehr oder weniger) am Weg im 1 km entfernten Aunham (☞ Wegbeschreibung unten) liegen:

- 🛏 Landhaus Brummer, Aunham 3½, ☏ 912 86, 💻 www.brummer.badbirnbach.de
- ♦ FeWo Ambrosia, Aunham 3, ☏ 910 17 oder 📱 01 76/78 73 45 46, ✉ brummer.birgit@gmx.de
- ♦ Josef Hasenberger, Aunham 18, ☏ 963 60, 💻 www.gaestehaus-hasenberger.de, kein Frühstück - entweder Sie bereiten dieses selbst (Küche vorhanden) oder Sie gehen ca. 500 m zurück Richtung Bad Birnbach zum nächsten 🍴☕.
- ☺ Nächste 🛏 in Brombach - 5 km

Von Mai bis September verkehrt zwischen Bad Birnbach und Pfarrkirchen auch das 🚂 Pfarrkirchner Dampfross (ein touristischer Jahrmarkts-Zug auf der Straße). Abfahrt jeden Dienstag und Donnerstag 13:30 vom Busparkplatz Atrium. Fahrzeit 50 Min. Ankunft in Pfarrkirchen am Marienplatz (nahe dem Abzweig Dr.-Bachl-Straße). Sie ersparen sich 13 km Fußmarsch und von Pfarrkirchen bis Postmünster schaffen Sie es noch locker.

Sie folgen der Straße *Hofmark* 100 m nach links und kommen beim Gasthaus Rottaler-Stuben an einer quer laufenden Straße zu stehen - geradeaus weiter, nun heißt die Straße *Pfarrkirchner Straße*. Nach rd. 300 m (beim 🛏✕ Sammareir Hof, über Pilgerkategorie) zeigt ein Jakobsweg-Schild nach links - ignorieren Sie es. Es wird hier nur ein völlig unnötiger Umweg über das Wellness-Hotel Sonnengut (weit über Pilgerkategorie) "empfohlen".

Besser ist es, Sie gehen den geradeaus weiterführenden Radweg rechts der Straße weiter (bei der Fußgänger-Brücke über die Straße kommen diejenigen, die über das Hotel gegangen sind, ohnehin auf diesen Radweg).

Rd. 500 m nach Radweg-Beginn erreichen Sie einen **Kreisverkehr**/Kreisel und überqueren diesen geradeaus - 100 m danach ist der Weiler **Aunham** erreicht (rechter Hand der Golfplatz Bella-Vista). Ca. 200 m nach der Ortstafel mündet der Radweg bei der **Bushaltestelle** "Untertattenbach-Abzweigung" (am Ende des Golfplatzes, km-Stein 32,5) in die Straße Nr. 2324 und Sie zweigen (schematisch betrachtet) sofort rechts von dieser ab (gehen also geradeaus weiter). Knapp 5 Min. nach diesem Abzweig durchschreiten Sie **Untertattenbach** und zweigen ca. 200 m nach der Ortstafel, fast schon am westl. Ortsrand (bei einem großen, aus Ziegeln gemauerten Schuppen), links ab in den asphaltierten Radweg und unterqueren nach 100 m die B388.

Am anderen Ende der Unterführung halten Sie sich rechts und bleiben immer parallel zur B388, passieren den Weiler **Mühlham**, kurz darauf Nindorf und erreichen ca. 4 km/1 Std. nach Untertattenbach die **Ortstafel Brombach**. Aus dem Radweg wird ein Gehsteig, die Straße heißt *Birnbacher Straße*. Sie folgen ihr noch ca. 5 Min. und zweigen beim ✕ Graf-Arco-Hof (☏ 085 61/92 97 84, Ruhetag Mo) rechts in die *Kieferlinger Straße* ab.

Die verschlossene ✝ Filialkirche St. Jakobus stammt aus dem 14. Jh. und wurde im 18. Jh. barock umgebaut. Ursprünglich war sie eine Schlosskapelle (Edle von Brombach, 12. u. 13. Jh.), vom Schloss ist aber nichts mehr vorhanden.

🛏 Marchner Eva, Alte Römerstr. 3, ☏ 085 61/44 88,
✉ elektrotechnik.marchner@t-online.de

♦ Landhaus Stummer, Sportplatzstr. 5, ☏ 085 61/33 57,
💻 www.stummer.badbirnbach.de, lediglich 1 EZ (1 Beistellbett möglich), ohne Frühstück (✕ im Ort vorhanden)

Sie folgen der *Kieferlinger Straße* 100 m, zweigen dann links in die steigende *Alte Römerstraße* ab und passieren nach ca. 4 Min. das **Ortsende-Schild von Brombach**. Sie folgen nun der Straße durch Wiesen, Felder und teils sehr dunklen, teils lichten Wald bis zur **Ortstafel Degernbach** (ca. 3 km; hier heißt die Straße wieder *Römerstraße*, die beiden Rechtsabzweiger nach Hermannsöd und Brünnöd haben Sie vorher natürlich ignoriert) und zweigen 300 m nach der Ortstafel rechts in den steil fallenden *Schwabenweg* ab, der schnell in *Wiesenweg* umbenannt wird. Nach insg. ca. 300 m ab Abzweig wird der Haberbach überquert und 100 m danach stehen Sie bei der hölzernen **Hauskapelle** der 🛏 Ameres (☞ Info-Block Pfarrkirchen) an der quer laufenden Straße 2109 - Sie gehen nun links auf dem Radweg weiter (andere Straßenseite).

Nach etwa 5 Min. überqueren Sie einen **Kreisverkehr** geradeaus, nach weiteren 0,5 km heißt die Straße ab **Ortstafel Pfarrkirchen** *Passauer Straße* und nach 1 weiteren Kilometer stehen Sie an einer Kreuzung - rechts wie links die *Ringstraße*, geradeaus drüber lockt der lang gestreckte *Stadtplatz* - das nächste Ziel ist erreicht.

84347 Pfarrkirchen

⇧ 381 m ✆ 08

📯 BANK ✕ ☕ 🛒 ⛽ Drogerie ⚕ Arzt, Zahnarzt

ℹ Fremdenverkehrsverein, Stadtplatz 1, ☏ 306 15, 💻 www.urlaub-im-rottal.de

♦ Stadtverwaltung, Stadtplatz 2, ☏ 306-0, 💻 www.pfarrkirchen.de

⌘ Der **Stadtplatz** glänzt durch ein schönes Ensemble von Bürgerhäusern (16.-18. Jh.) im Inn-Salzach-Stil (weitab der Kernzone), **Altes Rathaus** - um 1500 entstanden, der achteckige Kuppelturm stammt aus der Renaissance, das Glockendach ist Barock, heute Heimatmuseum - **Neues Rathaus** (auch Rathaus I) aus 1865, der **Löwenbrunnen** davor wurde anlässlich der Stadterhebung 1862 errichtet - **Befestigungsanlagen** mit 2 Türmen (v.a. im Westen noch gut zu erkennen, die auf diesen gepflanzte Kastanien-Allee stammt aus 1876 und umrundet den Stadtkern, ca. 1 km) - **Trabrennbahn** und **Wimmer-Ross** - die (abseits gelegene) Trabrennbahn ist die älteste Bayerns, Eröffnung 1895; die Bronzeplastik am Stadtplatz beim Neuen Rathaus, das sog. Wimmer-Ross - ist Wahrzeichen der Stadt und wurde vom in Pfarrkirchen geborenen Bildhauer Prof. Hans Wimmer 1966 geschaffen und der Stadt geschenkt. Es weist auf die großartige Pferdetradition des Rott-Tales hin, welches "immer schon" Pferdeland war. Die Pferderasse Rottaler (ein Allzweckpferd) ist die älteste Bayerns.

✝ Pfarrkirche Apostel St. Simon und St. Judas Thaddäus - ein einschiffiger, romanischer Vorgänger ist wahrscheinlich, im 13./14. Jh. Erweiterung auf 3 Schiffe, 15. Jh. spätgotischer Umbau, 1971-73 Renovierung und Erweiterung. Der Turm ist 67 m hoch.

✝ Wallfahrtskirche Gartlberg
1659 beschloss der Hutmacher Wolfgang Schmierdorfer seine Andacht nur mehr in Ruhe und Einsamkeit zu verrichten. Er suchte daher die dichten Wälder (damals Kiefern) am Gartlberg auf, nagelte dort ein marianisches Gnadenbild (heute noch in der Wallfahrtskirche zu sehen) an einen Baum und betete (so ihm danach war). Selbstverständlich sprach sich diese Eigenheit herum und gar mancher gab dem Schmierdorfer Recht und machte es ihm nach. Eines Tages konnte ein lebloses Mädchen - es war in einen Teich gefallen - durch inbrünstiges Gebet vor diesem Bildnis wieder zum Leben erweckt werden. Die Wallfahrt begann schlagartig und zwischen 1661 und 1688 wurde die heutige Kirche errichtet, die Innengestaltung zog sich bis 1715 hin - das bedeutendste Beispiel barocker italienischer Kirchenbaukunst im Bistum Passau. 1802/3 erlosch die Wallfahrt durch die Säkularisation Bayerns. Erst seit 1921 - Salvatorianer übernahmen die Kirche - blüht sie wieder auf.

Wenn Sie die Kirche besuchen wollen, halten Sie sich am besten bei der vor dem Info-Block erwähnten Kreuzung rechts in die *Ringstraße* und zweigen nach ca. 50 m wieder rechts (beim Landratsamt) in die *Gartlbergstraße* ab. Diese Straße bringt Sie auf kürzestem Wege zum Friedhof und somit zur Wallfahrtskirche, ca. 500 m (einfach).

🛏✕ Hotel Münchner Hof, Lindnerstr. 14 (beim Alten Rathaus), ☎ 964 50,
💻 www.muenchnerhof-pfarrkirchen.de

♦ Stadthotel Spatzl, Stadtplatz 37, ☎ 23 38 60, 💻 www.hotel-spatzl.de

🛏 Fam. Ameres, Degernbach 11 (☞ Wegbeschreibung oben), ☎ 84 87

✝⛺ Salvator-Kolleg (neben der Wallfahrtskirche Gartlberg), ☎ 96 28,
✉ gartlberg@t-online.de

Den *Stadtplatz* queren Sie geradeaus und gehen auch noch am Ende desselben (nach ca. 300 m) beim **Alten Rathaus** geradeaus weiter durch die **Raiffeisen-Passage** hindurch. Sobald Sie diese verlassen, halten Sie sich links (*Ringstraße*, Fußweg unter der o.e. histor. Kastanien-Allee auf den alten Befestigungs-Anlagen vorhanden) und zweigen nach rd. 100 m beim **Postamt** rechts in die *Dr.-Bachl-Straße* ab. Nach ca. 300 m zweigen Sie kurz nach der Feuerwehr links in die *Rennbahnstraße* ein, überqueren nach 200 m die **Eisenbahngleise** und zweigen sofort danach rechts weg (*Christangerstraße)*.

Die Straße verläuft noch kurz parallel zur Eisenbahn, entfernt sich aber bald in einer weiten, lang gezogenen Linkskurve. Ca. 1 km/15 Min. ab Eisenbahn-Überquerung zieht die *Christangerstraße* nach rechts zu den Christanger-Heimen (**Kindergarten** und Alten-/Pflegeheim, Sackgasse) - hier müssen Sie geradeaus auf der schmaleren Straße weitergehen. Bereits nach 100 m verlassen Sie diese nach rechts und folgen der Asphaltstraße. Nach rd. 500 m **unterqueren** Sie wieder die **B388** und ca. 500 m danach stoßen Sie auf die quer laufende *Hauptstraße*/PAN 17 - links auf dieser weiter überqueren Sie nach 200 m die **Rott**.

Sie können auch ca. 200 m vor der o.e. quer laufenden Hauptstraße links zur barocken Hustenmutter-Kapelle (erbaut 1748, eigentl. St. Ulrich und St. Anna, Gebete in dieser Kapelle halfen gegen Lungenleiden) abzweigen und nach dieser via Kapellenweg zum Radweg gehen. Auf diesem dann rechts und über die Rott hinweg.

Nur unwesentlich länger.

Nachdem die Rott überschritten wurde, überqueren Sie an einer größeren Kreuzung auch die große, quer laufende *Beckenrandstraße* und stehen nach vielleicht 50 m im Zentrum von 84389 **Postmünster** (⇧ 385 m ☎ 085 61 📯 BANK ✕ ⛺) vor der ✝ Kirche St. Benedikt (etwa 1500 erbaut, neubarocke Ausstattung).

🛏✕ GH/Pension Wochinger, Plinganserstr. 2 (Zentrum), ☎ 66 50

☺ Nächste 🛏 im Weiler Hieb bzw. Weiler Lang - jeweils 3 km

Etappe 9: Postmünster (385 m) - Mitterskirchen (435 m)

➲ 25 km, ↑ 260 m, ↓ 230 m, ⌛ 6 bis 8 Std.

Beim ✕ GH Brunnenhof (☏ 085 61/92 97 58, während der Woche ab 16:00 (an sehr schönen/sonnigen Tagen auch früher), So Fei ab 10:00 geöffnet, Ruhetag Di) rechts und nach 20-30 m bei der **VR-Bank** links hinauf in die *Poststraße* abzweigen. Nach insg. ca. 100 m ab GH Brunnenhof erreichen Sie eine quer laufende Vorfahrtstraße (***Plinganser Straße***) und halten sich auf dieser rechts weiter hinauf. Die folgende Spitzkehre gehen Sie aus und nach ca. 500 m ab letztem Abzweig endet das verbaute Gebiet und Sie marschieren wieder durch Felder und Wiesen. Nicht einmal 500 m nach der **Ortsende-Tafel** Postmünster kommen Sie in **Baiern** an einer quer laufenden Vorfahrtstraße zu stehen und folgen dieser nach rechts, hier endet auch die Steigung. Sie folgen nun unentwegt dieser Asphaltstraße, passieren die Weiler **Straß** und **Marchetsöd** und erreichen nach ca. 1,5 km/20 Min. ab Baiern eine Kreuzung, die Sie geradeaus queren.

Wenn Sie links abzweigen, kommen Sie im **Weiler Hieb** zu 🛏 ✕ GH/Pension Hasenberger, ☏ 085 61/81 92, kein Ruhetag (100 m entfernt), ✉ l_u.luise-eder@t-online.de.

200 m nach der Kreuzung wird im **Weiler Lang** der 🛏 Ferienhof Lang passiert (☏ 085 61/81 29, ✉ he.geier@t-online.de; ☺ nächste 🛏 in March, 1 km) und knapp 1 km danach ignorieren Sie bei der **Bushaltestelle Marchen** einen Linksabzweiger und gehen die Rechtskurve aus.

Nach ca. 5 Min (kurz nachdem Sie den Hof Marchen passiert haben) zweigen Sie rechts ab Richtung Rottenstuben (wenn Sie geradeaus weitergehen, gelangen Sie in nicht einmal 5 Min. in den Weiler March, 🛏 Ferienhof March, ☏ 085 61/87 35 od. 98 36 89, 🖳 www.ferienhof-march.de, 2 FeWo - trotz Aufschlägen noch sehr günstig, kein Frühstück, ✕ Jakobischänke nebenan, Essen ev. vorbestellen, ☺ nächste 🛏 in Eggenfelden, 12 km, alle jedoch rel. weit abseits).

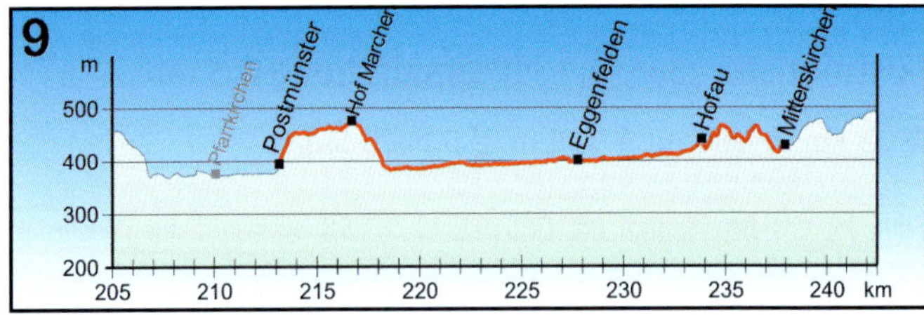

Nach 750 m ist die Kirche St. Jakob in **Rottenstuben** erreicht (Mitte 15. Jh. erbaut, im Chor gut erhaltene Fresken um 1500, grundsätzlich versperrt, bei HNr. 2 (Fam. Gschneider, Haus südlich der Kirche) wird der Schlüssel verwahrt).

Ca. 500 m nach Rottenstuben erreichen Sie eine größere, quer laufende Straße (**PAN 51**) und überqueren diese geradeaus. Nach nicht einmal 5 Min. wird ein Nebenarm der Rott überschritten und 50 m danach die **Rott** selbst. Sofort danach beginnt ein Golfplatz und Sie setzen sich nun ca. 750 m der Gefahr tieffliegender Golfbälle aus, ignorieren dabei aber trotzdem einen Linksabzweig und erreichen dann **Eisenbahngleise**. Einige Meter vor diesen zweigen Sie links in den asphaltierten Radweg ab. Nach etwa 750 m queren Sie eine quer laufende Straße (bei **Wengl**) geradeaus, nach weiteren ca. 750 m ist die quer laufende *Lindenstaße* (bei Kfz-Werkstatt, HNr. *Lindenstr.* 3) geradeaus zu überqueren und Sie folgen dem *Bahnweg*.

100 m nach der *Lindenstraße* überqueren Sie einen Bach und halten sich einige Meter danach vor dem **Wohnhaus mit angebauter Kapelle** (erb. 1983) rechts. Nach 3 Min. beschreibt diese Asphaltstraße bei der **Ortstafel Linden** eine Rechtskurve (die links abzweigende *Rottsttraße* ignorieren Sie) und ca. 500 m danach halten Sie sich beim HNr. *Bahnweg 2* (rechts der Straße auch ein kleines Eisenbahn-Häuschen mit der Aufschrift "BÜ 71,914 km") rechts und überqueren die **Eisenbahngleise**.

50 m weiter zweigen Sie bei der 2. (!) Möglichkeit - nur wenige Meter vor der B388/*Passauer Straße* - links in den Rad-/Spazierweg ab. Nach 200 m zweigen Sie links ab (gepflastert), passieren ein vielleicht 50 m kurzes, parkähnliches Gelände bei der **Gemeindeverwaltung Hebertsfelden** und gelangen

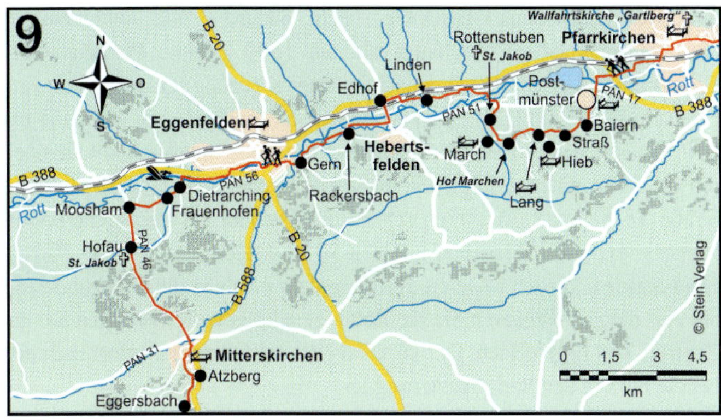

zur *Bahnhofstraße*. Auf dieser halten Sie sich rechts und erreichen nach 50 bis 100 m (je nachdem auf welchem Weg Sie herunterkamen) gegenüber einer Bäckerei eine quer laufende Straße (*Edhof*, ca. 5 Min. ab letzter Gleis-Überquerung, ca. 10/11 km/2 Std. 30 Min. ab Postmünster).

Sie folgen dieser Straße nach links, durchqueren das Dorf gleichen Namens, überqueren sofort danach einen **Nebenarm der Rott** und zweigen 5 Min. später rechts in die Straße *Am Sportplatz* ein (rd. 500 m ab Bäckerei). Dieser Straße folgen Sie nun ca. 15-20 Min. und erreichen bei der **Ortstafel Rackersbach** wieder eine quer laufende Asphaltstraße, welcher Sie ca. 100 nach links folgen, um wieder einen Nebenarm der Rott zu überqueren und sofort danach rechts abzuzweigen. Nach dem Sägewerk folgen Sie wieder dem Radweg, auf welchem Sie nach knapp 1 km bei einem Weiher (eigentlich eine Ausbuchtung der Rott) die **Siedlung Au** queren (hier nicht links abzweigen).

Geradeaus gelangen Sie nach 1 weiteren Kilometer bei der **Ortstafel Eggenfelden** zum *Hebertsfeldener Weg* und folgen diesem nach rechts (Sie haben den **Ortsteil Gern** von Eggenfelden erreicht). Nach 200 m verlassen Sie diese Straße nach rechts in die Vorfahrtstraße *Schildmannsberger Straße* und nach weiteren 50 m ist die nächste Vorfahrtstraße erreicht (*Hofmark*). Sie folgen dieser auch nach rechts, passieren schnell **Schloss Gern** (ein äußerst gut erhaltenes Hofmark-Ensemble, heute Bildungs- und Kulturzentrum "SchloßÖkonomieGern", dahinter die um 1500 erbaute Pfarrkirche St. Georg) und gelangen 100 m danach zu einer Kreuzung (ggü. ✕ Unterwirt, Hofmark 27, ☏ 087 21/22-89) - links weiter (nach wie vor *Hofmark*) bis HNr. 4. Dort nehmen Sie den rechts abzweigenden Radweg und unterqueren die B388. Danach folgen Sie mehr oder weniger geradeaus weiter der Straße *St. Sebastian*, passieren schnell den Friedhof mit der Kirche selben Namens (1613 errichtet) und zweigen 50 m danach rechts in die *Pfarrer-Findl-Straße* und nach weiteren 50 m ebenfalls rechts in die *Öttinger Straße* ab. Auf dieser überqueren Sie die **Rott** - geradeaus weiter gelangen Sie ins Zentrum von **Eggenfelden**. Der Jakobsweg als solcher zweigt sofort nach der Brücke links in den Rad-/Spazierweg ab.

84307 Eggenfelden

⇧ 416 m ☎ 087 21

BANK ✕ Arzt, Zahnarzt, Drogerie

i Stadt-Info Eggenfelden, Rathausplatz 1, ☏ 708-0, www.eggenfelden.org, www.egggenfelden.de

Friedhofskirche St. Sebastian, Eggenfelden

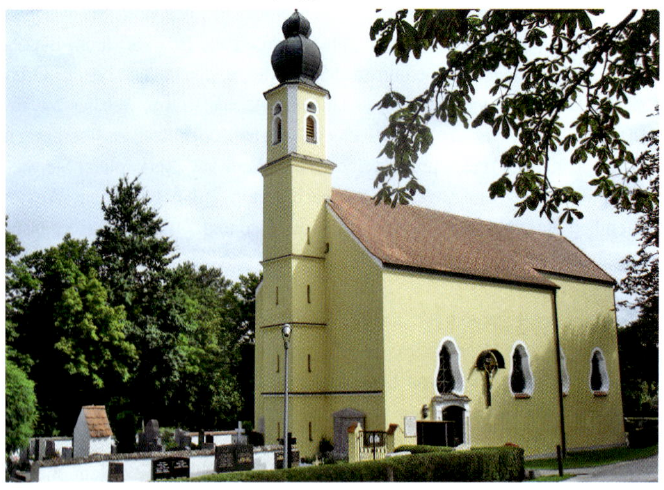

✞ Pfarrkirche St. Nikolaus und St. Stephan ("Dom des Rottales") - einheitliche Staffelkirche des 15. Jh. (Baubeginn wahrscheinlich kurz nach 1400), 1444 Weihe (aufgrund der ungewöhnlich aufwendigen Rippenfiguration des spätgotischen Gewölbes zogen sich die Bauarbeiten aber bis 1489 hin). Der bis 1879 von einem Brandwächter besetzte Turm ist 77 m hoch. Der Hochaltar entstammt der Neugotik.

☹ Alle 🛏 meilenweit abseits, nächstgelege wäre 🛏 ✕ Hotel/Restaurant Bachmeier, Schönauer Str. 2 (ca. 1 km entfernt), ☎ 97 10,
💻 www.hotel-bachmeier.de (über Pilgerkategorie, DZ € 89)

☺ Nächste 🛏 in Mitterskirchen - 10 km

Wenn Sie das Zentrum von Eggenfelden nicht besuchen wollen, halten Sie sich am Brückenende sofort links und folgen dem Rad-/Spazierweg ca. 3 km - anfänglich **parallel zur Rott**, dann **parallel zur B388** - bis zur Abzweigung links zum "Flugplatz Eggenfelden" in **Dietrarching** (achten Sie auf die Ampel, hier fliegen die Flugzeuge sehr tief). Sie verlassen nun das Rott-Tal. Schnell danach queren Sie noch einmal einen Nebenarm der Rott, danach den Weiler **Zainach** und kurz nach diesem erreichen Sie die quer laufende Asphaltstraße PAN 56 - rechts auf dieser weiter.

Nach weiteren 500 m queren Sie eine Kreuzung in **Frauenhofen** geradeaus. In weiterer Folge queren Sie noch den Weiler **Spanberg** und ca. 500 m nach diesem zweigen Sie an der zentralen Kreuzung des Weilers **Moosham** links ab Richtung Mitterskirchen - nun PAN 46 (weit und breit kein anderer Anhaltspunkt als der Wegweiser "Mitterskirchen, 5 km").

Nach 1 km queren Sie den Weiler **Hofau** mit seiner Kirche St. Jakob (ursprünglich 13. Jh.). Die Kirche ist verschlossen, der Schlüssel findet sich bei "Müllinger Transporte, Gerüstverleih", HNr. 10, einige Meter unterhalb der Kirche.

Sie folgen nun ca. 1 Std./knapp 4 km unentwegt der Asphaltstraße PAN 46 durch Wiesen, Felder und auch ein bisschen Wald und erreichen bei einer Kreuzung eine quer laufende Vorfahrtstraße (PAN 31/AÖ7), die Sie geradeaus überqueren. Sofort danach passieren Sie die **Ortstafel** Mitterskirchen, die Straße heißt nun *Mühlbachstraße* und mündet nach nicht einmal 5 Min. in die *Holzhamer Straße.* Wenn Sie dieser rechts folgen, ist nach wenigen Augenblicken die zentrale Kreuzung von **Mitterskirchen** sowie die Pfarrkirche Johannes der Täufer erreicht.

84335 Mitterskirchen

⇧ 435 m ✆ 087 25 BANK ✕

- Gemeindeamt, Hofmarkstr. 17, ☎ 962 00, 💻 www.mitterskirchen.de
- GH Rothneichner/Obernwirt, Hauptstr. 16, ☎ 338, 💻 www.obernwirt.de
- ☺ Nächste in Reischach - 10 km

Etappe 10: Mitterskirchen (435 m) - Altötting (404 m)

➲ 20,5 km, ↑ 200 m, ↓ 220 m, ⌛ 5 bis 6 Std.

Sie folgen weiterhin der *Holzhamer Straße* (gleichbedeutend mit Haupt-/Vorfahrtstraße) und zweigen nach etwa 5 Min. nach der **Schule/Sportplatz** links ab in die *Lindnerstraße*, welche Sie aber bereits nach ca. 300 m nach rechts in eine Schotterstraße verlassen. Auch diese verlassen Sie nach ca. 5 Min in **Atzberg** (bei HNr. 20, 21, 22) auf Asphalt nach rechts.

Nach etwa 750 m ist Arzberg durchschritten, der Asphalt endet und Schotter beginnt wieder. 5 Min. danach gehen Sie an der erreichten kleinen Asphaltstraße am Ortsrand von **Eggersbach** rechts (!!!) weiter Richtung "Eggersbach-City".

Noch Ende 2010 zeigte hier ein vorhandener Jakobsweg-Wegweiser in die falsche Richtung nach links - lassen Sie sich nicht irritieren!

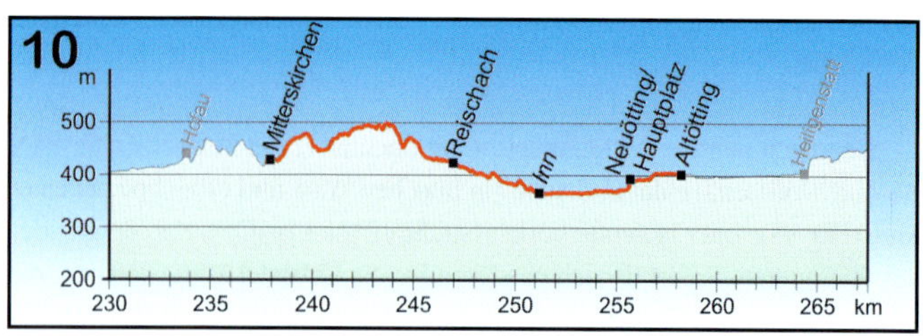

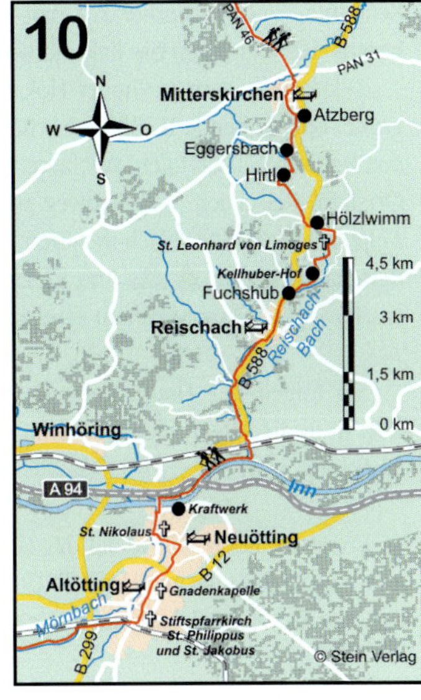

Nach 200 m zweigen Sie in Eggersbach links in die Schotterstraße Richtung Hirtl ab. Bereits nach 100 m taucht eine nicht markierte Gabelung auf und Sie nehmen den rechten, geradeaus weiterführenden Ast. **Hirtl** selbst ist nach ca. 1 km erreicht und an der quer laufenden Asphaltstraße am Ortsrand halten Sie sich links. Wenn Sie danach die beiden Linksabzweiger nach Kastengrub ignorieren, erreichen Sie nach etwa 15-20 Min. eine quer laufende Asphaltstraße, halten sich auf dieser links und erreichen nach nicht einmal 50 m die quer laufende **B588** - 20 m auf dieser rechts und dann nach links Richtung Erlbach abzweigen (am Horizont tauchen nun erstmals die Alpen auf). Sie folgen dieser kleinen Straße, zweigen in **Hölzlwimm** nicht links ab, dafür aber nach weiteren ca. 5 Min. (ca. 1 km ab B588) rechts abzweigen Richtung Moosgrub. Knapp 10 Min. nach diesem Abzweig erreichen Sie in **Steinhausen** die Kirche St. Leonhard von Limoges (eigentl. "von Noblat"). Die Kirche ist mit einer Eisenkette umspannt - der Legende nach kümmerte sich der Hl. Leonardus auch um schuldige wie unschuldige Gefangene, bewirkte oftmals deren Freilassung (auch lange nach seinem Tod) und nahm ihnen die Ketten ab. Außerdem ist er Schutzpatron der Nutz- und Arbeitstiere (die früher auch oft Ketten trugen).

Ein paar Meter vor der Kirche zweigen Sie beim schönen Wegweiser links in die Schotterstraße ab. Beim nach nicht einmal 5 Min. erreichten **Trafo-Turm** gehen Sie die Rechtskurve aus (zweigen also nicht links ab) und erreichen 300 m danach einen Bauernhof und passieren diesen in einer Rechtskurve. Etwa 100 m danach zweigen Sie links in eine schmale Asphaltstraße ab (bei **Sitzbank** mit Holzstämmen als Trägerelemente). 3 Min. nach diesem Abzweig stoßen Sie auf den nächsten Bauernhof (Hans und Rosemarie

Kellhuber, *Unter-Maierhof 23*). Vor diesem halten Sie sich rechts und nach bereits 20 m zweigen Sie links ab (weiter hinunter) und queren den Hof.

1 km nach dem Kellhuber-Hof erreichen Sie bei **Fuchshub** wieder die große, quer laufende B588 und nehmen den 5 m vor dieser links abzweigenden Radweg (Zusatztafel "Wallfahrerweg"). Nach rd. 500 m passieren Sie die Ortstafel Reischach, aus Radweg wird Gehsteig und die B588 heißt nun *Eggenfelder Straße*. Nach weiteren 500 m ist das "Zentrum" von 84571 **Reischach** (BANK Arzt ☎ 086 70/98 86, www.reischach.de, ca. 10 km ab Mitterskirchen) erreicht.

Sie folgen der Hauptstraße (nun heißt sie *Öttinger Straße)* noch ca. 200 m und zweigen dann rechts in den *Antoniusweg* (wieder Schild "Wallfahrerweg") ab.

Wenn Sie noch 100 m auf der *Öttinger Straße* weiterlaufen, kommen Sie zum Reischacher Hof, ☎ 086 70/256, www.reischacher-hof.de, Ruhetag Do. ☺ Nächste in Neuötting - 8 km.

Nach 50 m *Antoniusweg*, gelangen Sie zur 1695-99 erbauten **Wallfahrtskapelle St. Antonius** von Padua.

Sie folgen nun weiterhin dem parallel zur B588 verlaufenden Radweg ca. 3 km, verlassen ihn dann nach links und **unterqueren die B588** (falls Sie das HNr. *Kagern Nr. 2* passieren, sind Sie 50 m zu weit gegangen). Jetzt folgen Sie diesem Radweg 1 Min. (rechts des Reischach-Baches) und nehmen bei der Gabelung den rechten Ast - hinauf zur quer laufenden Asphaltstraße AÖ5. Dieser Asphaltstraße folgen Sie einige Meter nach links (nicht den an der anderen Straßenseite geradeaus weiterführenden Radweg nehmen!), **überqueren den Reischach-Bach** und zweigen 50 m nach der Brücke rechts ab (Richtung "Kagern 36, 37") - wieder Rad-/Spazierweg. Nach ein paar Metern wird die **Eisenbahn** unterquert und nach nicht einmal 10 Min. ist der **Inn** erreicht.

Sie folgen nun dem Innradweg flussaufwärts, unterqueren nach ca. 1,5 km die Autobahn A94 und unterqueren nach weiteren ca. 1,5 km die nach Neuötting führende **Straßenbrücke** (ca. 200 m nach dem Kraftwerk Neuötting).

Sofort nach der Brückeunterquerung halten Sie sich links rückwärts hinauf und überqueren auf der soeben unterquerten Brücke den Inn.

Am anderen Ende der Brücke begrüßt Sie das **Ortsschild Neuötting**. Sie folgen noch ca. 100 m der geradeaus führenden Straße und zweigen dann rechts weg in die Straße *Fischervorstadt*, überqueren nach 20 m den **Mörnbach** und halten sich schnell danach an einer Kreuzung nach links in den geschotterten *Georg-Riedl-Weg* hinein. Nach bereits 1 Min. beschreibt der *Georg-Riedl-Weg* eine Rechtskurve bei einem **Trafo-Häuschen**, Sie müssen aber geradeaus die *Bahnhofstraße* weitergehen, der Sie knapp 10 Min. folgen. Dann passieren Sie die rechts abzweigende *St.-Anna-Straße* und vielleicht 30 oder 40 m nach dieser verlassen Sie die *Bahnhofstraße* nach links, überqueren nach einigen Metern wieder den **Mörnbach** und unterqueren sofort danach die Bundesstraße, der Sie kurz nach der Brücke gefolgt sind (heißt ebenfalls *Bahnhofstraße*).

Am anderen Ende der Unterführung halten Sie sich links (asphaltiert) und stoßen nach 20 m auf die *Frauenhoferstraße*, der Sie nach rechts folgen. Nach 50 m passieren Sie die Kirche Hl. Geist-Kirche (auch Spitalkirche) und halten sich danach beim HNr. *Frauenhoferstraße 1* links hinauf und bei der sofort erreichten gepflasterten Straße *Alter Stadtberg* rechts - nach 1 Min. durchschreiten Sie das **Landshuter Tor** (auch Westliches Stadttor) und stehen sofort danach am Beginn der *Ludwigstraße* bei der Pfarrkirche St. Nikolaus im Zentrum von **Neuötting** (keine 5 Min. ab Abzweig nach *St.-Anna-Straße*, ca. 8/18 km ab Reischach/Mitterskirchen.

84524 Neuötting

⇧ 392 m ✆ 086 71 BANK
Arzt, Zahnarzt, Drogerie (Süd-Ost-Bayern-Bahn)

i Tourismus-Info, Ludwigstr. 12 (im Stadtmuseum am westlichen Ende des Stadtplatzes/Ludwigstraße), ☏ 883 71 13, www.neuoetting.de

Zur älteren Geschichte ☞ Altötting.

Nach der Teilung der beiden Öttings entwickelte sich Neuötting rel. rasch zu einem Handelszentrum (v.a. Salzhandel) am Inn-Übergang der Straße Salzburg-Regensburg (Stapelrecht, Maut). Im 13. Jh. Anlegung einer Stadtbefestigung mit dem lang gezogenen Stadtplatz (heute Ludwigsstraße), 1321 Stadtrecht. Irgendwie müssen dann die Neuöttinger aber einen gröberen politischen Fauxpas begangen haben, denn 1649 wurde das Stapelrecht außer Kraft gesetzt, der wirtschaftliche Niedergang begann und Neuötting versank bald in Bedeutungslosigkeit. 1797 zerstörte ein Brand die Stadt, der Wiederaufbau führte zum heutigen (barocken und klassizistischen) Erscheinungsbild in der Inn-Salzach-Bauweise.

✞ St. Nikolaus - lt. Inschrift am Türbogen zur alten Sakristei im Turmunterbau war 1410 Baubeginn, die Arbeiten dauerten (höchstwahrscheinlich) bis 1492. Erster Baumeister und wahrscheinlich auch Planer war der bedeutendste Baumeister der altbayrischen Spätgotik - Hanns Steinmezz (auch Hans Stethaimer bzw. "Hans von Burghausen"). Das lichte Langhaus weist eine Breite von 21 m, eine Länge von 49 m und eine Höhe von 22,5 m auf - gemessen am Gewölbescheitel (das Gewölbe selbst stammt aus 1622, ursprünglich war das Langhaus flach gedeckt); der 78 m hohe Turm ist ein Paradebeispiel ausgewogener Proportionen. Die Ausstattung stammt aus verschiedenen Epochen - vom ursprünglichen spätgotischen Inventar ist praktisch nichts übrig geblieben, der Großteil der heutigen Ausstattung ist neugotisch und stammt aus dem ausgehenden 19. Jh., das beeindruckende Kirchengestühl stammt aus dem Rokoko, erwähnenswert auch das 13 m hohe Renaissance-Orgelgehäuse aus 1642 - eines der schönsten dieser Stilepoche (zumindest in Bayern).

⌘ **Stadtmuseum** (zeigt einen historischen Querschnitt der Neuöttinger Geschichte) - Von den beiden Stadttoren ist nur das östliche **Burghauser-Tor** original (13. Jh.), das westliche Landshuter-Tor wurde nach Einsturz 1953/4 als Wohngebäude mit integriertem Torbogen wieder aufgebaut.

🛏✕ Brauerei Gasthof Müllerbräu, Restaurant El Loquito, Burghauserstraße 2 (beim Kreisverkehr nach dem östlichen Burgtor links), ☏ 24 33, 💻 www.el-loquito.de

♦ Gasthof Zur Krone, Ludwigstr. 69, ☏ 23 43, 💻 www.gasthof-doerfl.de, dem GH ist ein "Trödelmuseum" angeschlossen

♦ GH Pallauf, Alter Stadtberg 15 (bei Spitalkirche), ☏ 23 03, 🖂 stadtbergwirt@aol.com

Sie folgen nun der *Ludwigstraße* ca. 500 m bis zum **Burghauser Tor** (auch Östliches Stadttor), gehen danach noch ca. 50 m geradeaus und zweigen beim **Kreisverkehr** (*Sebastiansplatz*) rechts in die *Altöttinger Straße* ein. Dieser folgen Sie unentwegt bis zur **Ortstafel Altötting** und Umbenennung in *Neuöttinger Straße* (ca. 750 m ab Kreisverkehr). Diese bringt Sie in weiteren knapp 1,5 km unfehlbar zum *Kapellplatz* in **Altötting**.

84503 Altötting

⇧ 404 m ✆ 086 71

Arzt, Zahnarzt, Drogerie

Wallfahrts- und Verkehrsbüro (Tourist-Information, im Rathaus), ☏ 50 62-19 od. 38 + Stadtverwaltung ☏ 50 62-0, beide Kapellplatz 2a, www.altoetting.de

Archäolog. Grabungen am Kapellplatz (1983/84) bescheinigen eine Besiedelung bereits zur Jungsteinzeit, ob als heidnischer Kultplatz oder aufgrund der günstigen Lage ist umstritten. Erstmals wurde Ötting 748 urkundlich als "Autingas" erwähnt (Herzogshof der Agilolfinger), ab 788 karolinigsche Königspfalz, von 865 bis 880 königlicher Regierungssitz von Karlmann v. Bayern (König des Ostfränkischen Reiches), 907 Zerstörung während des Ungarnsturms. Danach Wiederaufbau an zwei verschiedenen Stellen - hier entstand Altötting, etwas weiter nördlich an geschützter Stelle auf einem Bergrücken entstand Neuötting (erst im beginnenden 13. Jh. wurde dieser Umstand urkundlich erstmals erwähnt).

Die wirtschaftliche und politische Stellung des heut. Altötting ging nach der Teilung verloren, die Vormachtstellung als Wallfahrtsort blieb. 1782 machte Papst Pius VI. Station in Altötting, 1980 besuchte Papst Johannes Paul II. die Stadt und 2006 weilte hier Benedikt XVI.

Pro Jahr besuchen ca. 1 Million Personen das "Herz Bayerns"- davon knapp 10 % zu Fuß und weitere knapp 10 % per Fahrrad. Im Zuge der allgemeinen Hysterie um das marianische Gnadenbildnis wird vielfach übersehen, dass Altötting noch ein weiteres Wallfahrerziel anzubieten hat: In der Kapuzinerkirche St. Konrad liegt der 1934 heilig gesprochene Pfortenbruder Konrad von Parzheim begraben.

✝ Gnadenkapelle

Wahrscheinlich irgendwann zwischen beginnendem 8. und 10. Jh. als achteckige Taufkapelle errichtet (Zeitpunkt sehr umstritten). Ende 15. Jh. wurde der Spitzturm errichtet, der offene Umgang stammt aus 1517, die Sakristei

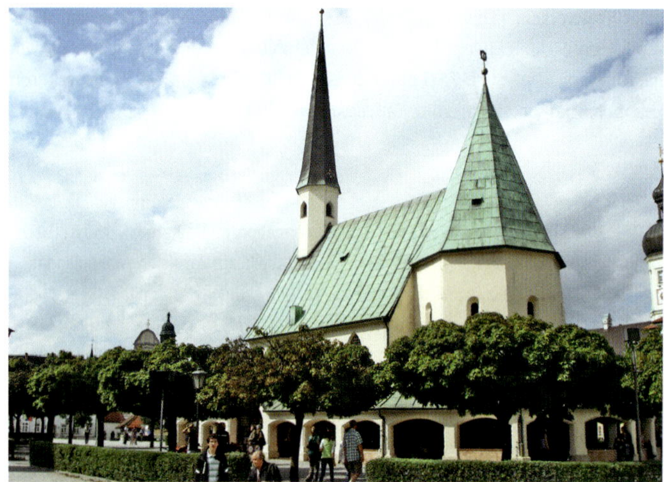

Gnadenkapelle

wurde im beginnenden 17. Jh. angebaut. Das aus Lindenholz geschnitzte Gnadenbildnis (Maria mit dem Kinde, wahrscheinlich um 1300) stammt aus Burgund oder irgendwo vom Oberrhein und kam 1330 nach Altötting. Der Altar selbst stammt aus 1670.

1489 fiel (angeblich) ein Knabe in den Mörnbach und ertrank. Der Leichnam wurde geborgen und die Mutter brachte ihn in die Kapelle, legte ihn auf den Altar vor die (bis dahin noch nicht heilkräftige) Statue und betete inbrünstig und erfolgreich für die Rettung ihres Kindes. Das Wunder sprach sich natürlich herum und die Wallfahrt setzte ein. Als besonders "Ötting-typisch" kann die Umrundung der Gnadenkapelle mit einem (zu borgenden) Holzkreuz gewertet werden. Von der anhaltenden Wirkung des Gnadenortes zeugen allein im Umgang über 2.000 Votivbilder.

2006 pilgerte auch Papst Benedikt XVI. nach Altötting und hinterließ seinen Bischofsring; er ist heute in das Zepter der Madonnen-Statue eingearbeitet. 2008 erhielt Altötting als erste Stadt Deutschlands mit der "Goldenen Rose" eine der höchsten päpstlichen Auszeichnungen überhaupt - man sieht sie am Altar ganz oben.

Weiterhin finden sich noch 28 silberne Herzurnen, in welchen sich die Herzen der unterschiedlichsten Mitglieder des Hauses Wittelsbach befinden.

✞ Stiftspfarrkirche St. Philippus und St. Jakobus (mayor) - Grundsteinlegung für die 52 m lange, 18 m breite und 13 m hohe Kirche war 1499, zumindest 3 Vorläuferkirchen bis zurück ins 9. Jh. sind gesichert, der Neu- bzw. Umbau der Kirche wurde aufgrund des rapide steigenden Pilgerstromes notwendig. Die Pilger waren auch für die Finanzierung der Kirche durch milde Gaben zuständig.

Aufgrund der ungemeinen Popularität der Stadt existieren natürlich Unterkünfte in allen Preisklassen zuhauf und aus Platzgründen muss ich Sie an o.a. Info-Büro verweisen und beschränke mich auf die notwendigsten/günstigsten.

✞ Jugendübernachtungshaus St. Magdalena, Kapellpl. 9, ☏ 969 20 (nur Schlafsaal, sehr günstig)

♦ Franziskus-Haus, Neuöttinger Straße 53, ☏ 98 00, www.franziskushaus-altoetting.de

♦ St. Elisabeth (Caritas Freizeit- und Begegnungszentrum für behinderte Menschen), Raitenharter Straße 18 (unwesentlich abseits), ☏ 957 70 80, www.caritas-st-elisabeth.de

☺ Nächste 🛏 in Garching - 17 km

Etappe 11: Altötting (404 m) -Tacherting (425 m)

➲ 29,5 km, ↑ 250 m, ↓ 170 m, ⌛ 7 bis 8 Std.

Wenn Sie am *Kapellplatz* vor der Kirche **St. Magdalena** stehen (Gnadenkapelle im Rücken) halten Sie sich rechts - nach wie vor *Neuöttinger Straße*. Nach einigen Schritten überqueren Sie beim **Jubiläums-Brunnen** (symbolisiert die vier altbayrischen Diözesen, realisiert vom Bildhauer Leopold Hafner) den *Tilly-Platz* und folgen anschließend der *Bahnhofstraße*. Nach vielleicht 5 Min. ist der **Bahnhof** erreicht und Sie halten sich direkt vor ihm rechts in die

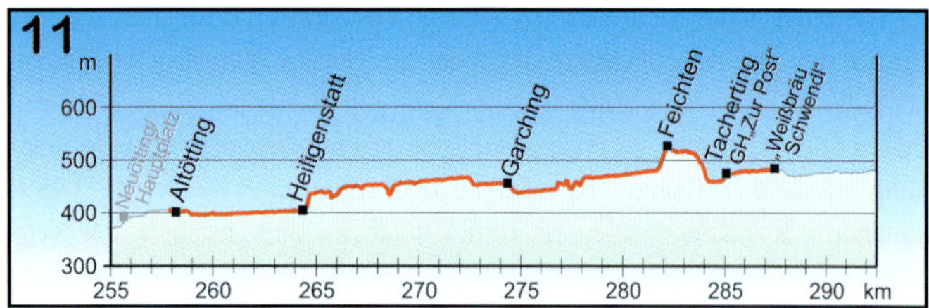

Traunsteiner Straße hinein. Nach 200 m mündet diese in die breite, quer laufende *Trostbergerstraße.* Sie überqueren diese, sofort danach ein kleines Bächlein und halten sich am Ende der Brücke links und folgen der geschotterten Straße (Richtung Tüßling) über die Osterwiese nach Heiligenstatt - anfänglich **parallel zur Eisenbahn**, dann **parallel zum Mörnbach**. Der Weg folgt auch dem 1842 entstandenen **Kreuzweg** (die Altöttinger pilgerten nämlich traditionsgemäß nach Heiligenstatt). Nach etwa 5 km (kurz nach Bahnüberquerung bei Station 13 des Kreuzweges) beginnt im **Ortsgebiet von Heiligenstatt,** der Weg Asphalt zu tragen, und heißt auch offiziell *Kreuzweg.* Nach 2 Min. Asphalt erreichen Sie Station 14 des Kreuzweges und die

✞ Wallfahrtskirche Unschuldige Kinder (ehem. St. Salvator)

Irgendwann - vor dem 20.4.1373 jedenfalls - wurde eine Hostie (wahrscheinlich aus der Kirche im benachbarten Teising) gestohlen. Hier - am Ende der Osterwiese - verlor sie die Diebin und da ein Engel sie bewachte, fand man sie und brachte sie zurück. Doch die Hostie verschwand wieder und fand sich abermals auf der Osterwiese. Als sich dieser Vorgang dreimal wiederholte, beschloss man hier eine Kapelle zu errichten - diese wurde am oben genannten Datum "führnemlich zu Ehren des allerheiligsten Fronleichnamb unseres Herrn" geweiht. Ein Deckenfresko zeigt die Gründungslegende.

Die Wallfahrt setzte umgehend ein (mehr als 100 Jahre vor der nach Altötting) und bereits 1451 wurde die Kapelle vergrößert, im beginnenden 17. Jh. weitere Veränderungen und Erweiterungen, der Turm stammt aus 1702, 1734 Umbau im Stil des Rokoko.

Erwähnenswert ist vor allem der für eine kleine Landkirche prachtvolle und spirituell wie pekuniär unschätzbare, aus 18 Stücken bestehende Reliquienschatz der Kirche. Die ältesten Teile stammen aus dem 15. Jh., erwähnt seien

Partikel des wahren Kreuzes und des Gewandes Mariens und Reste von Folterwerkzeugen der Passion Christi. Schönstes Stück ist eine 70 cm hohe Monstranz aus 1721 mit der Fußreliquie eines "Unschuldigen Kindes". Erwähnenswert auch das den Altarraum schmückende Kreuz - das Haar des Heilands ist echt und wächst der Volksmeinung nach immer weiter (muss jährlich geschnitten werden); es stand jahrhundertelang im Mittelpunkt der Wallfahrt.

Die *Kreuzweg* genannte Straße mündet vor der Wallfahrtskirche in eine quer laufende Asphaltstraße - links auf dieser weiter, nach 200 m die **Eisenbahngleise** überqueren und nach 100 m bei der erreichten **Vorfahrtstraße** rechts weiter, schnell danach über einen Bach hinweg und 200 m nach diesem stehen Sie an der **nächsten quer laufenden Vorfahrtstraße** (*Burgkirchner Straße*/AÖ6). Sie überqueren diese und gehen auf der Wiese noch 15 m leicht schräg rechts weiter (kein eigentlicher Weg vorhanden) - Sie müssen zur Öffnung in der zu sehenden Umfassungs-/Stützmauer, welche sich als "Eingangs-Tor" zu einem **Waldweg** entpuppt. Dieser führt Sie in 1 Min. zu einer **Steintreppe**, der Sie nach links hinauf folgen. Sie kommen nach einer weiteren Minute oben bei der **Friedhofskapelle** an, marschieren an der Vorderfront der spätgotischen **Pfarrkirche** (von Burgkirchen am Wald) St. Rupertus (Mitte 15. Jh., romanischer Taufstein und Türbeschläge) vorbei, danach halten Sie sich sofort rechts und verlassen wieder den Friedhof.

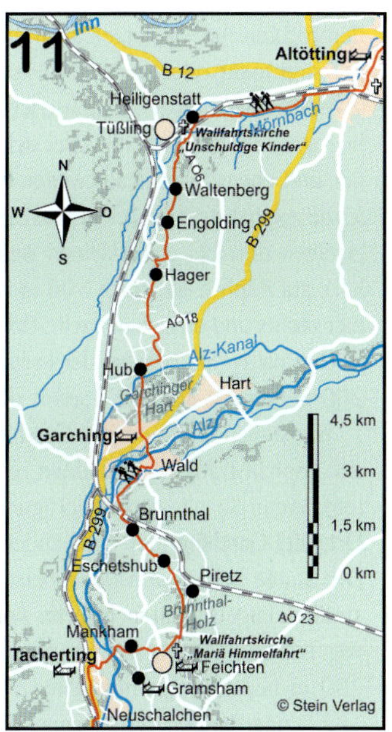

Sie können nun an einer 50 m vom Friedhofsausgang entfernten Gabelung zwischen zwei Straßen wählen und entscheiden sich (hoffentlich) für die linke, eben weiterführende (anfänglich noch asphaltiert, dann geschottert). Nach ca. 500 m passieren Sie eine **kleine Kapelle** (Hl. Donathus, Hl. Theodulus) und nach 1 weiteren Kilometer ist der Weiler **Waltenberg** erreicht. Hier halten Sie sich rechts und folgen der Asphaltstraße. Der Weiler ist nach 1 Min. durchschritten und am Ende desselben gehen Sie eine **Rechtskurve** aus, an deren Ende Sie eine **Gabelung** wieder zu einer Entscheidung zwingt - auch hier sollten Sie sich für den linken, eben verlaufenden Ast entscheiden.

Dieser führt Sie in ca. 0,5 km nach **Engolding** und wenn Sie danach den einzigen Abzweiger (nach links) ignorieren, kommen Sie nach etwas mehr als 1 km/ca. 20-25 Min. zu einer quer laufenden Asphaltstraße, der Sie ca. 5 Min. nach rechts fallend folgen, um dann links steigend Richtung "Hager" abzuzweigen.

Nach 200 m queren Sie einen Bauernhof und nach diesem endet die Steigung und auch der Asphaltbelag, Sie folgen nun der Schotterstraße strikt geradeaus ca. 500 m bis zu einer **Gabelung am Waldrand** und nehmen dort den rechten Ast. Sie folgen auch dieser Straße strikt geradeaus (alle Abzweiger sind mehr oder weniger sowieso nur Hof-Zufahrten) und erreichen ca. 2 km nach letztem Abzweig wieder eine quer laufende Asphaltstraße (AÖ18, hier auch ein **Bildstock** mit zwei sich duellierenden Brüdern) - geradeaus drüber und ebenso geradeaus weiter. Nach rd. 300 m ist die nächste quer laufende Asphaltstraße erreicht und Sie halten sich auf dieser 100 m rechts und zweigen dort bei einer **kleinen weißen Kapelle** bzw. dem HNr. *Matzen 36* links auf Asphalt ab. Nach 500 m ist eine **Kreuzung** erreicht. Sie halten sich hier rechts und erreichen nach 500 m den Weiler **Hub**. An dessen Ende nach 200 m halten Sie sich bei der Kreuzung links und überqueren nach weiteren 200 m den **Alz-Kanal** und sofort danach Eisenbahngleise.

Sie stehen am Rand des **Garchinger Hartes** und folgen geradeaus weiter der Asphaltstraße (den schönen rechts abzweigenden Fußweg bitte ignorieren). Wenn Sie alle Abzweiger ignorieren, passieren Sie nach ca. 1,5 km die **Ortstafel Garching** (der Wald endet hier leider) und gehen weiter geradeaus. Die Straße heißt nun *Mooshuberstraße*, überquert nach 200 m die *Lorenzstraße* (einige Meter nach rechts findet sich 🛏 Fr. Kleist) und führt als *Ludwig Füßlstraße* nach wie vor geradeaus weiter und erreicht nach weiteren 200 m bei der neuromanischen **Pfarrkirche St. Nikolaus** (erbaut 1870 bis 1872) und dem GH Wirtsseppel die Hauptstraße (*Altöttinger Straße*/B299) von **Garching** (ca. 11-12 km von Heiligenstatt). Abgesehen davon ist nun auch das Tal der Alz (Abfluss des Chiemsees) erreicht, welchem Sie bis Altenmarkt folgen werden.

84518 Garching a.d. Alz

⇧ 459 m ✆ 086 34

außer 🛒 ✗ alles - Post BANK Arzt, Zahnarzt, Drogerie

(Traun-Alz-Bahn) - weit abseits

i Stadtverwaltung, Rathausplatz 1, ☎ 621-0, 💻 www.typo.garching-alz.de

798 urkundlich erstmals erwähnt ("Govrichingen", gehörte damals zu Salzburg), im Mittelalter stand Garching im Brennpunkt des Konfliktes zwischen herzoglichem Bayern und erzbischöflichem Salzburg (wegen der Brücke über die Alz) - die Bajuwaren waren siegreich, 1254 kam Garching zu Bayern.

🛏✗ GH Zum Wirtssepperl z´Garching, Altöttinger Str. 36 (☞ Wegbeschreibung oben), ☎ 68 89 43, 💻 www.wirtssepperl.de. Das Haus ist Geburtsort des sog. "Wirtsseppel/Wirtssepperl" (Joseph Wasserburger, 1788-1857) - ein bayrisches Original - Sänger, Zitherspieler, Wandersbursch.

🛏 Kleist Katharina, Lorenzstr. 7, ☎ 456 (☞ Wegbeschreibung oben)

☺ Nächste 🛏 in Feichten - ca. 8 km

Sie überqueren die Hauptstraße (wenn Sie sich auf dieser 100 m rechts halten, finden Sie einen 🛒), halten sich auf dieser 20 m links und zweigen am Ende des Gasthofes rechts ab (*Garchinger Straße).* Sie folgen nun der *Garchinger Straße,* überschreiten nach ca. 0,5 km die Grenze zwischen den Orten Garching und Wald - die **Alz** - und erreichen nach weiteren 0,5 km den ehemaligen Dorf-**Gerichtsplatz** von Wald (zu erkennen an einer **kleinen weißen Kapelle** und zwei Linden aus dem 17. Jh., Ende 2010 war hier auch noch ein (geschlossenes) ital. Restaurant mit schlossartiger Architektur).

Noch vor dem Restaurant halten Sie sich **rechts in die *Brunnthaler Straße*** hinein. Nach etwa 300 m beschreibt diese Straße beim HNr. 18 eine 90°ige **Linkskurve** und Sie folgen auch dieser. Die *Brunnthaler Straße* führt noch ca. 300 m durch verbautes Gebiet und folgt dann dem Waldrand. Sie bleiben auf dieser asphaltierten Straße, ignorieren alle Abzweiger und **unterqueren** ca.

20 Min. ab der prägnanten Linkskurve **die Eisenbahn**. Rd. 500 m danach queren Sie den Weiler **Brunnthal.** Am Ortsrand stoßen Sie bei einem Bauernhof auf eine quer laufende Asphaltstraße, halten sich auf dieser links und überqueren nach ca. 300 m die nächste quer laufende Vorfahrtstraße geradeaus (an der anderen Straßenseite das HNr. 22 1/5). 500 m danach queren Sie den Weiler **Eschetshub** (✕ GH Wanghofer, ☏ 086 34/86 52, Ruhetag Di, Mi).

Rd. 500 m hinter Eschetshub stoßen Sie auf eine Kreuzung/quer laufende Asphaltstraße und halten sich links auf Asphalt weiter - es beginnt nun dichter Wald (**Brunnthal-Holz**) und auch die freundlichen Jakobsweg-Wegweiser der Gem. Feichten, die Sie u.a. auch (z.B. hier) darauf hinweisen, dass es bis Roncesvalles noch 2.068 km sind.

Nach etwa 750 m auf dieser Straße zweigen Sie rechts ab nach **Piretz** (bei Wegweiser "521 km nach Einsiedeln") und erreichen nach nicht einmal 5 Min. eine quer laufende Asphaltstraße - geradeaus drüber und der Schotterstraße folgen. Nach ca. 100 m zweigen Sie rechts ab (ebenfalls Schotterstraße) und nach ca. 10 Min. ab Asphaltstraße endet der Wald, Asphalt beginnt (beim **Erinnerungskreuz** an Christian Aicher) und die Wallfahrtskirche von **Feichten** ist nach 1 Min. erreicht.

✝ Pfarr- und Wallfahrtskirche Mariä Himmelfahrt (üblicherweise nur "Maria Feichten") - Die Höhenzüge des Alztales waren mit ziemlicher Sicherheit schon während der jüngeren Steinzeit besiedelt; die ersten bajuwarischen Siedlungen entstanden wahrscheinlich um 500. Die Gründung von Feichten ist (wahrscheinlich) zwischen 600 und 700 erfolgt (Fuhte/Fiuhtan - "bei den Fichten"). Ca. 200 Jahre später (frühestens 815) wollte man beim ca. 1 km entfernten Mankham eine Pfarrkirche erbauen - die Gegend gehörte dem Hochstift Salzburg und wurde als Lehen vergeben, möglicherweise schon an die "Edlen von Feichten" (erst seit 1150 bezeugt). Man karrte jedenfalls Schaufeln, Bauholz und Nägel nach Mankham; am nächsten Tag waren diese Utensilien jedoch verschwunden und fanden sich im heutigen Feichten wieder - sie waren von Engeln dorthin gebracht worden. Und da man in einem Baum auch ein bis dahin unbekanntes Marienbildnis fand, war die Sache gelaufen - die Kirche wurde hier errichtet (die Gewölbefresken im nördlichen Seitenschiff zeigen die Gründungslegende). Die Wallfahrt lief sofort an und irgendwann wurde das hölzerne Kirchlein das erste Mal durch einen Steinbau ersetzt (niemand weiß wann). Im 14. und 15. Jh. wurde die Kirche mit Ablässen, Stiftungen, Güterzuwendungen usw. reich bedacht, der Zustrom an Pilgern wurde immer gewaltiger, somit wurde am 4.4.1502 mit einem neuen, größeren Kirchenbau begonnen, Fertigstellung am 10.8.1513 (von der Vorgänger-Kirche wurde lediglich das Gnadenbildnis übernommen (heute im linken Seitenaltar, "Maria mit dem Kinde", Steingussarbeit um 1400); 1665 wurde der Turm neu errichtet.

Zwischen 1737-67 wurde bei Belassung der schlichten Fassade eine völlige Neugestaltung des Kircheninneren im ("ländlich-repräsentativen") Rokoko-Stil vorgenommen (wahrscheinlich, weil die Wallfahrt stark zurückgegangen war, es wurden auch viele Reliquien angeschafft), verantwortlicher Baumeister war Franz Alois Mayr, die künstlerische Ausstattung (v.a. Freskenprogramm der Verherrlichung Mariens) schuf Franz Josef Soll (beide aus Trostberg bzw. dort ansässig). Der Hochaltar stammt noch aus 1713, nicht gerade üblich ist die vollplastische Darstellung der "Auffahrt Mariens in den Himmel". Die reiche Kanzel stammt aus 1704, realisiert vom Schreiner Stephan Pimpfinger aus Altötting (der auch das Chorgestühl schuf).

Großartiger Rokoko in der Wallfahrtskirche Mariä Himmelfahrt

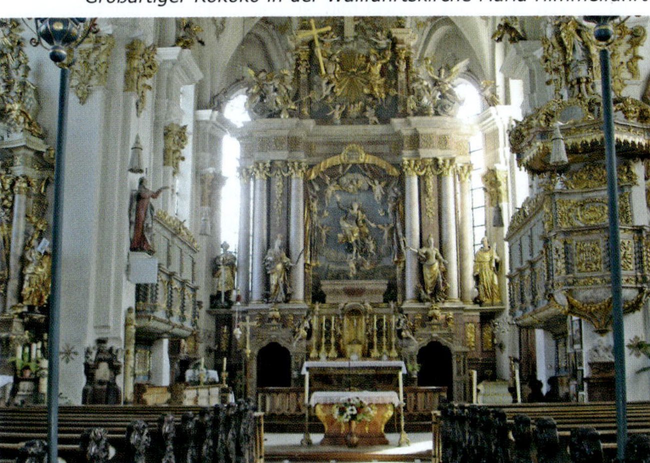

🛏 Fr. Becker, Fichtenstr. 6 (Nebenstraße der Tachertinger Straße, ☞ Wegbeschreibung unten), ☎ 086 23/549 oder 13 57, Abendessen möglich, ✕ im Ort

☺ Nächste Unterkunft in Gramsham (abseits) - ca. 1,5 km

Bei der Kirche ist auch die *Hauptstraße* von Feichten erreicht und Sie folgen dieser 100 m nach rechts und zweigen dann bei einer frisch renovierten **Jakobus-Kapelle** links in die *Tachertinger Straße* ab. Sie folgen dieser 500 m und zweigen dann bei der quer laufenden Vorfahrtstraße AÖ 23 links ab (Radweg). 100 m nach dieser Kreuzung ist in **Mankham** bei der **14-Nothelfer-Kapelle** die nächste Kreuzung erreicht.

Wie Sie einem Schild cntnehmen können, befindet sich links das Gästehaus Huber, Gramsham 14, ☎ 086 21/27 79 oder 📱 079/243 96 68, ✉ willi-vanilli@t-online.de, ca. 1 km entfernt, bei den ersten beiden Gabelungen den rechten Ast nehmen, bei der dritten den linken. ☺ Nächste 🛏 in Tacherting - 2 bzw. 4 km.

Der Weg als solcher überquert die Kreuzung geradeaus und führt in ca. 750 m hinunter zur Alz. Keine 5 Min. nach Überquerung der Alz ist der **Ortsrand von Tacherting** erreicht und Sie folgen weiterhin der Vorfahrtstraße, die nun *Feichtner Straße*, später dann *Kolpingstraße* genannt wird. Nach rd. 500 m ist beim 🛏✕ GH Zur Post das **Zentrum von Tacherting** in Form der quer laufenden *Altöttinger/Trostberger Straße*/B299 erreicht.

83342 Tacherting

⇧ 475 m ✆ 086 21 BANK ✕ Drogerie

ℹ Gemeindeamt, Trostberger Straße 9, ☎ 80 06-0, 💻 www.tacherting.de

🛏✕ GH Zur Post, Trostberger Str. 5 (☞ Wegbeschreibung oben), ☎ 32 84, 💻 www.gasthof-zur-post-tacherting.de

♦ Brauerei GH Weißbräu Schwendl, Trostberger Str. 128 (folgen Sie der B299 am begleitenden Radweg noch ca. 2,5 km, linke Straßenseite, ggü. dem Lindewerk, bereits Ortsteil Lengloh), ☎ 23 00, 💻 www.weissbraeu-schwendl.de. Die am Kapitel-Eingang vorgestellte Entfernung bezieht sich auf diese 🛏.

☺ Nächste 🛏 in Trostberg (abseits bzw. über Pilgerkategorie) - 7,5 km (ab GH Post) bzw. 5 km (ab Weißbräu-Schwendl)

Etappe 12: Tacherting (480 m) - Albertaich (624 m)

➲ 26 km, ↑ 270 m, ↓ 130 m, ⌛ ca. 7 Std.

Vom GH Weißbräu-Schwendl folgen Sie der B299 noch einige Meter, zweigen am Ende des Linde-Werkes (bereits Ortsteil **Schalchen)** links ab in den *Carl-von-Linde-Weg* und **überqueren** den **Alz-Kanal**. Sofort danach zweigen Sie bei einer größeren **Kapelle** rechts ab in den *Kirchenweg*. Nach etwa 200 m endet dieser an der quer laufenden *Brückenstraße* und Sie folgen dieser nach links (Richtung Trostbeg, Weg 51). Nach 100 m ignorieren Sie den rechts abzweigenden *Brunnenweg* und 100 m danach beginnt bei den HNr. *Brückenstraße 14 + 17* ein geschotterter Rad-/Spazierweg (Traun-Alz-Weg). Dieser bringt Sie in 200 m - zuerst durch Landwirtschaft, dann durch den Auwald - zur Alz und hier halten Sie sich rechts und folgen weiter dem Rad-/Spazierweg flussaufwärts.

Nach nicht einmal 5 Min. wird die **Alz** überquert und der Rad-/Spazierweg entfernt sich wieder vom Fluss und führt durch schönen Auwald nach Wäschhausen. Nach etwa 1 km ist bei einer Wiese (wurde Ende 2010 als Fußballplatz genutzt) der **Ortsrand von Wäschhausen** erreicht und Sie halten sich an der quer laufenden Schotterstraße rechts. Schnell ist das erste Haus von Wäschhausen erreicht, die Straße trägt nun eine Asphaltdecke und heißt *Eichenstraße*. Sie folgen dieser bis zum ✕ **GH Hurmer** (☏ 086 21/629 24, Ruhetag Mo, Di) - ca. 300 m. Vor dem GH halten Sie sich links und am Ende desselben - 10 m vor der Durchgangsstraße Nr. 2357 - zweigen Sie rechts in die *Hagenauer Straße* ab (noch immer Traun-Alz-Weg). Nach 750 m wird die *Hagenauer Straße* wieder zu einem Rad-/Spazierweg mit Fahrverbot, passiert die **Kläranlage** und führt weiter geradeaus. Nach bestenfalls 5 Min. Radweg-Gefühl beschreibt die *Hagenauer Straße* eine 90°ige Linkskurve - Sie aber folgen weiter dem Traun-Alz-Weg (auch nicht die *Auenstraße* nehmen), zuerst in den Auwald hinein, dann wieder parallel zur Alz.

Nach knapp 2 km unterqueren Sie die **Alzbrücke** und passieren den kleinen **Parkplatz Nr.** 6. Falls Sie Lust und Laune verspüren, die am anderen Flussufer gelegene Altstadt von **Trostberg** zu besuchen, führt hier eine Fußgängerbrücke über die Alz (ca. 5 km ab Tacherting/Lengloh).

83308 Trostberg a.d. Alz

⇧ 492 m ✆ 086 21

Arzt, Drogerie (Traun-Alz-Bahn)

Verkehrsamt/Tourist-Information, Hauptstr. 24 (im Rathaus), ☏ 801-2, www.trostberg.de

Hauptort des Alz-Tales, 1233 erstmals urkundlich erwähnt ("Trosperg"), Blütezeit im 17. und 18. Jh. durch Handel und Handwerk (v.a. Tuchmacherei). Heute zählt die Stadt zum "Bayrischen Chemiedreieck".

⌘ Das im sog. Inn-Salzach-Stil erbaute, schluchtartige Zentrum (☞ Beschreibung Schärding) ist sehenswert. Auffallend und auch ziemlich einzigartig sind die alzseitig (also praktisch an der Rückseite der Häuser) angebauten und für Trostberg typ. hölzernen Giebel, Erker, Balkon- und Laubenfronten - im Trostberger Volksmund "Trostberger Orgel" genannt.

GH Pfaubräu, Hauptstraße 2, ☏ 98 29, www.pfaubraeu.de (ca. 0,5 km abseits, über Pilgerkategorie)

☺ Nächste in Altenmarkt - 4 km

Kirche St. Andreas in Trostberg

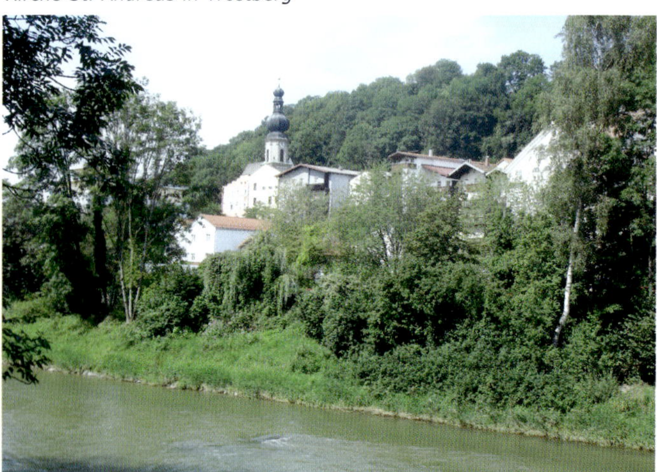

Wenn Sie die Altstadt von Trostberg nicht besuchen wollen, gehen Sie vom **Parkplatz Nr. 6** geradeaus den Rad-/Spazierweg weiter (parallel zur Alz), lassen nach 100 m die Brücke über den Fluss rechts liegen und gehen geradeaus die *Heinrich-Braun-Straße* weiter.

Wenn Sie die Altstadt besucht haben, nehmen Sie die soeben erwähnte Brücke und halten sich an deren Ende rechts in die *Heinrich-Braun-Straße.*

In beiden Fällen verlassen Sie nach wenigen Metern bereits die *Heinrich-Braun-Straße* nach rechts und folgen dem Rad-/Spazierweg parallel zur Alz. Sie passieren den ausgedehnten Schulen-Komplex, danach die 1951 erbaute **Evang. Christuskirche** und erreichen nach ca. 1,5 km/20-25 Min. ab Brücke das **Alzkraftwerk**. Hier halten Sie sich links, überqueren mit Bedacht die Eisenbahngleise und folgen der sofort danach erreichten Asphaltstraße (*Dr.-Albert-Frank-Straße*) nach rechts. Nach etwa 300 m verlassen Sie bei der **Ortsende-Tafel** von Trostberg die Straße nach rechts und folgen dem eben verlaufenden Spazierweg (links) **parallel zu den Gleisen** (und auch zur Alz). Nach etwa 1 km/15 Min. überqueren Sie beim **Bauernhof** HNr. *Nock 2* die Gleise und folgen ihnen an ihrer rechten Seite. 150 m danach überqueren Sie die **Traun** und passieren schnell danach einen Tennisplatz. Einige Meter weiter zweigen Sie in den asphaltierten *Traunweg* ab und nach vielleicht 50 m verlassen Sie diesen nach rechts und folgen dem *Auweg*. Dieser passiert den **Fußballplatz** und sonst. Sportanlagen und geht irgendwann unbemerkt in die Straße *Marktplatz* über, welche nach ca. 750 m ab Traun-Querung in die *Hauptstraße* von **Altenmarkt** einmündet.

83352 Altenmarkt a.d. Alz ⇧ 459 m ✆ 086 21

Gemeindeverwaltung, Hauptstr. 21 (Rathaus), ☏ 98 45-0, www.altenmarkt.de

✝ Filialkirche (der Stiftskirche) St. Aegidius - erstmals 1436 urkundlich erwähnt, aber sicher älter. Im Kern ist der Bau noch romanisch, der Turm ist in seinem unterem Teil gotisch, der aktuelle Turmaufsatz mit seinem schindelgedeckten Zwiebeldach mit Laterne ist ein Prachtstück des Rokoko-Baumeisters Franz Alois Mayr aus Trostberg (ca. 1764), zwischen 1707-37 barocker Umbau, der neubarocke Altar stammt aus 1896. Die Steinkreuze an der Straßen-Seite erinnern an den 1962 abgerissenen Friedhof.

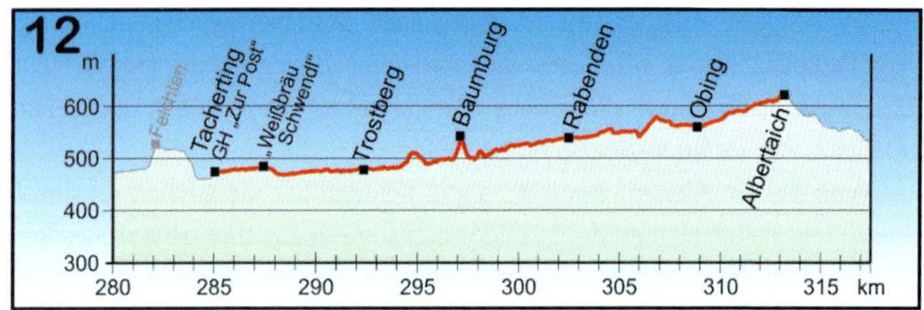

Hotel Angermühle, Angermühl 1 (unwesentlich abseits), ☎ 98 47-0, www.hotel-angermuehle.de

☺ Nächste im (ehem.) Kloster Baumburg - 1,5 km, dann erst wieder in Rabenden - 7 km

Sie gehen an der erreichten *Hauptstraße* links, passieren Rathaus und Kirche St. Ägidius und zweigen nach 300 m von der *Hauptstraße* rechts ab in die *Baumburger Straße,* welche Sie in nicht einmal 10 Min. zum ehem. **Kloster Baumburg** bringt (ein schöner Fußweg zweigt kurz nach Abzweig von der *Hauptstraße* links ab).

✝ Pfarrkirche St. Margaretha, Augustiner-Chorherren-Kloster Baumburg Das Kloster wurde kurz nach 1100 gegründet und - wie üblich - 1803 im Zuge der Säkularisation Bayerns aufgelöst, die Gebäude wurden versteigert, teilw. abgerissen. Heute beherbergt das ehem. Kloster eine private Brauerei (gegr. 1612 als Klosterbrauerei) mit Gasthaus, ein privates Hotel (s.u.), ein Flügel dient seit 1910 als Pfarrhof. 1129 wurde die Vorläuferkirche (St. Nikolaus) errichtet und 1156 wurde die heutige (im Kern romanische) Kirche geweiht, an diese Zeit erinnert noch die Westfassade mit den beiden Türmen (die Zwiebelhauben kamen um 1600 hinzu, die Vorhalle im 18. Jh.). Um das 600-Jahr-Jubiläum festlich begehen zu können, wurde 1755 zeitgerecht mit einem Umbau im Rokoko-Stil begonnen. Es konnte dafür der renommierte Gerichtsmaurermeister/Baumeister Franz Alois Mayr aus Trostberg gewonnen werden, die Deckenfresken stammen vom Prager Hofmaler Felix Anton Scheffler und zeigen hauptsächlich Leben und Wirken des. Hl. Augustin sowie des von ihm gegründeten Ordens. Die Stuckarbeiten zählen zur sog. Wessobrunner Schule, www.baumburg.de.

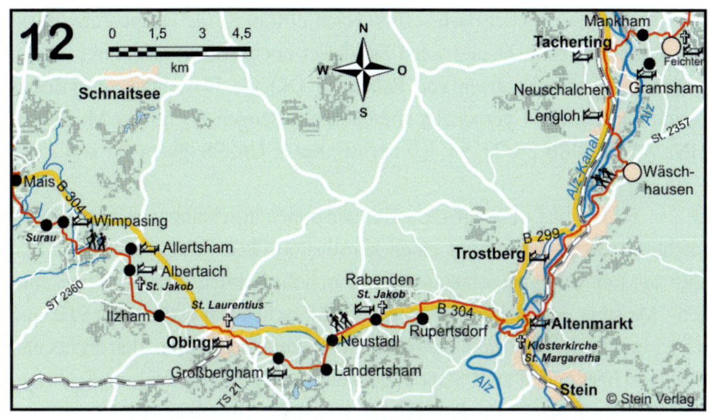

🛏✕ Seminarhotel Kloster-Baumburg, ☎ 086 21/98 48,
💻 www.klosterbaumburg.de, ✉ binkert@klosterbaumburg.de

☺ Nächste 🛏 in Rabenden - knapp 6 km

Vom Kloster Baumburg gehen Sie die Straße kurz wieder zurück und zweigen 50 m nach dem Eingang links weg (Richtung Garsch/Friedhof). Nach etwa 300 m halten Sie sich vor dem **Friedhof** rechts (bzw. haben Sie schon den 100 m vorher beschilderten "Fußweg zur Liegewiese" genommen) und zweigen nach weiteren 100 m links rückwärts ab, gehen noch ca. 200 m durch Wald, erreichen dann die **Liegewiese**, gehen noch kurz am Waldrand geradeaus weiter und queren dann die Wiese rechts gehend. Nach 50 m ist diese Tat erledigt und Sie überqueren den **Mühlbach** und sofort danach die **Alz** (Baden möglich).

An der erreichten Schotterstraße (*Seeoner Straße*) halten Sie sich rechts und erreichen schnell eine quer laufende Asphaltstraße, folgen dieser rechts und erreichen nach nicht einmal 5 Min. die quer laufende Durchgangsstraße **B 304** - links auf dieser bzw. am begleitenden Gehsteig/Radweg knapp 3 km/45 Min. weiter, dann wieder links abzweigen Richtung Rupertsdorf (*Rupertsdorfer Straße*). Nach ca. 300 m erreichen Sie in **Rupertsdorf** eine quer laufende Asphaltstraße und halten sich auf dieser ca. 750 m rechts und zweigen dann in **Entfelden** wieder rechts ab. 750 m hinter Entfelden ist am Ortsrand von Rabenden die nächste quer laufende Asphaltstraße erreicht und

Sie folgen dieser wieder nach rechts. Nach 200 m ist die Hauptstraße/B304 von **Rabenden** erreicht und wenn Sie dieser noch 100 m nach links folgen, erreichen Sie im Zentrum von **Rabenden** (✗) die Pfarrkirche St. Jakobus (wenn Sie die B304 geradeaus überqueren, gelangen Sie zu 🛏 M. Berger, HNr. 69, ☏ 086 24/21 53, ☺ nächste 🛏 in Großbergham - 4 km).

✞ St. Jakobus - Die unverputzte, von außen unscheinbar wirkende Dorfkirche (1438 geweiht) birgt einen kunsthistorischen Schatz ersten Ranges: Der aus Tannenholz geschnitzte, über 7 m hohe Schrein-Altar des unbekannten "Meisters von Rabenden" entstand wahrscheinlich zwischen 1510 und 1515 und besteht aus dem Schrein mit den drei Standfiguren, den rechts und links anschließenden zwei Standflügeln und zwei Drehflügeln (zum Schließen des Schreines) sowie aus Predella (praktisch der Unterbau des Altares) und Gesprenge (Aufbau oberhalb des Schreines).

Die ca. 130 cm hohen Schreinfiguren - Apostel St. Jakobus (Mitte), Simon (links) und Judas Thaddäus (rechts) - sind aus Lindenholz geschnitzt und zählen zu den bewegtesten Kompositionen, welche die Gotik zu bieten hat - unerreicht in ihrer fließenden Verbindung von überirdischer Glorie und irdischer Einfachheit (als Vorbilder dienten höchstwahrscheinlich ansässige Vertreter der niederen Stände).

Kirche St. Jakobus

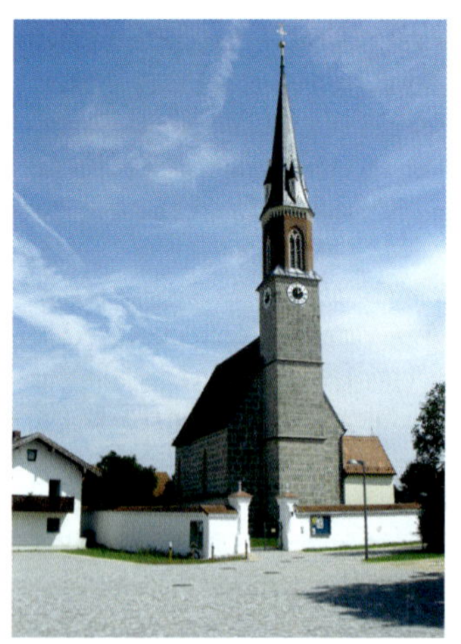

Die geöffneten Drehflügel zeigen 4 Szenen aus dem Leben Mariens und sind wesentlich aufwendiger gestaltet als die Tafelbilder der geschlossenen Drehflügel (= Rückseite der Drehflügel), welche vier Kirchenväter/-lehrer bei der Arbeit zeigen - von links oben nach rechts unten: Hl. Hieronymus, Hl. Gregor d.Gr., Hl. Augustin, Hl. Ambrosius. Der linke Standflügel zeigt in diesem Fall St. Sebastian und St. Georg; der rechte Standflügel Hl. Florian und noch einmal Hl. Jakobus. Dieser Altar ist nicht nur das Hauptwerk des unbekannten "Meisters von Rabenden", sondern überhaupt ein gotisches Meisterwerk - wer es nicht gesehen hat, hat viel versäumt. Im Regelfall präsentiert sich heute der Altar in geöffnetem Zustand (früher nur zu Hochfesten), nur zur Fastenzeit ist er geschlossen.

Und wenn Sie noch einige Minuten erübrigen können, sollten Sie auch die Rückseite des Altares würdigen - unbedingt sehenswert.

Sie folgen nun weiterhin der B304 und erreichen nach ca. 1 km **Neustadl** - die Jakobsweg-Wegweiser führen Sie durch das Dorf (300 m parallel zur B304) und dann wieder zurück zur Durchgangsstraße. Ca. 200 m nach Neustadl verlassen Sie die B304 nach links Richtung Landertsham. Ca. 750 m nach diesem Abzweig folgen Sie der nun erreichten, quer laufenden Asphaltstraße am Ortsrand von **Landertsham** nach rechts und erreichen nach weiteren knapp 1,5 km den Weiler **Großbergham** (ca. 11 km von Altenmarkt entfernt), der vorerst in gerader Linie der Hauptstraße entlang durchschritten wird.

Wenn Sie nach wenigen Augenblicken an der Kreuzung vor dem **HNr. 14** links abzweigen, kommen Sie zum 🛏 ✕ Landgasthof Griessee, HNr. 16, ☏ 086 24/22 80, 💻 www.griessee.de. Einige Meter nach diesem GH findet sich noch 🛏 Falter R. u. M, HNr. 27, ☏ 43 02. ☺ Nächste 🛏 in Obing - 2 km.

Der Weg als solcher zweigt aber an besagter Kreuzung beim HNr. 14 rechts ab, beschreibt am Ende des ersten Hauses eine Linkskurve - folgt also den Häusern der Hauptstraße an deren Rückseite. Nach etwa 100 m zweigen Sie nicht links ab, sondern gehen geradeaus die **geschotterte Feldstraße** weiter (die ersten Meter noch asphaltiert), welche nach nicht einmal 10 Min. eine quer laufende Asphaltstraße (*Samer Straße*/TS 21) überquert. Auch danach gehen Sie geradeaus weiter, passieren **Ortstafel** wie Sportanlagen **von Obing** und erreichen - wenn Sie die folgenden rechts wie links abzweigenden Nebenstraßen ignorieren - nach etwa 1 km die quer laufende *Seeoner Straße*/ST 2094. Dieser folgen Sie ca. 150 m nach rechts und stoßen wieder auf die quer laufende B304/*Altenmarkter Straße*. Dieser folgen Sie nach links und queren den Badeort **Obing** auf dieser Haupt-/Durchgangsstraße (die bald in *Wasserburger Straße* umbenannt wird).

83119 Obing

⇧ 562 m ✆ 086 24

Arzt, Zahnarzt, Drogerie

Verkehrsamt im Gemeindeamt, Kienberger Str. 5, ☏ 89 86-0, www.obing.de

✝ St. Laurentius - Im Zentrum rechts in die Kienberger Straße abzweigen, 50 m vom Weg entfernt. Die heutige, spätgotische Kirche wurde 1491 eingeweiht. Der aktuelle, neugotische Hochaltar stammt aus dem ausgehenden 19. Jh. (in dieser Zeit auch Umbau bzw. Erweiterung). Die Figuren im Hochaltar - Maria mit dem Kinde (Mitte), St. Laurentius (links) und Jakobus (rechts) - stammen noch aus der Spätgotik und werden dem vor einigen Kilometern kennengelernten "Meister von Rabenden" zugeschrieben.

Das Patrozinium spricht für eine frühe Christianisierung der Region, mit höchster Wahrscheinichkeit wurde Obing zur Römerzeit gegründet; 780 wurde es erstmals als Villa Opinga erwähnt und verfügte bereits über 20 Häuser.

Hotel Seeblick, Pfarrer-Kis-Str. 3 (unwesentlich abseits) ☏ 23 76, www.hotel-seeblick-obing.de

Löw Georg, Wanningerstr. 4, ☏ 23 06 (unwesentlich abseits)

♦ Stolz M. u. U, Franz-Geist-Str. 1, ☏ 42 40 (unwesentlich abseits)

☺ Nächste in Albertaich - 4,5 km

Etwa 750 m nachdem Sie in die B304/*Altenmarkter Straße* links eingebogen und dieser - bzw. nach Umbenennung der *Wasserburger Straße* - gefolgt sind, zweigen Sie an einer Kreuzung links ab in die *Ilzhamer Straße* (es ist dies die zweite von zwei an dieser Kreuzung links abzweigenden Straßen, Richtung Albertaich). Wie nicht anders zu erwarten, bringt Sie diese Straße nach **Ilzham** (ca. 2 km) und dort gehen Sie an der **zentralen Kreuzung** (5 Min. nach der Ortstafel) geradeaus weiter und nehmen an der sehr schnell danach erreichten Gabelung (2010 beim letzten Wohnhaus) den rechten Ast. Ca. 700 m danach ist die Filialkirche St. Jakobus in **Albertaich** erreicht.

✝ St. Jakobus - Die Kirche wurde wahrscheinlich in der zweiten Hälfte des 15. Jh. errichtet (zumindest eine Vorläuferin scheint gesichert), aus dieser Zeit stammen noch Langhaus, Chor und Sakristei, im selben Jahrhundert wurde der Turm hinzugefügt. In der 2. Hälfte des 18. Jh. wurde der spätgotische Bau von Gaspare Zucalli aus Graubünden barockisiert: Der achteckige Turm-Aufbau kam 1676 hinzu, die qualitätsvollen (italienischen) Stuckarbeiten stammen aus selber Zeit, die Deckengemälde hingegen aus 1906. Sie sind durchweg der Gottesmutter gewidmet. Albertaich war bis ca. Ende 19. Jh. ein viel besuchter Marienwallfahrtsort, 1471 wurde die Kirche als "Kirche zu Unserer Lieben Frau zu Albertaich" erwähnt. Die drei hochbarocken Altäre stammen aus 1672, das Altarblatt am Hochaltar zeigt eine seltene Darstellung der "Maria del Pilar" ("Maria auf der Säule"), die am 2. Januar 40 (angeblich) dem Hl. Jakobus erschienen war (nach dem Vorbild der Basilica del Pilar, Saragossa). Erwähnenswert ist auch ein Jakobus-Reliquiar aus dem Rokoko.

🛏✕ GH Hingerl, Albertaich 1 (neben Kirche), ☏ 086 24/15 14
☺ Nächste 🛏 in Allertsham - 750 m (nur wenige Meter abseits)

Etappe 13: Albertaich (624 m) - Rott (480 m)

➲ 31,5 km, ↑ 340 m, ↓ 480 m, ⌛ 7 bis 8 Std.

Sie folgen nun der Straße weiter geradeaus Richtung Allertsham hinunter. Nach etwa 750 m erreichen Sie am westlichen **Ortsrand von Allertsham** die quer laufende Asphaltstraße 2360, halten sich auf dieser links (hier, einige Meter rechts abseits, findet sich 🛏 Irlhof, Allertsham HNr. 8A, ☏ 086 24/18 98 od. 87 96 16, ☺ nächste 🛏 in Wimpasing - 3,5 km) und zweigen bereits nach wenigen Metern wieder rechts in eine Schotterstraße ab (der Wegweiser ist hier ein wenig missverständlich angebracht - Obacht!).

Der Weg führt nun weiter durch Felder hindurch, dann 500 m durch ein Waldstück (die links abzweigende Erdstraße am Beginn des Waldes sowie die rechts rückwärts abzweigende am Ende des Waldes ignorieren Sie) und erreicht ca. 5 Min. nach Waldende bei einem **Gehöft** eine quer laufende Schotterstraße, der Sie nach rechts folgen. Es wird wieder ein kleines Stück Wald gequert und kurz nach diesem verlassen Sie nach einer Linkskurve die Straße nach links Richtung Kirchensur. Nach weiteren 100 m umgehen Sie einen Bauernhof und 500 m nach diesem stoßen Sie auf eine quer laufende

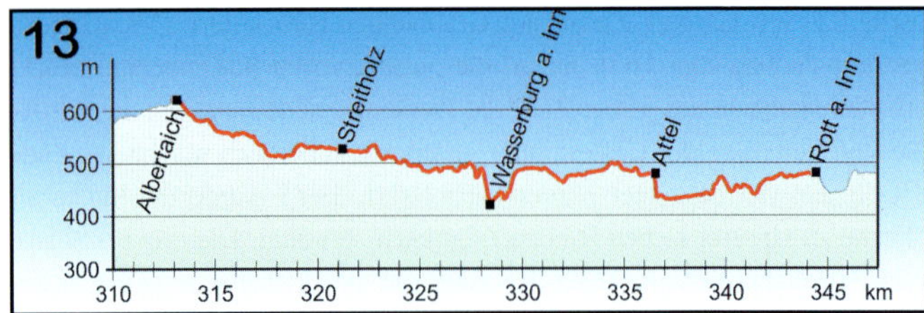

Asphaltstraße - rechts auf dieser weiter. Nach 300 m passieren Sie die **Ortstafel Wimpasing** (🛏 Sachsenhammer Georg, Wimpasing 3, ☏ 080 74/455, ✉ jesingerhof@web.de, ☺ nächste 🛏 in Wasserburg (Ortsrand) - 11 km) und nach weiteren 300 m halten Sie sich an einer Kreuzung links (rückwärts). Nach etwa 500 m erreichen Sie einen Bauernhof (*Surau*) und halten sich vor dem Wohngebäude rechts in die Schotterstraße. Bei der nach 100 m erreichten Gabelung nehmen Sie den linken Ast, den nach weiteren 100 m vorhandenen Linksabzweiger ignorieren Sie.

Etwa 0,5 km nach letztem Bauernhof (*Surau*) mündet die Schotterstraße in eine quer laufende **Asphaltstraße am Waldrand**, der Sie nach rechts knapp 10 Min. folgen (den nach 10 m zu sehenden Linksabzweig/Zufahrt ignorieren Sie), um wieder auf eine quer laufende Schotterstraße zu stoßen. Rechts auf dieser weiter und durch ein kurzes Waldstück. Nach ca. 0,5 km einen Abzweiger rechts rückwärts ignorieren. Wieder ist eine quer laufende Straße vorhanden, diesmal asphaltiert. Sie queren diese geradeaus und stehen nach vielleicht 50 m vor der nächsten quer laufenden Vorfahrtstraße/**B304,** die ebenfalls geradeaus überquert wird. Sie kommen nun durch den Weiler **Mais** und stoßen kurz nach dem letzten Bauernhof (nicht einmal 0,5 km ab B304 auf Wald (rechts der nun geschotterten Straße). Nach etwa 3-4 Min. ist einige Meter vor einer **Wiese mit Bauernhof** eine Kreuzung erreicht und Sie zweigen links (Erdstraße) in den tiefen, tiefen, bayrischen Wald (hier "Streitholz" genannt) hinein ab - seit langer Zeit wieder einmal für längere Zeit durchgehend.

Nach nicht einmal 10 Min. ist - noch immer im tiefen Wald - die quer laufende, **asphaltierte Straße RO35** erreicht - rechts auf dieser weiter. Bei der nach 3 Min. erreichten Kreuzung bleiben Sie noch auf der Asphaltstraße und gehen geradeaus weiter. Erst bei der nächsten, nach weiteren ca. 5 Min.

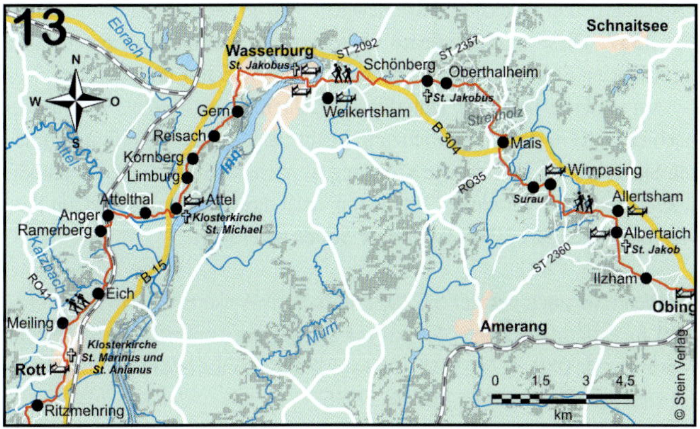

erreichten Kreuzung zweigen Sie links ab. Von den drei Möglichkeiten nehmen Sie die mittlere, mehr oder weniger im rechten Winkel abzweigende Schotterstraße. Nach etwa 5 Min. beschreibt diese schnurgerade Richtung Nordwesten verlaufende Schotterstraße **erstmals eine Kurve** (90° nach links). Hier müssen Sie geradeaus weiter die **Erdstraße** gehen. Diese endet bereits nach wenigen Minuten an einer **quer laufenden Waldstraße**, welcher Sie nach links folgen. Auch diese hat keinen Bestand und endet nach 5 Min. an einer **quer laufenden Schotterstraße** (ca. 35-40 Min. ab Weiler Mais/B304), der Sie ebenfalls nach links folgen.

Hier endet für Sie der Wald und es geht am Waldrand weiter, durch die Mini-Orte Stettberg (ab nun ist die Straße asphaltiert) und Oberthalheim und 500 m danach zur **Ortstafel Schönberg** (ca. 1 km ab Waldende, 11 km ab Albertaich). Wenn Sie 50 m links gehen, gelangen Sie zur kleinen, dennoch sehenswerten ✝ Kirche St. Jakobus (mehrere Bildnisse des Apostels zu finden, v.a. Votivtafeln, die Kirche ist verschlossen, der Schlüssel befindet sich im Haus gegenüber - HNr. *Schönberg 1)*.

Nach diesem Abstecher folgen Sie der zuvor verlassenen Straße noch ca. 50 m und zweigen dann links in eine Schotterstraße ab. Nach 200 m überqueren Sie einen (im Sommer im Regelfall ausgetrockneten) **Bach**, gehen danach geradeaus weiter und gelangen nach 0,5 km zu einem Bauernhof (**Weiglham**), den Sie durchqueren. Am Ende desselben halten Sie sich rechts (asphaltiert) und erreichen nach vielleicht 100 m die quer laufende **Straße Nr. 2357**. Diese wird geradeaus überquert und Sie folgen dem schmalen, asphaltierten Sträßlein, welches nach ca. 1 km die **B304 unterquert**.

Am anderen Ende der Unterführung halten Sie sich rechts und an der nach ca. 750 m erreichten Kreuzung (rechts wieder eine Unterführung) halten Sie sich links. Die nächste Kreuzung ist nach ca. 500 m erreicht und Sie überqueren diese geradeaus. Rd. 500 m nach dieser Kreuzung wird am Radweg die **Straße Nr. 2092/*Salzburger Straße* unterquert**.

Wenn Sie noch vor der ST 2092 links nach Weikertsham abzweigen (ca. 500 m entfernt) gelangen Sie zu 🛏 ✕ Schloss Weikertsham (Fr. Pfeiffer Martina), ☎ 080 71/513 38, 💻 www.schloss-weikertsham.de und 🛏 Fr. Heistracher Martina, HNr. 10, ☎ 31 36.

Am anderen Ende der Unterführung halten Sie sich links weiter und erreichen nach ca. 5 Min. 🛏✕ Huberwirt am Kellerberg, Salzburger Str. 25, ☎ 080 71/74 33, 💻 www.huberwirtamkellerberg.de, Ruhetag Fr, ca. 4,5-5 km ab Schönberg, genießen Sie den Ausblick auf Wasserburg. ☺ Nächste 🛏 in Wasserburg-Zentrum - 750 m bzw. in Attel - 7 km.

Direkt vor dem Gasthaus (damit ist die Wand mit dem Mosaik bzw. mit dem schönen hölzernen Erinnerungskreuz gemeint) zweigen Sie rechts ab und folgen dem **asphaltierten Spazierweg** (*Kellerbergweg*) steil hinunter (grundsätzlich sollte hier ein Wegweiser "Stadtmitte" vorhanden sein). Wenn Sie nach 3 Min. den Rechtsabzweiger zur Tiefgarage ignorieren, gelangen Sie eine halbe Minute später in die *Salzburger Straße*, halten sich auf dieser 100 m rechts, überqueren den **Inn**, passieren das **Brucktor** und finden sich plötzlich im Mittelalter wieder - **Wasserburg** hat Sie empfangen (ca. 16 km ab Albertaich).

83512 Wasserburg

⇧ 428 m ✆ 080 71

BANK ✕ Arzt, Zahnarzt, Drogerie

ℹ Gäste-Information, Marienplatz 2, ☎ 105 22, 💻 www.wasserburg.de

Mitte 12. Jh. gegründet, Stadterhebung im beginnenden 13. Jh. Strategisch günstig an einer Kreuzung der wichtigsten Landstraßen mit der Wasserstraße des Inn gelegen, erlebte die Stadt einen steten wirtschaftlichen Aufstieg bis ins 19. Jh. hinein (v.a. als Umschlagplatz für Salz), war durch die Jahrhunderte deshalb auch heiß von den bayr. Teilherzogtümern umkämpft. Im 19. Jh. sank der wirtschaftliche Stern Wasserburgs durch die Eröffnung der Saline in Rosenheim und der Tatsache, dass die neue Eisenbahn die Stadt links liegen ließ. Auch kreuzten sich zwei Jakobs-Pilgerwege in der Stadt - der Landweg von Wien nach Santiago sowie der Wasserweg am Inn von Passau zum Jakobsdom in Innsbruck.

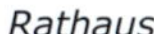

Rathaus

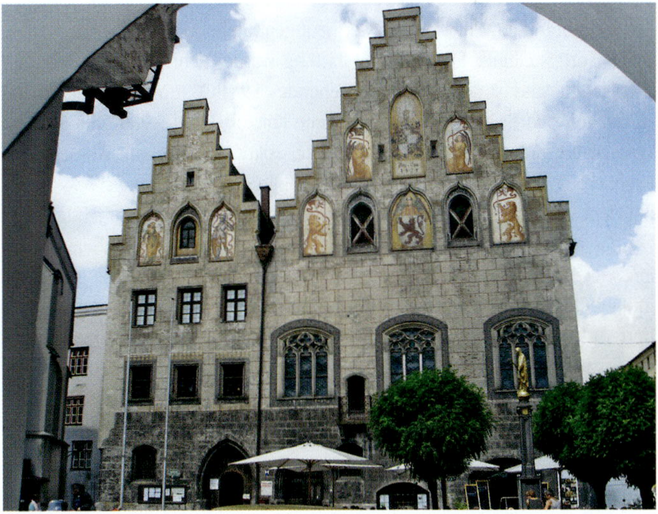

⌘ Die auf drei Seiten vom Inn umflossene, **mittelalterliche Altstadt** (großteils zumindest im Kern gotisch) ist zumindest einen kleinen Rundgang unbedingt wert (genau genommen grenzen 7/8 der Altstadt an den Inn) - einzigartig. Stadtführungen führt o.e. Gäste-Information durch (€ 10).

Die **Innbrücke** wurde **mit dem Brucktor** - Herzstücke der Zolleinnahmen und sonst. Abgaben - bereits 1338 erwähnt. **Rathaus** mit Doppelgiebel aus 1457, Umbau im 19. Jh., "Erstes imaginäres Museum" im **Heilig-Geist-Spital** (rechts wie links des Brucktores) - das Spital wurde schon vor 1338 errichtet, man kümmerte sich karitativ um Alte, Kranke, Arme, der Stiftungszweck wurde bis heute (fast) durchgehend erfüllt. Ein Teil des Gebäudes beherbergt ca. 500 Kopien der wichtigsten weltweit vertretenen Gemälde.

Bierkeller-Museum Wasserburger Bierkatakomben - ca. 200 Jahre alte Keller (Besichtigung leider nur im Rahmen von Führungen).

Psychiatrie-Museum im Inn-Salzach-Klinikum (nur zeitweise zu besichtigen)

✞ Pfarrkirche St. Jakobus - Eine Vorläuferkirche brannte 1339 beim großen Stadtbrand ab. Mit dem Bau der heutigen Kirche wurde 1410 begonnen, 1478 Fertigstellung. Die Innenausstattung wurde mehrmals verändert, der heutige Zustand ist neugotisch (ausgehendes 19. Jh.). Prunkstück der Kirche ist die von den Brüdern Zürn geschaffene Kanzel: 1634 wütete die Pest um Wasserburg und die Bürgerschaft gelobte, sollte sie verschont werden, eine Erneuerung der Kirche. Die Bürgerschaft blieb verschont und 1635 wurde mit dem Umbau begonnen. Geblieben ist davon lediglich die prächtige Kanzel der Gebrüder Zürn (Fertigstellung 1638). An der Chor-Außenwand ist ein sog. Lebensbaum (Darstellung der Heilsgeschichte) - 74 m² groß, vermutlich 1460/80 geschaffen, oftmals renoviert und vermutlich auch verändert, ursprünglich dürfte nur mehr die Gesamt-Konzeption sein, dennoch sehenswert.

Übrigens stammt auch der angrenzende Pfarrhof aus 1496/97. Die Bronzestatue des Hl. Jakobus an der Gartenmauer stammt vom Münchener Künstler Toni Brüchert.

Paulaner Stuben, Marienplatz 9, ☏ 39 03,
www.paulanerstuben-wasserburg.de

Ferienwohnung Böklen (Fr. Mönchsmeier), Herreng. 11, ☏ 28 59 oder
01 70/108 20 84

Ab Wasserburg befinden Sie sich - zumindest was die Unterkunfts-Situation betrifft - bereits im Einzugsgebiet von München - freie Zimmer werden nun rar. Reservieren Sie frühzeitig genug - spätestens sofort nach dem Frühstück.

Nachdem Sie das Brucktor durchquert haben, folgen Sie einige Meter der *Bruckgasse* und zweigen an der Kreuzung beim **Gewandhaus** (seit dem 16. Jh. Hofschneiderei) links ab in die *Schmidzeile*. Am Alten Mauthaus (Renaissance-Erker) und dem Herzoglichen Schloss (1531-37 erbaut, Sie befinden sich hier an der engsten Stelle der Halbinsel) vorbei, erreichen Sie nach ca. 0,5 km die *Münchener Straße* (Vorfahrtstraße) und folgen dieser nach links. Nach ca. 300 m zweigen Sie bei der **Ortsende-Tafel von Wasserburg** rechts in die steigende *Köbingerbergstraße* ein. Nach knapp 1,5 km mündet diese bei einem **Kreisverkehr** wieder in die *Münchener Straße*/Nr. 2359 und Sie halten sich auf dieser rechts (links der Straße Radweg). Nach rd. 500 m kommen Sie an einem **weiteren Kreisverkehr** zu stehen.

Der nun (sehr schlecht) beschilderte Jakobsweg führt entlang der westlichen Seite des weitläufigen Inn-Salzach-Klinikums weiter. Das ist ein kleiner, aber völlig unnötiger Umweg. Ich weiche daher hier kurz von der "offiziellen" Version des Jakobsweges ab und erlaube mir die Vorstellung eines etwas kürzeren, verirrungsfreien Wegverlaufes.

Sie verlassen beim soeben erreichten zweiten Kreisverkehr diesen nach links und queren das Klinikum entlang seiner "Hauptachse" (immer geradeaus). Nach etwa 0,5 km stehen Sie am Ende des Klinikums am Mitarbeiter-Parkplatz, halten sich hier rechts (geschottert) und zweigen **am Ende des Parkplatzes** links in die schmale Asphaltstraße ab (hier treffen Sie wieder mit denen zusammen, die den (hoffentlich bereits in größerer Anzahl angebrachten) Jakobsweg-Wegweisern gefolgt sind, zusammen).

Sie folgen also der Asphaltstraße, passieren nach 5 Min. den Miniweiler **Gern**, 1 km danach queren Sie in **Reisach** eine Kreuzung geradeaus, 500 m weiter passieren Sie **Au** und nach weiteren 5 Min. stehen Sie an einer Kreuzung mit "Verkehrsinsel" (mit **blauem Wegkreuz**). Hier halten Sie sich rechts auf der Asphaltstraße nach Kornberg hinein (ca. 2,5 km ab Ende Klinikum).

Bereits nach 200 m erreichen Sie in **Kornberg**-City eine quer laufende Asphaltstraße (gegenüber HNr. 2) und folgen dieser nach links. Nach 750 m queren Sie den Weiler **Limburg** geradeaus und erreichen 400 m danach eine quer laufende Vorfahrtstraße, welcher Sie nach links bis zum ehem. Kloster von **Attel** folgen (noch ca. 500 m).

Sie gehen beim Kloster nicht durch den ersten Torbogen, sondern rechts des Gebäudes weiter, beim nach 30 m erreichten Friedhof halten Sie sich rechts und gehen am Ende des Friedhofes durch den **2. Torbogen** hindurch in den Kirchhof.

✞ St. Michael (ehem. Klosterkirche)

Das Benediktiner-Kloster Attel wurde im 11. Jh. gegründet und 1803 aufgelöst. 1873 erwarben die Barmherzigen Brüder die Anlage und wandelten diese in eine Pflegeanstalt für unheilbar Kranke um, zwischen 1970 und 94 betreute die Caritas das Heim, seither wird die Stiftung Attel in Selbstverwaltung geführt.

Im beginnenden 18. Jh. wurde die aus dem 12. Jh. stammende romani sche Klosterkirche abgerissen und durch einen barocken Neubau ersetzt. Die Innenausstattung stammt aus dem frühen Rokoko. Erwähnenswert sind die farbigen Stuckarbeiten, die trotz volksnaher Ausgestaltung einen unverkennbaren ital. Einfluss zeigen. Abschließend muss noch darauf hingewiesen werden, dass das gesamte Baugeschehen - außen wie innen - in klösterlicher Eigenregie durchgeführt wurde; einzigartig in Bayern.

🛏✕ Klosterschänke, HNr. 6 (beim Kreisverkehr vor dem Kloster), ☏ 080 71/12 66, ✉ klosterschaenke.attel@t-online.de. ☺ Nächste 🛏 in Elend - 0,5 km

Sie verlassen den Kirchhof durch den nächsten Torbogen, passieren die ehemalige **Klosterpforte** und halten sich am Ende des gepflasterten Weges rechts den steilen "Privatweg" hinunter (1 Min. ab Kirche). Nach einigen Metern zweigt links eine kurze Treppe zu einer Lourdes-Grotte ab (auch traumhafter Ausblick auf den Inn). Der Weg, resp. die Treppe, als solcher führt aber weiter hinunter (nach 3 Min. nicht rechts zum Parkplatz abzweigen, sondern geradeaus weiter) und erreicht keine 5 Min. ab Beginn bereits in der Ebene die

✞ Kapelle "Zu unserem Herrn im Elend"

1628 wurde hier ein romanisches Kreuz angeschwemmt ("angelandet" = anland/allandt, davon leitet sich der Name ab), welches sich bald als wundertätig erwies. Bereits 1648 wurde für das "Hl. Kreuz" eine Holzkapelle errichtet, 1665 wurde eine größere Kapelle aus Stein mit einem doppelstöckigen Altar erbaut. 1768 wurde diese wegen Baufälligkeit abgetragen - der Altar mit dem wundertätigen Kreuz fand in der oben beschriebenen Stiftskirche St. Michael von Attel einen neuen Platz - auch die Wallfahrt ging auf die Stiftskirche über.

Der heutige neugotische Kapellenbau stammt aus 1848 und wurde aufgrund einer Vision des Schmiedes von Attelthal mit Spendengeldern errichtet. Die Kapelle ist versperrt, der Schlüssel ist im gegenüberliegenden Wohnhaus abzuholen.

Sie gehen nach der Kapelle noch ca. 20 m weiter geradeaus, halten sich dann an der erreichten Asphaltstraße rechts und überqueren den Parkplatz des 🛏✕ Fischerstüberl, ☏ 080 71/25 98, 💻 www.fischerstueberl-attel.de, Ruhetag Di (in den Sommermonaten allerdings ab 18:00 geöffnet).

☺ Nächste 🛏 in Rott - 7,5 km.

Sofort hinter dem Gasthof stoßen Sie auf eine quer laufende Asphaltstraße (vielleicht 20 m vor der großen, breiten B15), halten sich auf dieser rechts hinunter, **unterqueren die B15** und überqueren sofort danach den **Ebrach-Bach**. Dergestalt ist **Attelthal** erreicht und Sie halten sich sofort nach der Brücke links Richtung "HNr. 25-29" (nicht den schönen, geschotterten Dammweg nehmen). Ca. 750 m nach dem Ebrach-Bach stoßen Sie (noch immer in Attelthal) auf eine Gabelung und nehmen den linken Ast (bzw. gehen geradeaus weiter).

Ca. 10 Min. nach dieser Gabelung zweigen Sie einige Meter **vor der Ortstafel Bruck** links ab, überqueren 2 Arme des **Attel-Baches** und halten sich auf der sofort danach auftauchenden quer laufenden Asphaltstraße/RO 43 rechts. Nach weiteren 500 m passieren Sie das Dorf **Anger**, überqueren 500 m danach die Eisenbahn und erreichen nach weiteren 5 Min. (bergauf) **Ramerberg**.

Bereits am Ortseingang zweigen Sie links ggü. dem **Pfarrheim** in den geschotterten *Waldweg* (der auch ein solcher ist) ab. Bereits nach wenigen Metern splittet sich der Weg im Wald in drei schmalere auf - Sie nehmen den linken, fallenden. Nach nicht einmal 5 Min. endet das Gefälle, Sie gehen eben weiter und stoßen - keine 10 Min. ab Ramerberg - auf eine quer laufende Schotterstraße (10 m neben den Geleisen) - rechts hinauf auf dieser weiter. Sie bleiben noch kurz **parallel zu den Gleisen**, ignorieren einen steigenden Rechtsabzweiger und erreichen nach weiteren 500 m einige Bauernhöfe (**Katzbach**), an deren Ende der Waldweg zu einer Asphaltstraße wird, die nach 100 m an einer quer laufenden Vorfahrtstraße endet.

Dieser folgen Sie nach links hinunter und zweigen nach weiteren 100 m bei einem **Sägewerk** (*Eich*, kurz vor der Eisenbahn-Unterführung) rechts steigend weg. Sie folgen nun dieser anfänglich steigenden Asphaltstraße, ignorieren alle Abzweiger rechts wie links und erreichen nach ca. 2 km im Weiler **Meiling** die quer laufende **Vorfahrtstraße RO41** - links auf dieser weiter (Radweg).

300 m später heißt die Straße ab Ortstafel Rott *Haager Straße*, geht dann über in die *Münchener Straße* (immer geradeaus) und mündet letztendlich (nach etwas mehr als 1 km ab Ortstafel) in die Straße *Marktplatz* - das Zentrum von **Rott** ist erreicht.

83543 Rott am Inn ⇧ 480 m ✆ 080 39 Drogerie

Gemeindeamt, Kaiserhof 3, ☏ 90 68, www.rottinn.de

✝ Pfarrkirche St. Marinus und St. Anianus

1083 stiftete Pfalzgraf Kuno von Rott im Gedenken an seinen zwei Jahre zuvor gefallenen Sohn den Benediktinern ein Kloster, es entwickelte sich zu einem geistigen Zentrum Bayerns, wurde aber dennoch 1803 aufgelöst. Infolgedessen versank auch der Ort in die Bedeutungslosigkeit. Die heutige Kirche wurde anstelle einer romanischen Basilika von 1757 (od. ´59)-1776 erbaut und ist eine der kostbarsten Rokoko-Kirchen Bayerns.

Auf dem Friedhof fand der 1988 verstorbene bayr. Ministerpräsident Franz Josef Strauß in der Familiengruft Kaiser/Zwicknagel neben seiner Gattin Marianne seine letzte Ruhestätte.

🛏✕ LandGH Stechl, Marktplatz 5, ☏ 12 25, 💻 www.landgasthofstechl.de
🛏 GH Am Kirchplatz (eigentlich Pension garni), Marktplatz 2, ☏ 12 22
♦ Fam. Ortlieb, Münchener Str. 7, ☏ 40 81 81, ✉ ortlieb-rott@t-online.de (FeWo, nur für Notfälle)
☺ Nächste 🛏 in Ostermünchen - 11 km

Etappe 14: Rott (480 m) - Weihenlinden (496 m)

➲ 24,5 km, ↑ 240 m, ↓ 220 m, ⌛ ca. 6 bis 7 Std.

Sie folgen noch ein paar Meter der Straße *Marktplatz* und zweigen dann beim GH Am Kirchplatz hinunter in die *Rosenheimer Straße/RO41* ab und verlassen diese nach ca. 750 m nach rechts Richtung Ritzmehring, welches - immer geradeaus - nach ca. 20 Min. erreicht und in 2 Min. durchschritten ist. 5 Min. nach Ritzmehring zweigen Sie genau bei der **Ortstafel Frauenöd** links weg in die Schotterstraße Richtung Stöbersberg.

Stöbersberg entpuppt sich als Bauernhof - er wird durchschritten und 500 m danach erreichen Sie am **Ortsrand von Hart** (bei HNr. 24, Wasserversorgung Ranft) eine quer laufende Asphaltstraße und halten sich auf dieser rechts steigend weiter. Das nach 200 m erreichte **Ranft** wird in gerader Linie durchschritten, die Steigung endet nun und 1,5 km nach Ranft endet bei einem **Solarkraftwerk** auch der Asphaltbelag. Eine Schotterstraße führt weiter und es beginnt wieder einmal ein größeres, zusammenhängendes Waldstück - der **Rotter Forst** (ehem. Rotter Klosterwald).

Sie folgen nun der Schotterstraße (*Aiblinger-Weg*) rd. 1,5 km/20-25 Min. - strikt geradeaus und ignorieren alle rechts wie links abzweigenden Wege/Straßen/Pfade (durchweg schmaler als die Schotterstraße, durchweg mit Fahrverbot versehen). Dann gelangen Sie zu einem Rechtsabzweiger in annähernd gleicher Breite (ebenfalls Fahrverbot) - hier sollten Sie sich rechts halten.

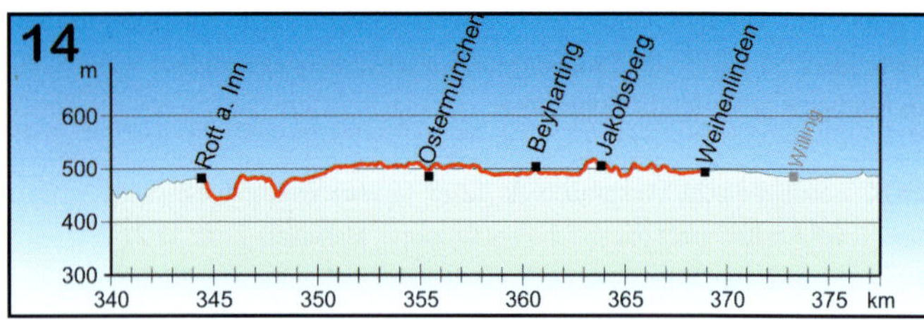

Bereits nach 2 Min. zweigen Sie bei einem **alten Kilometer-Stein** ("56") links ab in einen Waldweg. 15 Min. nach dem km-Stein mündet der Waldweg in einen gleich breiten. Links auf diesem weiter ist nach 50 m eine Schotterstraße erreicht - auf dieser geradeaus weiter. Schnell darauf endet der Wald. Sie halten auf die Ortschaft (*Holzbichl*) zu, gehen 50 m vor dem ersten Hof (Pferde) die Rechtskurve aus und nach weiteren 2-3 Min. mündet diese Straße in eine quer laufende Schotterstraße, auf welcher Sie sich links halten.

Nach 100 m halten Sie sich an der quer laufenden Asphaltstraße rechts, erreichen nach 200 m den Weiler **Unterrain** und halten sich an der zentralen Kreuzung rechts. Den folgenden Rechtsabzweiger nach Pangraz ignorieren Sie und stoßen 750 m nach diesem bei einem **allein stehenden Schuppen** auf eine Gabelung - linken Ast nehmen. 200 m nach dieser erreichen Sie am Ortsrand von **Ostermünchen**

🛏 Deuschl Karl, Angerweg 13, ☎ 080 67/15 97 (unwesentlich abseits, nahe der unten beschriebenen Querung der ST2080), ☺ nächste 🛏 in Tuntenhausen - 2,5 km

eine quer laufende Asphaltstraße und überqueren diese geradeaus (d.h. Sie folgen der *Kampenwandstraße*). Nach 200 m mündet diese in die quer laufende *Bergfeldstraße* - rechts weiter und nach 200 m links in die *Riedfeldstraße* abzweigen. Diese stößt nach 5 Min. auf die quer laufende *Bahnhofstraße*/Nr. 2080, welche weiter geradeaus überquert wird; sofort danach unterschreiten Sie die **Eisenbahn** und stehen an der Ortstafel **Berg**. Sie folgen der Asphaltstraße noch ca. 5 Min. und zweigen am **Ortsende-Schild von Berg** rechts weg, passieren die Sportanlage und folgen durch Wiesen und Felder hindurch dem asphaltierten Rad-/Spazierweg Richtung unübersehbarem Doppelturm der Pfarr- und Wallfahrtskirche von **Tuntenhausen**. Nach etwas

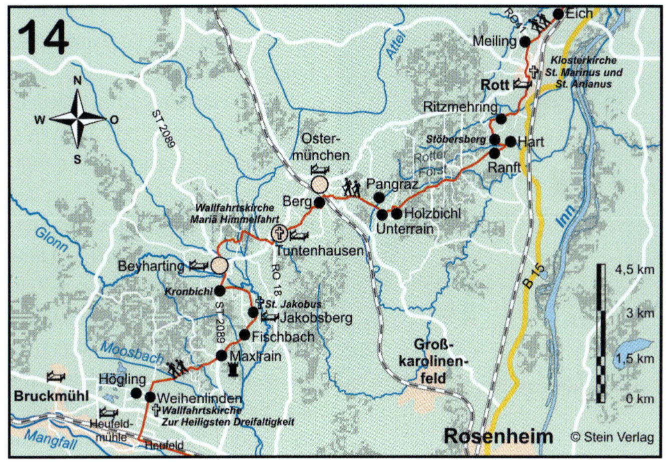

mehr als 1 km ist der Ortsrand erreicht und Sie gehen noch 200 m weiter, halten sich an der erreichten Querstraße links und zweigen nach vielleicht 10 m gleich wieder rechts in die *Pfarrer-Lampl-Straße* ab und schon ist die **Pfarrkirche** von Tuntenhausen (✕ ⛪ ℹ Gemeindeamt, Graf-Arco-Str. 18, ☎ 080 67/90 70-0, 💻 www.tuntenhausen.de) am Kirchplatz erreicht.

🛏 Grunert Ursula, Moorweg 2 (5 Min. von Kirche entfernt), ☎ 080 67/13 83

☺ Nächste 🛏 in Beyharting - 3 km

✝ Pfarr- und Wallfahrtskirche/Basilica (minor) Mariä Himmelfahrt

Tuntenhausen selbst wurde erstmals im Jahr 1000 erwähnt ("Tontinhusa"), in diesem Brief wurde auch die Kirche erwähnt. Im 14. Jh. stiftete ein "bayr. Herzog" ein Marienbildnis (1334 geschnitzt) für den Altar (mit ziemlicher Sicherheit ging es verloren, vermutlich beim Brand von 1548, das heutige Gnadenbildnis stammt wahrscheinlich aus demselben Jahr). 1441 geschah das erste Mirakel und es schwoll der Pilgerstrom; die "Mächtige Jungfrau" - "virgo potens" - von Tuntenhausen erreichte in weiterer Folge eine spirituelle Größe, wie man sie sonst nur von Altötting kennt. 1470/80 wurde die zu klein werdende, ursprüngliche Kirche durch eine größere Hallenkirche ersetzt, der Doppelturm kam 1513-33 hinzu, großzügiger Umbau zwischen

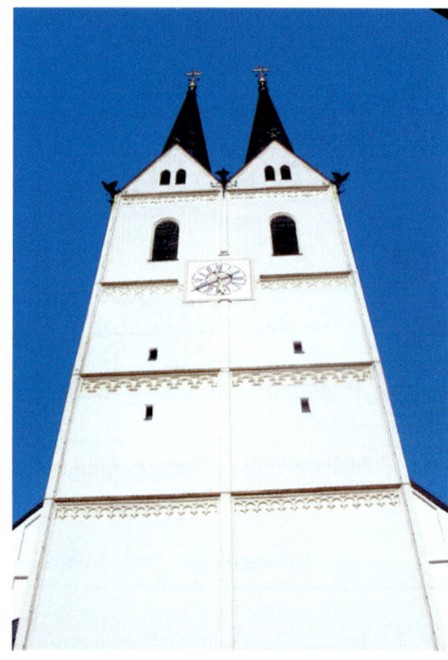

Doppelturm Kirche Ma. Himmelfahrt

1624-30. Ab 1803 vorübergehender Niedergang der Wallfahrt, 1942 Erhöhung zur Basilica minor. Heute zählt Tuntenhausen zu den bedeutendsten Wallfahrtskirchen Bayerns. Die prächtige, hochqualitative frühbarocke Ausstattung wurde von den renommiertesten Münchener Hofkünstlern geschaffen - hier waltete das Who´s who der damaligen Zeit. Veranlasst hatte diesen Prunk der amtierende Kurfürst Maximilian I., er war größter Förderer von Kirche wie Wallfahrt von Tuntenhausen. Besagter Kurfürst hatte auch Maria zur Patronin Bayerns herrschaftlich verfügt. In einer nicht zu übersehenden Nische am Chorbogen ist eines der ersten Bildnisse der "Patrona Bavariae" zu sehen. Sehenswert auch die figürlichen, aus Ton gebrannten Schlusssteine in den beiden Vorhallen des noch gotischen Turmunterbaues und natürlich die Votivbilder-Sammlung sowie die Votiv-Altäre im rechten Seitenschiff. Unser Jakobus kommt zweimal im Rahmen von Aposteldarstellungen vor - entlang der Apostelreihe an den Wänden der Seitenschiffe und bei den Schlusssteinen im Turmunterbau. An der Außenfront umzieht ein Zyklus von Mirakel-Bildern die Kirche - ursprünglich 1730/40.

Sie folgen der gepflasterten *Pfarrer-Lampl-Straße*, gehen beim schönen GH Schmid (☏ 080 67/262) hinunter und stoßen schnell auf die *Gra-Arco-Straße*, der Sie ebenfalls hinunter folgen. Diese erreicht beim **Rathaus** (ca. 0,5 km ab Kirche) eine quer laufende Asphaltstraße/**RO18**, der Sie nach rechts folgen. Den nach nicht einmal 100 m erreichten **Kreisverkehr** überqueren Sie geradeaus, folgen der *Sindlhauser Straße* ca. 1 km und zweigen dann (**kurz nach Waldbeginn**) links in eine Schotterstraße ein. An der ersten quer laufenden Schotterstraße (nach 5 Min.) halten Sie sich rechts, an der zweiten (nach weiteren 5 Min.) links. Kurz danach ignorieren Sie einen Linksabzweiger und überqueren 100 m nach diesem einen **kleinen Bach**. 200 m nach diesem erreichen Sie eine schmale Asphaltstraße, und halten sich auf dieser 200 m links weiter und stoßen auf die breitere **Vorfahrtstraße Nr. 2089**, der Sie ebenfalls nach links folgen. Nach nicht einmal 10 Min. ist das Stadttor von **Beyharting** erreicht und 10 m danach die ehem. Stiftskirche, heute Pfarrkirche Johannes der Täufer (4 km von Tuntenhausen).

Pfarrkirche Johannes der Täufer, Beyharting

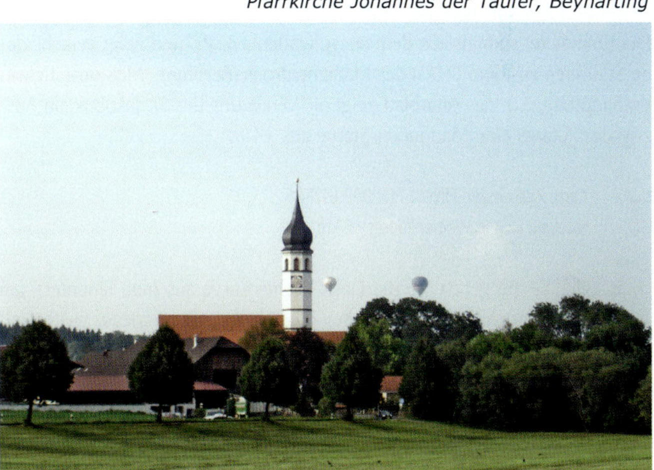

✞ Augustiner-Chorherren-Stift Beyharting - 1130 gegründet (im selben Jahr Weihe der ersten Kirche), 1803 aufgelöst. Zwischen 1420-60 wurde die Kirche im gotischen Stil umgebaut (Chorneubau, Kreuzgang, Turm), Umbau des Langhauses 1668/70, 1730 barocke Ausgestaltung. Seit 1997 ist die Pfarre auch wieder Besitzerin der Klostergebäude. Bei Renovierungsarbeiten 2002 wurden die Gebeine der Klostergründerin - Judith, Witwe des Edlen Tageno von Pihartingen - entdeckt und 2003 bestattet.

🛏✕ Gasthof Zur Post, HNr. 1, ☏ 080 65/90 93 99

☺ Nächste 🛏 in Jakobsberg - 2,5 km

Sie folgen weiterhin der Straße 2089 (Radweg) und zweigen nach nur wenig mehr als 500 m nach der Kirche links weg Richtung Jakobsberg/Kronbichl. Nach 500 m wird **Kronbichl** durchschritten (ein Bauernhof), nach weiteren 500 m beginnt die Straße zu steigen und nach wieder 500 m passieren Sie die Ortstafel Jakobsberg, unterschreiten eine Scheunenbrücke und schon stehen Sie - etwa 2,5 km hinter Beyharting - vor der

✞ Filialkirche St. Jakobus - Der aktuelle Bau stammt aus 1678 (der spätgotische Chor und der Turmunterbau sind älter), die klassizistische Deckenmalerei stammt aus dem ausgehenden 18. Jh. und zeigt verschiedene Stationen aus dem Leben des Kirchenpatrons (Berufung, Missionstätigkeit, Enthauptung, ...), das Altarblatt zeigt die Verklärung des St. Jakobus, im Auszug des Altares eine Madonnen-Statue aus 1490.

🛏 Fam. Zellermayr, HNr. 4, ☏ 080 67/341
☺ Nächste 🛏 in Weihenlinden - 5 km

Bei der Kirche gehen Sie die Links-Rechts-Kurve aus (nun hinunter), am sehr schnell erreichten Ortsrand gehen Sie bei HNr. 12 geradeaus weiter und bei der nach 40 m erreichten Gabelung (bei **Ortsende-Tafel**) nehmen Sie den rechten Ast. 750 m danach durchschreiten Sie den Weiler **Fischbach** geradeaus, queren einen **Golfplatz**. Eine uralte Allee rechts wie links des Weges schützt Sie einigermaßen vor tief fliegenden Bällen. Etwa 0,5 km nach Fischbach zweigen Sie links ab Richtung Schloss Maxlrain und nach 200 m (einige Meter vor dem Parkplatz) verlassen Sie diese Straße nach rechts. Sie folgen nun nicht einmal 10 Min. der **Ostseite des Schlosses Maxlrain** (hinunter), gehen an der beeindruckenden Vorderseite die Rechtskurve aus und erreichen sofort bei der Schlosswirtschaft Maxlrain, ☏ 080 61/83 42, 💻 www.schlosswirtschaft-maxlrain.de, 2011 voraussichtlich Ruhetag Di) wieder die quer laufende *Aiblinger Straße*/Nr. 2089 (gegenüber die Brauerei, ca. 2 km ab Jakobsberg, knapp 5 km ab Bayharting).

Sie halten sich auf der *Aiblinger Straße* links, zweigen am **Ende der Brauerei** (✕ Bräustüberl, 💻 www.kurhaus-badtoelz.de/de/maxlrain, ☏ 080 61/92 422, kein Ruhetag) rechts ab und folgen der asphaltierten *Weihenlindener*

Straße ca. 2,5 km /40 Min. und zweigen dann (ca. 750 m nach Querung des **Moosbaches**) links ab Richtung Kirche, die nach vielleicht 5 Min. erreicht ist (3 km ab Maxlrain).

✞ Pfarr- und Wallfahrtskirche "Zur Heiligsten Dreifaltigkeit und Unserer Lieben Frauen Hilf"

Im frühen 17. Jh. stürzte in der benachbarten St.-Martins-Kirche von Högling eine wenig beachtete Muttergottesfigur (das heutige Gnadenbild) von ihrem Postament und blieb völlig unbeschädigt - das erregte Aufsehen. Man suchte einen besonderen Platz für die Statue und empfand den "Weichlindengarten" als adäquat - hier standen neben einer alten Martersäule zwei "Weichlinden" (der Freya gewei(c)hte Linden?), außerdem sollten hier 3 vornehme Männer begraben sein, man hegte jedenfalls ehrfürchtige Scheu vor diesem Platz (möglicherweise ein alter germanischer Thing-Platz). Während des 30-jährigen Krieges gelobten die Höglinger den Bau einer Kapelle bei den Weichlinden, so ihr Dorf verschont bliebe. 1643 war Baubeginn und zuerst grub man nach Wasser (für Mörtelbereitung, Reinigung, Durst löschen usw.). Vergeblich! Da kamen drei Pilger des Weges, ermutigten die Arbeiter, weiterzugraben und versprachen göttlichen Segen. Nach kurzer Graberei fanden sie einen goldenen Ring und nur Augenblicke darauf begann eine ergiebige Quelle zu sprudeln. Praktisch betrachtet war ein Wunder geschehen und dieses machte die Runde, bald kamen Scharen von Pilgern/Kranken zum Weichlindner Brünnlein, um zu beten/Hilfe zu erflehen. Spätestens 1645 war die Kapelle fertig und der Verputz war noch nicht einmal richtig getrocknet, da ging man schon daran, eine größere Kirche über die Kapelle zu bauen. Mai 1653 war Grundsteinlegung, Juli 1657 wurde die Kirche geweiht¸ der Innenausbau zog sich noch einige Jahre hin.

Um 1736 ging man daran, das Innere "auf das schönste mit subtiler Stockador-Arbeit und zu Ehren der Allerheiligsten Dreifaltigkeit, der Allerseligsten Mutter Gottes und ihres jungfräulichen Gespons Josephi gemahlten Sinnbilderen zu jedermanns Verwunderung ausschmücken und ziehren zu lassen". 1757 wurde im äußeren Umgang ein (sehenswerter!) Bilderzyklus zu den Gebetserhörungen angebracht (1960 renoviert). 1971/72 Außenrenovierung und Wiederherstellung des originalen Verputzes. Die formenreichen, farbigen Stuckarbeiten stammen aus dem Rokoko (1736, wahrscheinlich

Johann Schwarzenberger), der Schöpfer der Fresken (im Hauptschiffgewölbe Verherrlichung der doppelten in Jesu verbundenen Dreiheit: Dreifaltigkeit sowie Jesus/Maria/Josef; die Fresken an den Seitenschiffgewölben sind Maria gewidmet) ist unbekannt. Das Hauptblatt des beeindruckenden Hochaltares - "Jesu und Mariä Freundschaft" - wurde von Herzog Albrecht (1584-1666) gestiftet und ist zweifelsfrei ein Werk dessen Hofmalers Carl Pfleger. Die statuenreiche Knorpelwerk-Kanzel wurde um 1660 geschaffen. Am Schalldeckel steht der Hl. Augustinus auf den Köpfen der (überwundenen) "Irrlehrer" Donatus, Mani und Pelagius und schickt sich an, sie mit dem Hammer zu dreschen (eine sehr seltene, gewalttätige Ikonographie aus der Zeit der Gegenreformation).

Der Zentralbau der außen achteckigen, innen kreisrunden ursprünglichen Gnadenkapelle (der gefundene Goldring gab diese Form vor) findet sich hinter dem Hochaltar; die prächtigen Rokoko-Stuckarbeiten stammen aus 1761, bei den gemalten Säulen handelt es sich um die letzten Reste der älteren Ausmalung (um 1700). Erwähnenswert ist weiterhin die achteckige Brunnenkapelle an der Nordseite der Kirche - die 11 Medaillons listen die Krankheiten auf, bei denen die Wunderkraft des "Hl. Wassers" von Weihenlinden Genesung verspricht.

In den Obergeschossen der Sakristei findet sich ein Wallfahrts-Museum.

Östlich neben der Kirche befindet sich das ursprüngliche kleine Klostergebäude aus 1657, 1803 natürlich aufgelöst, seit 1962 wird es wieder als Kloster - Klösterl - von Serviten geführt.

🛏✕ Landcafe/Bäckerei Messerer, Högling, St.-Martin-Str. 24, ☏ 080 62/13 56, 💻 www.baeckerei-messerer.de (ca. 5 Min. abseits, gehen Sie an der Kreuzung bei der Kirche in Weihenlinden rechts direkt auf die nächstgelegene Kirche (St. Martin) zu.

♦ GH Großer Wirt, Am Griesberg 2, ca. 4 km entfernt, man holt Sie aber in Weihenlinden ab), ☏ 080 62/12 49, 💻 www.gasthof-grosser-wirt.de

♦ Sollten beide Möglichkeiten besetzt sein, findet sich noch in Bruckmühl (Ortsteil Heufeldmühle), Höglinger Str. 9 (fast am Weg) die 🛏 Pension Demmel, ☏ 080 62/90 84 88, 💻 www.pension.demmel.de (☞ Wegbeschreibung unten)

☺ Nächste 🛏 (abgesehen von Pension Demmel in Heufeldmühle) in Mitterham/Willing - 6 km

Etappe 15: Weihenlinden (495 m) - Brannenburg (510/479 m)

➲ 30 km, ↑ 240 m, ↓ 260 m, ⌛ 7 bis 8 Std.

Nach (der lohnenswerten) Besichtigung der Kirche gehen Sie in Gehrichtung geradeaus weiter, überqueren nach etwas mehr als 0,5 km die große *Münchener Straße*/**Nr. 2078** und gehen weiter geradeaus (nun *Weihenlindener Straße*). Rd. 750 m danach überqueren Sie bei einem **Kreisverkehr** die *Heufelder Straße* (wenn Sie der *Heufelder Straße* nach rechts folgen, gelangen Sie zur o.e. Pension Demmel - ca. 1 km).

Ca. 50 m nach dem soeben erwähnten Kreisverkehr überqueren Sie **Eisenbahngleise** und halten sich sofort danach links in den Rad-/Spazierweg hinein. Diesem folgen Sie schnurgerade etwas mehr als 2 km (ca. 30-40 Min., immer parallel zu den Gleisen bleiben, im letzten Drittel (ab dem Bahnhof ungefähr) heißt die Straße *An der Bahn).*

Nach diesen nicht gerade idyllischen etwas mehr als 2 km erreichen Sie eine quer laufende Asphaltstraße (bereits in **Unterheufeld,** ca. 1 km/15 Min. hinter dem Bahnhof). Hier verlassen Sie den Radweg (der geradeaus weiterführt) nach rechts (*Unterheufeld*).

Sie befinden sich hier mehr oder weniger am südwestlichen Ortsrand von Bad Aibling. Unterkünfte existieren dort zuhauf, allerdings weit abseits (2-3 km), aus Platzgründen kann ich daher nicht näher auf diese eingehen. Falls Sie dennoch dort nächtigen wollen, muss ich Sie an die Tourist-Info, Wilhlem-Leibl-Platz 3 (beim Kurhaus/Heimatmuseum, 2 Min. vom Bahnhof, ☏ 080 61/90 80-0, 💻 www.aib-kur.de, 💻 www.bad-aibling.de) verweisen.

Um dorthin zu gelangen, gehen Sie den oben erwähnten Rad-/Spazierweg geradeaus weiter und erreichen nach 2 km den Bahnhof. Dort halten Sie sich links.

Nach etwa 50 m beschreibt diese Straße eine **Linkskurve**, Sie aber gehen geradeaus weiter in den als Sackgasse gekennzeichneten ***Bognerweg***.

Nach weiteren 50 m beschreibt der *Bognerweg* bei den HNr. 8 und 9 eine Linkskurve, danach endet der Asphaltbelag, der Weg stößt in den Wald hinein und überquert (5 Min. nach Verlassen des Radweges) den kanalartigen **Triftbach**. Nach der Brücke halten Sie sich sofort links (parallel zum Kanal), ignorieren eine rechts abzweigende, grob geschotterte Straße und stoßen nach wenigen Minuten wieder auf die wieder asphaltierte ***Madaustraße***, der Sie nach links folgen, um nach 100 m die Straße Nr. 2078 zu unterqueren. 300 m danach überqueren Sie den **Stichkanal** (Verbindung zwischen dem zuvor überschrittenen Triftbach und der Mangfall), halten sich am Ende der Brücke rechts (Radweg) und überqueren nach weiteren nicht einmal 100 m die **Mangfall** auf einer Fußgänger-/Radfahrerbrücke.

Nach der Brücke gehen Sie geradeaus weiter, unterqueren noch einmal die Straße Nr. 2078, haben einige Minuten danach wieder verbautes Gebiet - **Willing** - erreicht und überqueren eine quer laufende Asphaltstraße (*Binderweg*, wenn Sie diesem nach rechts folgen, erreichen Sie 🛏 Barbara Schubert, Binderweg 15, ☏ 080 61/35 00 37) geradeaus. Nach bereits wenigen Minuten wird bei der **Brennerei Willing** die nächste quer laufende Asphaltstraße (*Eugen-Belz-Straße*) geradeaus gequert. Sie passieren nun das Gebäude der **Evang.-Lutheran. Kirchengemeinde** und bei der sehr schnell danach erreichten dritten quer laufenden (schmalen) Asphaltstraße/*Kirchweg* halten Sie sich links (verlassen also den Rad-/Spazierweg) und zweigen nach etwa 100 m bei der zweiten Möglichkeit nach rechts ab (*Berblinger Straße*). Nach weiteren ca. 50 m erreichen Sie im Zentrum von **Willing** die

✞ Pfarrkirche St. Jakobus

Erstmals wurde eine Kirche in Willing 804 erwähnt, in dieser Urkunde (Gerichtsakt) ging es um die Besitzrechte derselben. 1687 wurde eine Kirche wegen Baufälligkeit abgerissen, höchstwahrscheinlich eine Nachfolgerin der 804 erwähnten Kirche. Der barocke Neubau wurde 1697 geweiht, vom Vorgängerbau blieb nur der romanische Turm übrig. Weiterhin blieben von der ursprünglichen Ausstattung (frühes 16. Jh.) eine Marienstatue (linker Seitenaltar), die Statue des Hl. Augustinus am Schalldeckel der Kanzel (diese selbst von 1675) sowie im Hochaltar die Statuen des Hl. Jakobus d. Ä., Hl. Nikolaus, Gottvaters (im Auszug) und zwei Engel erhalten. Das Altarbild stammt aus dem 19. Jh. (barockes Bild ist "verschwunden"). Die Deckengemälde stammen aus der Erbauungszeit (Johann Blasius Vicelli aus Bad Aibling) und

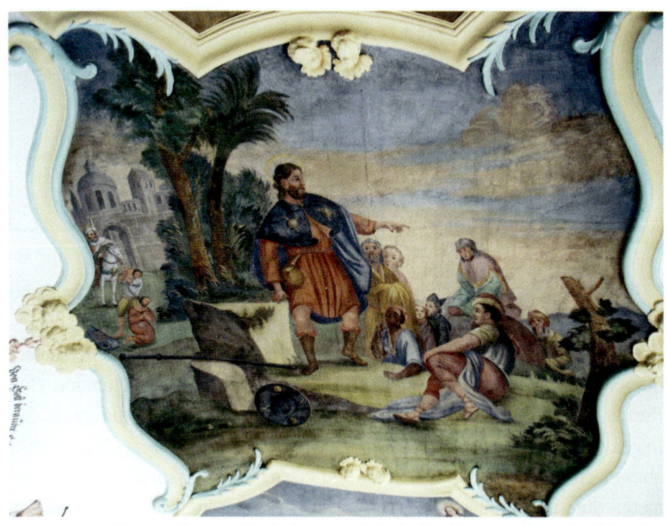

Deckenfresko "Jakobus erzählt in Judäa von Spanien" in der Kirche St. Jakobus, Willing

sind auf eine Lebensbeschreibung des Kirchenpatrons sowie die hier im ausgehenden 17. Jh. gegründete Allerseelen-Bruderschaft ausgerichtet. Weiter findet sich ein auf Holz gemaltes Bild unter der Empore, welches das "Hühnerwunder" darstellt. Die Holzfigur des Hl. Jakobus an der Nordseite des Chores stammt aus 1750.

🛏 Landhaus Moser, Feldbachweg 21, 2 Min. von Kirche entfernt ☏ 080 61/53 43 (im Regelfall aber ausgebucht), ☺ nächste Unterkunft in Au - 7,5 km

Nach der Kirchen-Besichtigung folgen Sie noch vielleicht 50 m der *Berblinger Straße* und zweigen dann rechts in den *Feldbachweg* ein. Nach ca. 100 m ist an einer Kreuzung der zuvor verlassene Rad-/Spazierweg wieder erreicht und Sie folgen diesem nach links.

Sie bleiben nun strikt am **rechts parallel der Straße RO 24** verlaufenden Radweg und passieren nach ca. 1 km den Ortsrand von Berbling.

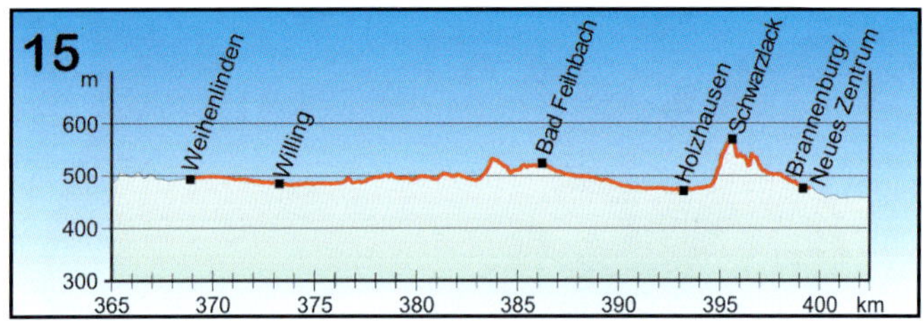

Rd. 2,5 km danach überqueren Sie den kleinen **Dettendorferbach** und sofort danach die quer laufende *Berblinger Straße*/RO 24 (bei GH Kammerloher, unregelmäßig). Geradeaus auf dem Rad-/Spazierweg weiter unterqueren Sie schnell die **Autobahn A8** und da die RO 24 in Dettendorf eine Rechts-Links-Kurve beschrieb, befindet sich diese nun rechts von Ihnen. Sie folgen weiterhin strikt dem Rad-/Spazierweg, missachten alle rechts wie links abzweigenden Straßen/Wege/Pfade und erreichen ca. 2 km (der letzte Kilometer durch Wald) nach der Autobahn-Unterquerung eine **quer laufende Asphaltstraße** (*Dettendorfer Straße*), halten sich auf dieser rechts und folgen dem Waldrand.

Nach 5 Min. erreichen Sie die Kreisstraße RO 24, gehen auf dieser 100 m links und zweigen dann links in die Straße *Berghalde* ab. 200 m nach diesem Abzweig überqueren Sie rechts gehend einen kleinen Bach und durchschreiten die anschließende Wiese auf schmalem Pfade.

Schon nach 100 m ist in der zu Bad Feilnbach gehörenden Ortschaft **Au** (⇧ 507 m BANK ✕) die asphaltierte *Lindenstraße* erreicht, welcher Sie geradeaus folgen. Nach 200 m erreichen Sie die *Hauptstraße* von Au (Staatsstraße 2010).

- Wenn Sie der ST 2010 nach rechts folgen, gelangen Sie bald zum Gästehaus Huber, HNr. 9, ☎ 080 64/292, www.pension-huber.de
- ♦ Wenn Sie der ST 2010 nach links folgen, gelangen Sie zur Pension Riedlhof, HNr. 49, ☎ 080 64/379, pension-riedlhof@t-online.de.
- ♦ Vor Ihnen in ca. 100 m Entfernung Gästehaus Hubertushof, Aubachstr. 20, ☎ 080 64/751, www.gaestehaus-hubertushof.de - praktisch direkt am Weg.
- ☺ Nächste in Bad Feilnbach - 5 km

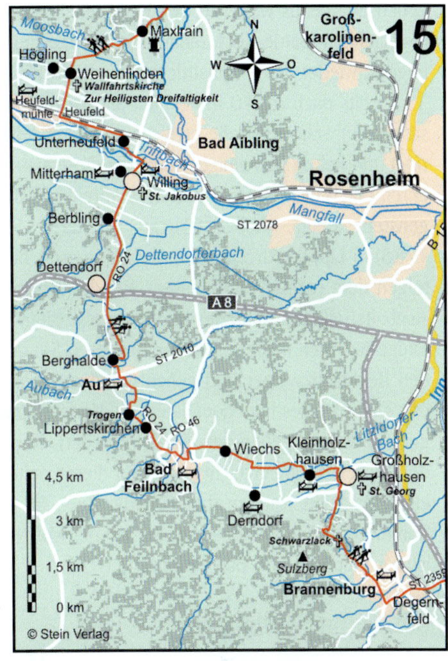

Wenn Sie weitermarschieren wollen, überqueren Sie die ST 2010 sowie den sofort folgenden **Aubach**, halten sich am Brückenende sofort links und folgen dem schmalen, parallel zum Bach verlaufenden Schotterweglein.Nach 2 Min. ist die (manchmal verschlossene, manchmal geöffnete) ca. 1650 errichtete **Taxa-Kapelle** (1748 barocker Ausbau, steht unter Denkmalschutz) erreicht. Sie folgen weiterhin dem Schotterweg, gehen also die Rechtskurve aus und erreichen nach 1 Min. die quer laufende *Heubergstraße*. Auf dieser 20 m links und gleich wieder rechts in geschotterten Weg abzweigen. Nach weiteren 2 Min. ist schon die nächste, *Kreuthweg* genannte, Asphaltstraße erreicht. Dieser folgen Sie geradeaus Richtung Sportplatz. Die **Sportanlagen** sind nach 200 m erreicht (beim Sportheim nicht rechts abzweigen) und werden in einer Rechtskurve durchschritten (am Ende der Anlagen nicht abzweigen, sondern geradeaus weiter). Den nächsten, links rückwärts führenden Abzweig ignorieren Sie, und gehen die Rechtskurve aus und stehen nach weiteren 200 m (kurz nach einer ausgeprägten Linkskurve) wieder an der quer laufenden **Kreisstraße RO 24**. Diese wird überquert und Sie gehen weiter hinauf (Richtung Trogen).

Nach ca. 5 Min. erreichen Sie beim HNr. Trogen 1 eine quer laufende Straße und folgen dieser nach links den (vorerst noch) geschotterten Ast hinunter. Nach knapp 5 Min. ignorieren Sie einen Abzweiger nach rechts und gehen geradeaus weiter in den Wald hinein. 5 Min. danach überqueren Sie ein Bächlein (beide Rechtsabzweiger ignorieren) und sofort nach der Brücke beginnt wieder eine Asphaltdecke (zumindest war es gegen Ende 2010 so).

Bereits nach ca. 50 m nehmen Sie die rechts abzweigende (einige Meter steigende) Schotterstraße erreichen sehr schnell einen **Bauernhof** - (*Wilharting*) und halten sich einige Meter vor diesem auf der Asphaltstraße links hinunter. Nach nicht einmal 100 m ist direkt vor der ✞ **Filialkirche Maria Morgenstern** (ehem. Wallfahrtskirche, im Kern 15. Jh., spätbarocker Ausbau 1788) in **Lippertskirchen** eine Gabelung erreicht (ca. 2,5 km ab Au) und Sie folgen dem rechten Ast hinunter. Bei der schnell erreichten, quer laufenden Asphaltstraße am Ende des Kirchenareals halten Sie sich rechts hinauf weiter. Einige Minuten nach der Kirche passieren Sie den **Friedhof**, und missachten den Rechtsabzweiger und gehen geradeaus weiter (bei HNr. 28). Die nach ca. 750 m erreichte, quer laufende **Vorfahrtstraße RO 46** überqueren Sie geradeaus (und gehen den *Bichlweg* weiter). Nach 300 m ist die quer laufende *Hocheckstraße* erreicht - links auf dieser weiter, nach 20 m rechts gehend einen Bach überqueren (bei ✕ Little Beer, ☏ 080 66/83 19, Ruhetag im Sommer So) und geradeaus weiter auf der *Kufsteiner Straße*- in etwa 10 Min. ist das Zentrum von **Bad Feilnbach** erreicht

83075 Bad Feilnbach

⇧ 521 m, ✆ 080 66

Post BANK ✕ Drogerie Apotheke Arzt

- **i** Kur- & Gästeinformation, Bahnhofstr. 5, ☏ 14 44; Gemeindeamt, ☏ 887-0, www.bad-feilnbach.de (beide)
- Bett ✕ Hotel Conti, Kufsteiner Str. 55, ☏ 88 44 20, www.hotel-badfeilnbach.de
- ♦ GH Pfeiffenthaler, Kufsteiner Str. 10, ☏ 202, www.pfeiffenthaler.de
- ♦ Landhotel/Tavernwirtschaft Zum Kistlerwirt, Münchener Str. 21 (☞ Wegbeschreibung unten), ☏ 903 60, www.kistlerwirt.com
- Bett Gästehaus Leni, Kufsteiner Str. 28, ☏ 235, www.gaestehaus-leni.de
- ♦ Bichlweber-Hof, Flurstr. 2 (☞ Wegbeschreibung unten), ☏ 401, www.urlaub-badfeilnbach.de/bichlweber
- ♦ Gästehaus Steinhart, Flurstr. 4, ☏ 80 44, anna-steinhart@web.de
- ♦ Fr. A. Dialler, Flurstr. 13, ☏ 14 82
- ☺ Sowie weitere, nächste Bett in Klein- bzw. Großholzhausen - 5,5 km bzw. 7 km (bzw. der abseits gelegene Tiroler Hof - ca. 3,5 km)

Im Zentrum von Bad Feilnbach zweigen Sie bei der Kurklinik Diem bzw. beim **Parkplatz des Rathauses** von der *Kufsteiner Straße* links ab in die *Bahnhofstraße.* Sie folgen dieser ca. 300 m, zweigen dann rechts ab und überqueren den **Jenbach** (Fußgänger-/Radfahrerbrücke). Sie gehen geradeaus weiter, vorbei am Kistlerwirt, überqueren danach die *Münchener Straße*/ST 2089 (keine 10 Min. ab Zentrum) und folgen danach weiter geradeaus der *Flurstraße.* Nach etwa 0,5 km ab Querung ST 2089 durchwandern Sie das nette Dörfchen **Wiechs** (beide Kreuzungen geradeaus queren, Sie folgen nach wie vor der *Flurstraße*).

Ca. 500 m nach der im Kern noch spätgotischen St. Laurentius-Kirche von Wiechs (barocker Ausbau 1754/58) überqueren Sie eine Kreuzung geradeaus. 5 Min. nach dieser halten Sie sich an einer quer laufenden Straße (bei einem Stadl/**Schuppen**) rechts und zweigen nach 150 m wieder links ab (geradeaus weiter findet sich in ca. 300 m Entfernung der 🛏✕ Tirolerhof, Aiblinger Str. 95, ☏ 080 66/213, 💻 www.tirolerhof-bad-feilnbach.de, Ruhetag Do).

Die nächste Kreuzung nach 5 Min. queren Sie wieder geradeaus, 500 m nach dieser halten Sie sich an der quer laufenden Asphaltstraße links und verlassen diese bereits nach 20 m wieder nach rechts.

Sie bleiben nach wie vor parallel zu den Bergen, passieren nach etwas mehr als 500 m die nächste Kreuzung, also auch geradeaus, und erreichen nach weiteren 500 m die **Ortstafel von Kleinholzhausen** (🛏✕ Landgasthof Neiderhell + Urweltmuseum (Fossilien, Mineralien, Schautafeln usw.), Steinbrucker Str. 4 (geringfügig abseits), ☏ 080 34/18 94, 💻 www.neiderhell.de, 💻 www.urweltmuseum.com) und überqueren sofort danach den **Litzldorfer-Bach**. 100 m nach der Ortstafel halten Sie sich bei der quer laufenden Straße bei HNr. *Gmainweg 1* links und beim schnell erreichten Ortsrand an der quer laufenden Straße wieder links (bzw. gehen - praktisch betrachtet - geradeaus weiter).

Nach etwa 5 Min. (ca. 1 km nach Kleinholzhausen) ist wieder eine Kreuzung erreicht. Sie gehen rechts weiter, passieren schnell nach der Kreuzung die Ortstafel Großholzhausen und halten sich hier am quer laufenden *Mitterfeldweg* - **Ortsrand von Großholzhausen** (🛒 ✕) - links. Nach etwa 150 m zweigen Sie kurz vor einer größeren, quer laufenden Straße rechts ab zur Pfarrkirche St. Georg (ca. 2 km ab Kleinholzhausen, 7 km ab Bad Feilnbach).

✝ Pfarrkirche St. Georg

Erstmals 804 erwähnt (ebenfalls im Zuge einer Streiterei um die Besitzrechte), der heutige Kirchenbau stammt im Kern (eigentlich nur der Chorraum) aus der Mitte des 15. Jh., der Turm (wahrscheinlich ein Wehrturm) ist mit Sicherheit älter. Im ausgehenden 17. Jh. wurde die Kirche vergrößert, umgebaut und innen barockisiert, die Außenfassade wurde gotisch belassen, die Vorhalle kam erst 1776 hinzu (1954 erhöht). Die Innenausstattung ist ein Querschnitt durch die Stile Rokoko (Kanzel), Barock (Hochaltar, Seitenaltäre), Spätgotik (Figuren der Seitenaltäre, teilweise), Industrieware des 19. Jh. (Glasfenster), Moderne (Volksaltar). Die Gewölbe-Malereien wurden durch die Jahrhunderte immer wieder übermalt - die heute sichtbaren stammen aus 1954 und stellen den Zustand von 1793 dar. Das Bildprogramm kreist um das Hl. Kreuz (seit 1730 ist die Kirche im Besitz eines Kreuzpartikel-Reliquiars). Im letzten Bild vor den Emporen wird die Enthauptung des Apostels Jakobus d. Ä. dargestellt.

🛏✕ GH Kellerer, Tegernseer Str. 6, ☏ 080 34/86 51, 💻 www.gasthaus-kellerer.de

☺ Nächste 🛏 in Brannenburg - 4 km (Ortsrand, Schlosswirt) bzw. 6 km (Zentrum)

Sie verlassen das Kirchenareal Richtung Süden, folgen noch ca. 100 m der *Tegernseer Straße* und verlassen diese dann nach links Richtung Sportplatz. Den Rechtsabzweiger am Ortsrand (*Am Poschert*) ignorieren Sie und gehen geradeaus weiter. Ca. 200 m nach diesem ignorierten Abzweig erreichen Sie am **Parkplatz** vor dem Fußballplatz eine Kreuzung und queren diese geradeaus. Nach etwa 200 m enden die Sportfelder, Sie gehen weiter geradeaus auf Schotterstraße (Fahrverbot) in den Wald hinein und bald beginnen **Tafelbilder** zu sprießen, die das Leben Jesu beschreiben (diese geleiten Sie bis zur Wallfahrtskirche Schwarzlack).

Sie ignorieren nun alle kleineren Abzweiger rechts wie links und kommen nach knapp 10 Min. zu einer Kreuzung - hier nehmen Sie die gleich breite, rechts abzweigende Schotterstraße (Richtung Sulzberg/Schwarzlack; nicht den Waldweg nehmen). Nach 50 m nehmen Sie an einer Gabelung den linken, steigenden Ast und zweigen nach vielleicht 100 m wieder links steigend ab (breiterer Waldweg). Nach nicht einmal 10 Min. ist die nächste Gabelung erreicht ("Der in den Himmel aufgefahren ist"), Sie nehmen den linken (nur

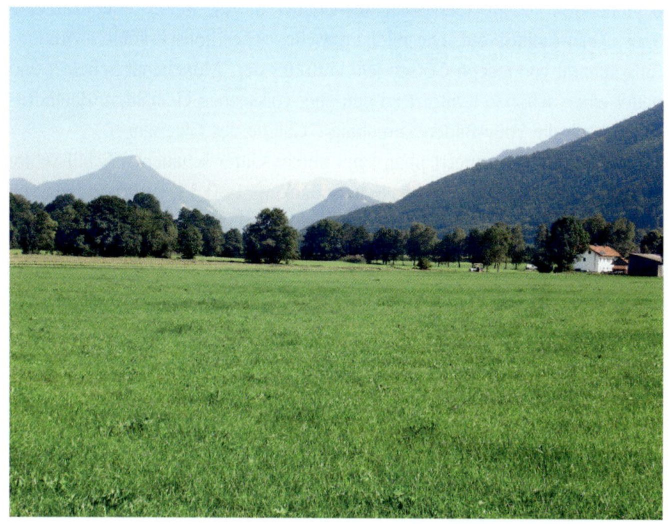

Unterwegs in Oberbayern

anfänglich eben verlaufenden) Ast und keine 5 Min. danach sind Wallfahrtskirche wie Gasthaus **Schwarzlack** (mit Höhe 570 m höchster Punkt dieser Etappe) am Fuß des Sulzberges erreicht.

✝ Wallfahrtskirche "Unsere Liebe Frau von der immerwährenden Hilfe" 1659 ließ sich der Eremit Georg Thanner hier bei einem moorigen Tümpel - der "Schwarzen Lacke" - nieder und erbaut eine kleine, hölzerne Klause/Zelle, darinnen sich ein kleines Maria-Hilf-Bild befand. Da Eremiten traditionellerweise immer Zulauf vom Volk bekamen, entstand alsbald ein regionaler Wallfahrtsort (gefördert durch die wechselnden adeligen Herrschaften von Brannenburg). 1663 wurde die "Schwarze Lacke" zugeschüttet (wahrscheinlich eine Sicherheits-Maßnahme), 1687 wurde eine größere Kapelle aus Holz errichtet. 1750 erfolgte die Grundsteinlegung für die heutige Kapelle aus Stein, 1767 Einweihung. Das Gnadenbild im Hochaltar stammt aus der Mitte des 17. Jh. (Kopie des "Maria-Hilf-Bildes" von Lucas Cranach). Die farbenfrohen Decken- und Wandgemälde stammen aus dem beginnenden 19. Jh. (Sebastian Rechenauer d. Ä.), weisen aber trotzdem Spätrokoko-Einfluss auf. Die bildhauerische - eher höfisch-kühle - Ausstattung stammt von Joseph Götsch (ein Vertreter der "Münchener Schule") und bildet einen schönen Kontrast zu den eher volksnahen Gemälden. Beeindruckend auch die Votiv-Bilder-Sammlung ("Galerie des Glaubens").

Die Kirche ist versperrt (man kann durchs Gitter schauen) - Schlüssel im nebenan liegenden ✕ Gasthaus Schwarzlack, ☏ 080 34/79 90, Ruhetag Di - der Ursprung des Gebäudes ist die ehemalige Eremiten-Klause, zwischendurch Messner-Haus.

Sie passieren Gasthaus wie Kirche geradeaus und folgen der nun fallenden Schotterstraße (hier beginnt/endet auch ein **Kreuzweg**, Station 14). Nach etwa 10 Min. auf der Schotterstraße beschreibt diese eine Linkskurve (einige Meter nach **Station 6** des Kreuzweges), hier müssen Sie rechts abzweigen (schon einige Meter danach passieren Sie Station 5). Nach weiteren 5 Min. endet - kurz nach Station 1 - der Wald und vor Ihnen taucht **Schloss Brannenburg** (heute Real- und Fachoberschule sowie Internat).

Bis Ende 2009 führte nun der Weg durch das Schloss/die Schule hindurch zum GH Schlosswirt. Seit Anfang 2010 existiert diese Möglichkeit nicht mehr und man geht außen um das Schloss herum. Das kann sich natürlich wieder geändert haben, wenn Sie dort ankommen.

Sie bleiben also auf der Straße und gehen weiter hinunter, bald beginnt die Straße Asphalt zu tragen, heißt nun *Schlossstraße* (sollte man wieder durch das Schloss-/Schul-Areal gehen dürfen, kommen Sie hier wieder heraus) und nach wenigen Minuten ist das **alte/ursprüngliche Zentrum** von Brannenburg mit Sänger-/Wendelsteinhalle, Feuerwehr usw. (⇧ 510 m) bei der spätgotischen ✞ Pfarrkirche Mariä Himmelfahrt (1670/80 sowie 1723/24 barockisiert, Rokoko-Ausstattung aus 1772-89) erreicht.

Im auslaufenden 18. Jh. und im 19. Jh. beherbergte dieses "alte Brannenburg" eine bedeutende Künstlerkolonie (Carl Rottmann, Wilhelm Leibl, C. Spitzweg, Wilhelm Busch, Karl Caspar usw.).

🛏✕ Schlosswirt, Kirchplatz 1 (ggü. Pfarrkirche), ☎ 080 34/70 71,
💻 www.schlosswirt.de, Ruhetag Mi

🛏 Pension Berghof, Am Lutznfeld 1 (ca. 0,5 km abseits), ☎ 080 34/23 93,
💻 www.pension-berghof-brannenburg.de

♦ Krappenhof, Dorfstr. 8, ☎ 080 34/24 82, 💻 www.krappenhof.de

Sie gehen vom Gasthof vor zur Kirche, halten sich aber noch vor dieser rechts, erreichen nach wenigen Augenblicken die *Dorfstraße* und halten sich auf dieser links hinunter (wenn Sie rechts gehen, kommen Sie zur 🛏 Pension Berghof).

Nach wenigen Metern mündet diese Straße bei der **Friedhofskapelle** in die *Mühlenstraße* - rechts weiter. Nach ca. 1 km endet die *Mühlenstraße* an der quer laufenden *Sudelfeldstraße*, auf welcher Sie, sich rechts haltend, nach weiteren 750 m das **neue Zentrum von Brannenburg** (479 m) beim Verkehrsamt erreichen (ca. 2 km vom "alten Zentrum", ca. 3,5-4 km von Schwarzlack).

83098 Brannenburg

⇧ 510/479 m ✆ 080 34
📯 BANK ✕ ☕ 🛒 ⛲ ⚕ Drogerie, Arzt, Zahnarzt

ℹ Tourist Information/Verkehrsamt, Rosenheimer Str. 5, ☎ 45 15,
💻 www.brannenburg.de

🛏✕ Hotel Zur Post, Sudelfeldstr. 20, ☎ 906 70, 💻 www.posthotel-brannenburg.de

♦ Cafe/Pension Wendelstein, Kufteiner Str. 1, ☎ 73 62, ✉ punzet@aol.com

♦ Brückenwirt, Nußdorfer Str. 57 (☞ Wegbeschreibung unten), ☎ 78 30

🛏 Gästehaus Rössler, Rosenheimer Str. 62 (unwesentlich abseits), ☎ 620,
💻 www.cafe-roessler.de

♦ Obermairhof, Sudelfeldstr. 23, ☎ 21 38, ✉ buchbergerk@aol.com

Abgesehen vom Brückenwirt (1,5 km) findet sich die ☺ nächste 🛏 in Nußdorf am Inn - 3,5 km. Allerdings ist dies ein (kleiner) Umweg.

Falls Sie diesen nicht in Kauf nehmen wollen, befindet sich die ☺ nächste Unterkunft in Erl - 10,5 bzw. 12 km, je nachdem welche 🛏 Sie ansteuern wollen.

Etappe 16: Brannenburg (510/479 m) - Kufstein (500 m)

ca. 27,5 km, ↑ ca. 400 m, ↓ ca. 400 m, ⌛ ca. 7 bis 8 Std.

An der oben erwähnten Kreuzung beim Verkehrsamt halten Sie sich links und zweigen nach 100 m (vor dem Restaurant Barolo) rechts in den geschotterten Weg ab. Nach etwas mehr als 50 m erreichen Sie die kleine spätgotische **St. Ägidius-Kirche** (Chor und Turm 15. Jh., 1659 und 1741 barocker Ausbau, merkwürdigerweise bietet die Kirche 3 verschiedene Apostelzyklen an (nur 1 vollständig) - 12 ungerahmte ovale Holzplatten an den Wänden (von S. Rechenauer d.Ä.), 4 freigelegte Fresken von B. Behamgruber und ein Zyklus an der Emporenbrüstung (dieser allerdings stark übermalt).

Sie folgen noch einige Meter dem geschotterten Weg, zweigen dann beim **Offiziers-Casino-Degernfeld** rechts ab und halten sich an der nach wenigen Metern erreichten großen, **quer laufenden ST 2359** links. Sie folgen nun dieser Straße auf dem begleitenden Radweg, überqueren nach 5 Min. die Eisenbahn, 1 km danach die Autobahn (am Brückenende Brückenwirt) und 750 m danach wird auch der Inn überquert.

Falls Sie in Nußdorf/Inn nächtigen wollen/müssen, gehen Sie nach der Brücke geradeaus weiter - das Zentrum von

83131 Nußdorf ist ca. 2 km entfernt

⇧ 483 m 080 34

- Verkehrsamt Nußdorf a. Inn, Brannenburger Str. 10, ☎ 90 79 20, www.nussdorf.de
- GH Schneiderwirt, Hauptstr. 8, ☎ 45 27, www.schneiderwirt.de, Ruhetag Mo
- Brandstetter-Hof, Pfarrhofweg 4 (Nebenstraße der Flintsbacher Straße), ☎ 26 03, www.brandstetterhof.de
- ♦ Beim Hamerl, Flintsbacher Str. 3, ☎ 70 77 61 oder 01 71/426 90 88, beim-hamerl@web.de
- ♦ Gästehaus Grandauer, Hauptstraße 13, ☎ 309 33 od. 01 70/860 39 30, metzgerei.grandauer@t-online.de (ohne Frühstück, dieses nebenan beim Schneiderwirt)
- ♦ Fam. Denzler, Am Ring 2, ☎ 82 12, pdenzler@gmx.de

Weiterer Weg:
Entweder Sie gehen wieder zurück zum Inn und nutzen den Radweg (☞ Beschreibung unten) ODER:

In Nußdorf kommt auch der in Wasserburg startende "Alternativ-Jakobsweg" an, quert die Ortschaft und führt durch Felder und Wiesen nach Windshausen - dort vereinigt er sich mit dem in diesem Buch beschriebenen "Haupt-Jakobsweg".

Falls Sie diesen o.e. "Alternativ-Jakobsweg" gehen wollen, müssen Sie vom Zentrum Nußdorfs ebenfalls die Hauptstraße/*Brannenburger Straße* wieder zurückgehen, zweigen aber bereits nach ca. 0,5 km am westlichen Ortsrand links in die ***Flintsbacher Straße*** ab (Richtung Pfarrheim). Bei der Grundschule verlassen Sie die *Flintsbacher Straße* und gehen geradeaus weiter den *Leonhardi Weg*, schnell darauf ist die **Pfarrkirche St. Vitus** (wahrscheinlich um 1300 erbaut, barocke Innenausstattung aus 1740) erreicht. An deren Ende halten Sie sich (bei einem Wegkreuz) an der quer laufenden Schotterstraße rechts (Wegweiser sehr missverständlich angebracht). Nach 200 m passieren Sie den **Sportplatz** und an dessen Ende stoßen Sie auf eine Gabelung - linken Ast nehmen. 5 Min. danach stoßen Sie auf eine quer laufende Asphaltstraße; rechts auf dieser 20 m weiter und dann wieder links abzweigen. Nach ca. 500 m weist die Schotterstraße einige Meter ein **leichtes Gefälle** auf - hier zweigen Sie rechts ab und erreichen nach 5 Min. wieder eine Asphaltstraße - links auf dieser weiter, immer geradeaus.

Nach 1 km ignorieren Sie einen Linksabzweiger (kurz zuvor blinzelte von links ein Schotterteich durch den Auwald) und 200 m danach queren Sie eine Kreuzung geradeaus. 750 m weiter ignorieren Sie eine von rechts hinten einmündende Straße und gehen (100 m danach) entlang einem Kanal weiter. Nach 300 m Kanalbegleitung beschreibt der Weg eine Linkskurve - hier überqueren Sie den Kanal, nicht jedoch den sofort danach vorhandenen **Euzenauer Bach**, dem Sie an seiner linken Seite nur einige Minuten folgen, um dann - in **Windshausen** - auf die quer laufende Asphaltstraße RO 1 zu stoßen (ca. 5 km ab Nußdorf/Abzweig *Flintsbacher Straße*. Dieser folgen Sie nach rechts. Weitere Beschreibung ☞ nächster Absatz.

Wenn Sie nicht nach Nußdorf wollen, halten Sie sich **sofort nach der Innbrücke** rechts (ca. 2,5 km ab Brannenburg/neues Zentrum) und folgen dem

Rad-/Spazierweg auf der Dammkrone ca. 4,5 km (rd. 1 Std.). Dann überqueren Sie den Kanal und folgen dem **Euzenauer Bach** auf seiner linken Seite bis zur quer laufenden Asphaltstraße **RO 1** (noch ca. 200 m, ca. 7 km ab Brannenburg/neues Zentrum) - hier treffen auch die aus Nußdorf Kommenden wieder dazu.

An der erreichten Asphaltstraße halten Sie sich rechts und überqueren nach nicht einmal 0,5 km die ⚒ zu Österreich - kurz zuvor links des Weges die **Kapelle zum Hl. Kreuz** (im Andenken an den Schiffsmeister Wolf Hupfauf 1677 errichtet).

Ab Grenze folgen Sie weiterhin der Asphaltstraße/*Erler Landesstraße*/L209 und erreichen nach etwa 2,5 km das **Zentrum von Erl** (Ortsteil Dorf) bei der Pfarrkirche St. Andreas.

6343 Erl

⇧ 476 m ✆ 053 73 Post BANK ✕ Drogerie

i Gemeindeamt, Dorf 39, ☎ 81 25, www.erl.at + TVB Ferienland Kufstein (☞ dort)

Erl, Zentrum (Ortsteil Dorf) mit Pfarrkirche St. Andreas

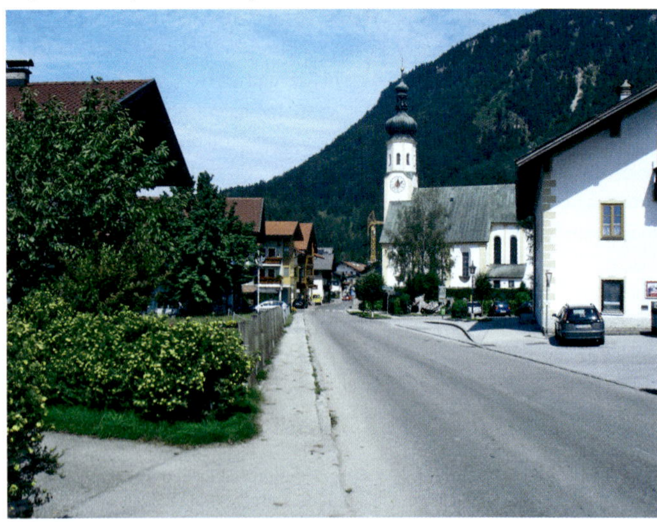

788 erstmalig urkundlich erwähnt ("ad oriano monte"), jedoch mit Sicherheit schon während der Römerzeit im 3. Jh. besiedelt, aufgrund der Grenzlage Bayern-Tirol (seit 1504) mehrmals zerstört und wieder aufgebaut. Das trifft auch auf die klassizistische ✞ Pfarrkirche St. Andreas zu (im Kern zwar noch gotisch, sonst beginnendes 19. Jh., Innenausstattung aus ca. 1818).

Erl zählt mit Oberammergau zu den ältesten Passionsspielorten Europas, die Spiele sind seit 1613 nachweisbar und gehen vermutlich auf ein Gelübde während der Pestzeit zurück. Sie werden alle 6 Jahre aufgeführt (nächster Termin 2013, an allen Sa der Monate Juni - September) und es beteiligt sich praktisch das gesamte Dorf daran. Das 1957-59 erbaute Passions-Spielhaus ist berühmt für seine Akustik (Arch. Robert Schuler, ein Schüler von Clemens Holzmeister) und wird auch seit 1998 für die Tiroler Festspiele (Juli) genutzt.

🛏✕ GH Beim Dresch, Oberweidau 2, ☏ 81 29 (ca. 0,5 km südlich vom Zentrum)
♦ GH Zur blauen Quelle, Mühlgraben 52 (etwas mehr als 1 km südlich vom Zentrum), ☏ 81 28, 💻 www.blauequelle.at
🛏 Haus Dresch, Oberweidau 1, ☏ 83 65, 💻 www.haus-dresch.com
♦ Gästehaus Erharter, Mühlgraben 2 (kurz nach der Blauen Quelle), ☏ 760 29
♦ Guggelberger Anna, Mühlgraben 62 (kurz nach dem HausDresch), ☏ 81 44
♦ Kitzbichler Johanna, Mühlgraben 4 (letzte Möglichkeit vor Grenze)
♦ Kronbichler Katharina, Dorf 42, ☏ 81 05
und weitere 🛏✕ über Pilgerkategorie
☺ Nächste 🛏 Niederaudorf - 4 km bzw. in Agg - 5 km (beide ab Kirche St. Andreas gemessen)

Sie folgen weiterhin der bereits liebgewonnenen Straße L209 (bzw. Radweg, ab nun wird die Straße *Mühlgraben* genannt), passieren das (1958 erbaute, links der Straße etwas abseits liegende) **Passions-Spielhaus** und gehen geradeaus weiter. Ca. 2 km nach Erl-Zentrum/1,5 km nach dem Passionsspielhaus erreichen Sie den südlichsten Ortsteil von Erl - **Zollhaus** - und zweigen links in die Sackgasse ab (ggü. ist rechts der Straße ein Erinnerungskreuz an Franz Josef Lenz an einen Baum befestigt). Nach 100 m ist die **Zollhaus-Brücke** über den Inn erreicht und Sie verlassen Tirol/Österreich wieder.

Am anderen Ufer in Bayern halten Sie sich rechts und unterqueren nach 50 m die Autobahn. 5 Min. danach gehen Sie am Ortsrand von **Reisach** nicht geradeaus weiter (*Zollhausstraße*), sondern halten sich rechts in die *Innstraße* hinein. Diese verlassen Sie nach ca. 100 m (bei GH Hansenbauer, Ruhetag Di) nach rechts in die *Urfahrnstraße*, nach 3 Min. passieren Sie das GH Waller (☏ 080 33/17 73, Ruhetag Mo), halten sich einige Augenblicke danach vor dem sich in Privatbesitz befindlichen **Schloss Urfahrn** links und erreichen nach 50 m

✞ Kloster und Kirche St. Theresa v. Avila des Ordens der Unbeschuhten Karmeliten, 1731 gegründet (im Schloss Urfahrn, daher auch "Kloster Urfahrn"), 1732 Grundsteinlegung für das Kloster, 1738 Einzug der Mönche. 1803 wurde im Zuge der großen Säkularisationswelle das Kloster zum "Zentralkloster" der übrigen bayr. Karmelitenklöster bestimmt (Erläuterung ☞ Passau). 1836 nahm das Kloster unter dem neuen Namen "Kloster Reisach" wieder regulären Betrieb auf.

Mit dem Bau der Klosterkirche wurde 1737 begonnen, 1747 Weihe, die endgültige Ausstattung sollte noch weitere 10 Jahre benötigen. Von den insg. 7 Altären sind v.a. die 4 an den Seitenwänden bemerkenswert; sie stammen vom Hofbildhauer Johann Baptist Straub und wurden von 1748-57 realisiert. Diese großen, hölzernen, volkstümlichen Reliefbilder - "geschnitzte Bilder" - sind in ihrer Art einzigartig.

Beim Kloster gehen Sie geradeaus weiter - die Straße heißt nun *Klosterweg* - überqueren nach 100 m die **Eisenbahngleise**, ignorieren den folgenden Linksabzweiger in der Rechtskurve und erreichen nach insg. 0,5 km ab Kloster die quer laufende Vorfahrtstraße Nr. 2089 (*Rosenheimer Straße*). Sie hal-

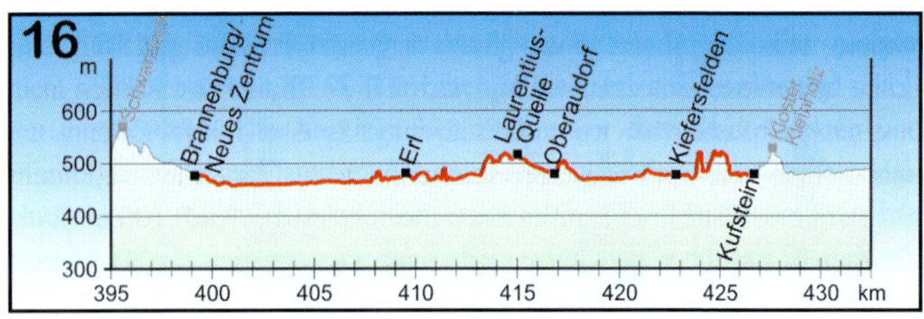

ten sich rechts und zweigen nach wenigen Metern am Ende des 🛏🍴 GH/Hotel Keindl (☎ 080 33/304 00, etwas über Pilgerkategorie) wieder links in die *Dorfstraße* ab und nach wenigen Metern ist das Zentrum von **Niederaudorf** bei der Kirche St. Michael erreicht (🍴🛏 Gästehaus Böhm, Dorstr. 3, ☎ 15 13, ✉ gaestehausboehm@arcor.de).

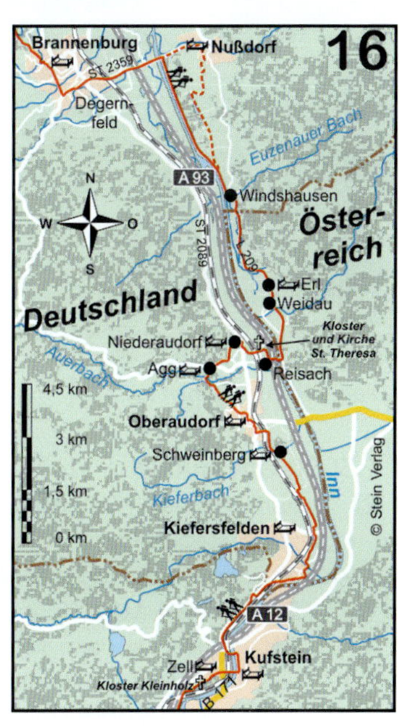

Sie gehen an der Kirche vorbei und nehmen danach den *Alpenweg*, welchen Sie nach längstens 5 Min. nach rechts in die *Agger Straße* verlassen. Sie passieren nun den **Friedhof** und zweigen am Ende desselben nach rechts ab (nach wie vor *Agger Straße*). Nach 100 m passieren Sie das 🛏 Gästehaus Kammerloher (Agger Str. 28, ☎ 080 33/26 56, 💻 www.gaestehaus-kammerloher.de) und es beginnt ein Radweg, der Sie nach 5 Min. beim GH Bauer in Agg (☎ 080 33/15 90, 💻 www.bauern-agg.de, Ruhetag Mi, ☺ nächste 🛏 in Oberaudorf - 2,5 km) zu einer quer laufenden Vorfahrtstraße (*Tatzelwurmstraße*) bringt. Dieser folgen Sie 100 m nach rechts und zweigen dann links in die *Bad-Trißl-Straße* ab. 5 Min. nach Abzweig überqueren Sie den **Auerbach.** Einige Augenblicke danach gehen Sie noch vor der **Trißl-Klinik** die Linkskurve aus (nicht zum Berggasthof abzweigen, es sei denn Sie sind durstig) und folgen weiterhin der *Bad-Trißl-Straße*. Beim HNr. *Bad-Trißl-Straße 63 a* gehen Sie nicht geradeaus, sondern die Rechtskurve weiter und entfernen sich vom Auerbach. Keine 5 Min. danach zweigen Sie rechts in die *Graf-Pückler-Straße* ein. Nach 100 m gehen Sie an der quer laufenden Straße 10 m rechts und zweigen sofort wieder (noch vor der Bachbrücke) links in den Rad-/Spazierweg ab, der nach 3 Min. das ökonomische Desaster **Laurentius-Quelle** mit dem "Zauerflöten-Brunnen" erreicht.

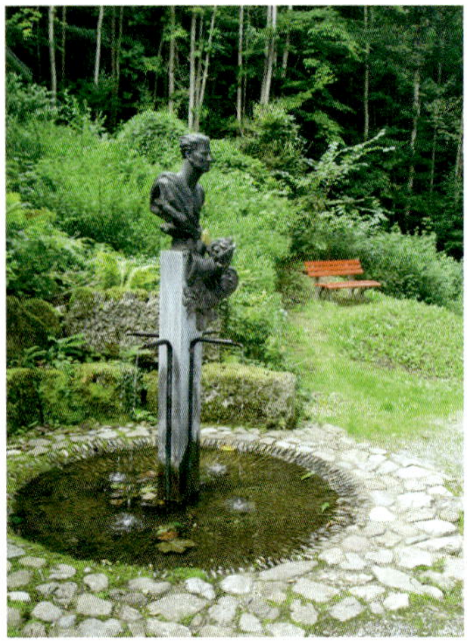
Zauberflöten-Brunnen

Sie gehen geradeaus weiter und folgen der schnell erreichten Asphaltstraße (*Laurentiusstraße*) hinunter. Bereits nach wenigen Minuten zweigen Sie bei der 🛏 Ferienanlage Bergschlössl (nur FeWo, ☏ 061 51/396 79) links hinunter in die *Wernher-von-Braun-Straße* ab und nach 5 Min. ist wieder die 10 Min. zuvor verlassene *Bad-Trißl-Straße* erreicht - rechts auf dieser weiter gelangen Sie nach wenigen Minuten wieder zur Straße 2089/*Rosenheimer Straße*. Wenn Sie sich hier 100 m rechts halten, stehen Sie im Zentrum von **Oberaudorf** mit Rathaus und Kirche.

83080 Oberaudorf ⇧ 483 m ✆ 080 33

- ℹ Tourist-Information + Gemeindeamt, Kufsteiner Str. 6, ☏ 301-20, 💻 www.oberaudorf.de
- 🛏✕ GH Ochsenwirt, Carl-Hagen-Str. 14 (unwesentlich abseits), ☏ 307 90, 💻 www.ochsenwirt.com
- ♦ Wildbachstüberl, Carl-Hagen-Str. 9, ☏ 21 37, ✉ wildbachstueberl@t-online.de
- 🛏 Pension Wagnerhof, Carl-Hagen-Str. 1, ☏ 308 90 90, 💻 www.pension-wagnerhof.de
- ♦ Pension Großfuchsenhof, Carl-Hagen-Str. 5, ☏ 15 61, 💻 www.grossfuchsenhof.de
- ♦ Hotel garni Lambacher, Rosenheimer Str. 4, ☏ 10 46, ✉ hotel-lambacher@t-online.de
- ♦ Gästehaus Maier, Auerburgstr. 10 (☞ Wegbeschreibung unten), ☏ 18 09
- ♦ Gästehaus Schreyer, Auerburgstr. 4, ☏ 18 03, 💻 www-pension-schreyer.de

Und weitere über Pilgerkategorie; ☺ nächste 🛏 (abgesehen von Pension Floriberg - 2 km) in Kiefersfelden - 5,5 km (alle abseits), dann erst wieder in Kufstein - 10 km.

Sie gehen an der **Umfassungsmauer** des erreichten Kirchenareales entlang und zweigen rechts in den *Oberfeldweg* ab. Dieser mündet nach ca. 5 Min. in eine quer laufende Straße ein (*Kufsteiner Straße*), hier halten Sie sich rechts und zweigen (bereits im Ortsteil Auerburg) noch **vor dem Burgtor** links in die *Auerburgstraße* ab (bei HNr. *Burgtor 1*).

Sie folgen dieser Straße 5 Min. und überqueren dann die **Eisenbahn** auf einer Fußgänger-Brücke. Am anderen Ende der Brücke halten Sie sich rechts in die *Florianiberg-Straße*, passieren sofort den **Florianiberg-Friedhof**, etwas später - in der **Siedlung Schweinberg** - die 🛏 Pension Floriberg (Mühlenstr. 43, ☏ 080 33/16 89, ✉ helmut_hartwig@hotmail.com) und sofort danach überqueren Sie einen Bach. Nach wenigen Augenblicken überqueren Sie den nächsten Bach (ca. 0,5 km ab Friedhof) und gehen am anderen Ufer geradeaus weiter.

Rd. 1 km/15 Min. nach diesem Bach stoßen Sie auf eine quer laufende Straße, gehen rechts, **unterqueren nicht die Eisenbahn**, sondern zweigen direkt vor der Unterführung links ab.

Die nächsten ca. 1,5 km bleiben Sie immer parallel zur Eisenbahn bzw. gehen genau auf die senkrechten Wände des "Kaisergebirges" zu und überqueren dann einen Autobahn-Zubringer. Ca. 500 m danach beschreibt die Straße bei einigen Häusern und einem Sägewerk eine Rechtskurve und wird *Auweg* genannt. Ca. 500 m weiter heißt die Straße *Lohweg*. Sie zweigen beim **HNr. 16** rechts ab und überqueren auf der Fußgängerbrücke den **Kieferbach**.

Am anderen der Brücke gehen Sie noch 100 m geradeaus weiter (*Innstraße*) und zweigen dann links ab (genau betrachtet, gehen Sie aber eine Linkskurve aus, welche die *Innstraße* beschreibt).

Nach 200 m stehen Sie an der Kreuzung (hier auch das ⌘ **Blaahaus** - Heimatmuseum mit Schaugarten für Küchen-, Heil- u. Wildkräuter).

Wenn Sie in Kiefersfelden nächtigen wollen (ins Zentrum ca. 1 km), gehen Sie hier rechts, folgen dem *Unteren Römerweg*, queren die B171/*Kufsteiner Straße*, folgen dann einige Meter der *Bahnhofstraße* und zweigen dann rechts in den *Drei-Brunnen-Weg* ab und schon ist die *Dorfstraße* genannte Hauptstraße erreicht.

Aus Platzgründen muss leider von einer Vorstellung von Unterkünften Abstand genommen werden, lediglich die nächstgelegene möchte ich Ihnen nicht vorenthalten: GH Zur Post, Bahnhofstr. 22-26, ☏ 080 33/20 83 90, www.hotel-kiefersfelden.de. Für weitere Auskünfte: Kaiser-Reich-Tourist-Information + Gemeindeamt, Dorfstr. 23, ☏ 080 33/97 65 27, www.kiefersfelden.de.

Wenn Sie Kiefersfelden nicht besuchen wollen, queren Sie die o.e. Kreuzung geradeaus und stehen 200 m danach direkt vor und unter der **Autobahnbrücke** und halten sich rechts - nach 50 m ist der **Radweg am Inndamm** erreicht (Fischergries-Steg), der Sie in ca. 1 Std. nach Kufstein bringt. Um ins am anderen/östlichen Ufer gelegene Zentrum zu gelangen, nehmen Sie den **Fußgänger-/Radfahrsteg nach der Autobahn/A12-Unterquerung** (etwa 45 Min. ab Kiefersfelden/Autobahn) und nähern sich der Innenstadt mit Bedacht via *Fischergries* und *Innpromenade* (weiter parallel zum Inn).

6330 Kufstein

⇧ 500 m ✆ 053 72 BANK

TVB Ferienland Kufstein, Unterer Stadtplatz 8, ☏ 622 07 + Stadtgemeindeamt, Krankenhausg. 7, ☏ 60 21 00, beide www.kufstein.at

Wahrscheinlich ist das Gebiet um Kufstein schon seit 30.000 Jahren besiedelt (eiszeitliche Pfeilspitzenfunde in der Tischofer Höhle), 15 v.Chr. fielen die Römer ein, blieben rd. 500 Jahre und wurden dann von den Bayern abgelöst, 788 wurde Kufstein erstmals urkundlich erwähnt ("Caofstein"), 1393 Verleihung des Stadtrechtes. Aufgrund der guten verkehrstechnischen Lage an wichtigen Fernverkehrsstraßen und auch an der Wasserstraße Inn an der Grenze zwischen Bayern, Tirol und Österreich resultierte ein steter wirtschaftlicher Aufschwung (v.a. Maut-, Zoll- u. Transiteinnahmen). Somit zählte Kufstein zu den reichen Städten. Das weckte natürlich Begehrlichkeiten und so war die Stadt durch die Jahrhunderte heftig umkämpft - mal bayrisch, mal tirolerisch, mal österreichisch. Erst 1814 ging sie endgültig an Österreich.

Berühmtester Sohn Kufsteins ist Josef Madersperger - jedes Schulkind in Österreich lernt, dass er die Nähmaschine erfunden hätte. Das ist natürlich nicht ganz richtig, sondern etwas übertriebener Nationalstolz; allerdings wäre die heutige Nähmaschine ohne die von Madersperger erfundenen Details nicht vorstellbar. Genutzt hat ihm seine Erfindergabe nichts, er erlitt ein typisch österr. Schicksal und verstarb im Armenhaus zu Wien. Sein Geburtshaus (Kinkstraße) beherbergt heute ein kleines ⌘ Nähmaschinen-Museum.

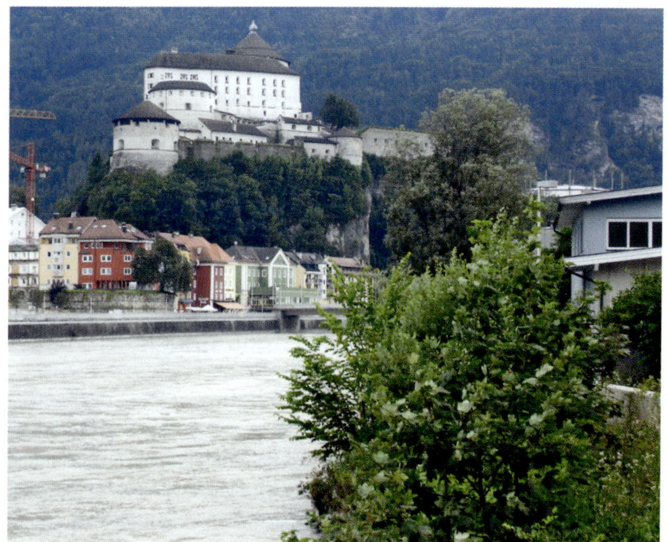

Blick auf die Festung Kufstein

⌘ **Festung Kufstein** - 1205 erstmals erwähnt - 1504 von Kaiser Maximilian I. in Grund und Boden geschossen, danach neu errichtet/zur Festung ausgebaut - ab 1814 diente die Festung als Gefängnis - heute touristisches Highlight, Veranstaltungsort (Josefsburg), Heimatmuseum, auch befindet sich hier die größte Freiluftorgel der Welt - beeindruckend v.a. der 1518-22 errichtete Kaiserturm

✞ Pfarrkirche St. Vitus - zwischen 1390 bis 1420 erbaut, 1660 barockisiert

🛏✕ Tiroler Hof, Am Rain 16, ☎ 623 31, 💻 www.tirolerhof-kufstein.at

♦ GH Kienbergklamm, Kienbergstr. 31, ☎ 622 48, 💻 www.kienbergklamm.at

🛏 Pension Striede, Mitterndorferstr. 20, ☎ 623 16, 💻 www.pension-striede.at

♦ Gander Marianne, Weissachstr. 33, ☎ 655 39

Alle bisher genannten etwas abseits (5-10 Min. ab Zentrum) am westlichen Ortsrand

🛏✕ GH Kirchenwirt, Zellerstr. 17 (☞ Wegbeschreibung unten), ☎ 664 78, 💻 www.kirchenwirt-kufstein.at

🛏 Fam. Frisch, Mozartstr. 3 (☞ Wegbeschreibung unten), ☎ 662 37 od. 📱 06 99/16 00 25 03, ✉ a.frisch@kufnet.at

✝ Exerzitienhaus Maria Hilf, Lindenallee 13 (☞ Wegbeschreibung unten), ☎ 642 20, ✉ maria-hilf-kufstein@tele2.at

☺ Sowie weitere über Pilgerkategorie, nächste 🛏 in Niederbreitenbach - ca. 10 km

Etappe 17: Kufstein (500 m) - Breitenbach (513 m)

➲ 22 km, ↑ 440 m, ↓ 420 m, ⌛ 6 bis 7 Std.

Sie nehmen vom Unteren Stadtplatz die **Innbrücke-Stadt**, gehen am anderen Innufer noch einige Meter geradeaus weiter, zweigen dann links in die *Karl-Krafft-Straße* ab, nutzen nach wenigen Metern rechts den **Zellersteg** und überqueren mit seiner Hilfe die Ausläufer des Bahnhofes. Sie folgen nun der *Zellerburgstraße*, queren die *Herzog-Stefan-Straße* (wenn Sie sich hier rechts halten, gelangen Sie zum 🛏✕ Kirchenwirt, wenn Sie links gehen, gelangen

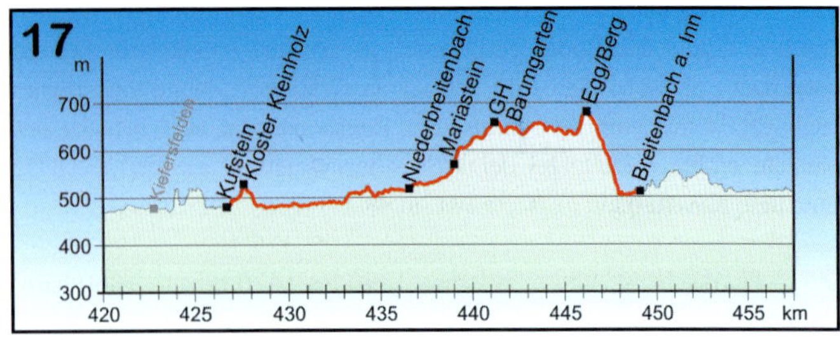

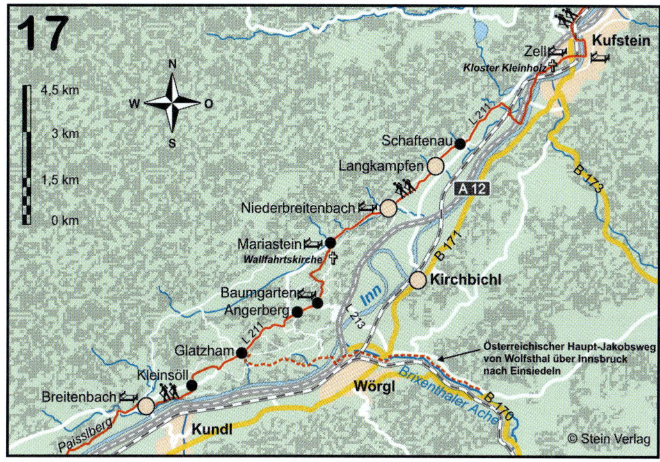

Sie zu Frisch) und danach die *Schubertstraße/*B171. Bald nach dieser Querung wird die *Zellerburgstraße* in *Lindenallee* umbenannt und ca. 200 m nach Umbenennung zweigen Sie links in die Straße *Zeller Berg* ab. Nach noch einmal 200 m ist das **Kloster Kleinholz** erreicht.

Für den Weiterweg folgen Sie einfach der Straße *Zeller Berg*, die zuletzt (nach etwa 1,5 km ab Zeller Steg) die **Eisenbahn unterquert** und auf die *Innpromenade* führt - hier rechts, parallel zum Inn weiter (Radweg).

Nach 15-20 Min. unterqueren Sie die A12 und nehmen dort bei der Gabelung den linken, geschotterten Ast und unterqueren nach ca. 10 Min. einen Zubringer zur A12. 5 Min. danach gehen Sie beim **Helikopter-Landeplatz** die asphaltierte Linkskurve aus (ignorieren also den geschotterten Rechtsabzweig) und stehen 20 m danach an einer Kreuzung - rechts *Auweg*, geradeaus auch *Auweg*.

Dem Willen der TVB-Verantwortlichen zufolge müssen Sie hier rechts abzweigen, einen Bach überqueren, danach die Eisenbahn unterqueren. 200 m danach passieren Sie die Kapelle "In der Au" und stehen nach weiteren 200 m beim Jaggl-Hof an der Durchgangsstraße Kufstein - Oberlangkampfen (*Kufsteiner Straße/*L211). Dieser folgen Sie nach links etwas mehr als 1,5 km/20-25 Min. und zweigen dann - im Ortsteil Schaftenau von Langkampfen - rechts in die *Obere Dorfstraße* ab.

Da dieser Weg nicht unbedingt idyllisch ist, erlaube ich mir, eine verkehrsärmere und auch um 500 m kürzere Alternative vorzustellen.

Sie gehen an oben genannter Kreuzung geradeaus weiter, parallel zur Eisenbahn, und unterqueren diese nach ca. 1 km/15 Min. Nach der Unterführung halten Sie sich links und bei der quer laufenden Straße nach knapp 500 m rechts.

Nach 5 Min. ist die *Kufsteiner Straße* erreicht und auch überquert (ignorieren Sie das hier nach links entlang der Kufsteiner Straße weisende Jakobsweg-Schild). Auf der anderen Straßenseite gehen Sie die kleine Straße geradeaus weiter und stehen nach wenigen Augenblicken an der *Oberen Dorfstraße*, wo Sie wieder auf die Pilger treffen, die entlang der *Kufsteiner Straße*/L211 gekommen sind.

Sie folgen nun unentwegt der *Oberen Dorfstraße* durch verbautes Gebiet, immer parallel zur etwa 100-200 m entfernten und etwas unterhalb liegenden L211. Nach ca. 1,5 km passieren Sie das **Gemeindeamt von Langkampfen** (BANK ✕ ⛟), 200 m danach endet langsam das verbaute Gebiet bei der Ortstafel (den Linksabzweig nach 100 m zur *Kufsteiner Straße* ignorieren Sie natürlich), 750 m nach der Ortstafel passieren Sie einen hohen Bildstock und 500 m nach diesem beginnt wieder verbautes Gebiet - Sie haben **Niederbreitenbach** (BANK ✕ ☕) erreicht (geringfügig mehr als 3 km ab Beginn *Obere Dorfstraße*). Die Straße heißt nun *Burgstraße* und mündet nach 5 Min. in die größere *Mariasteiner Straße* ein.

- 🛏 Fam. Lang, Burgstr. 15, ☏ 053 32/889 18
- ♦ Nagelschmiedhof, Burgstr. 17, ☏ 884 77
- ♦ Landhaus Eger, Veitlweg 2, ☏ 878 85 (0,5 km abseits)
- ♦ Schwarzenauer Theresia, Schönwörthstr. 34 (ca. 0,5 km abseits), ☏ 886 27
- ☺ Nächste 🛏 in Ma. Stein - 2,5 km

Sie folgen der *Mariasteiner Straße* nach rechts ca. 2 km (zwischendurch Umbenennung in *Unterinntalstraße*) und zweigen dann links ab (ca. 5 Min.

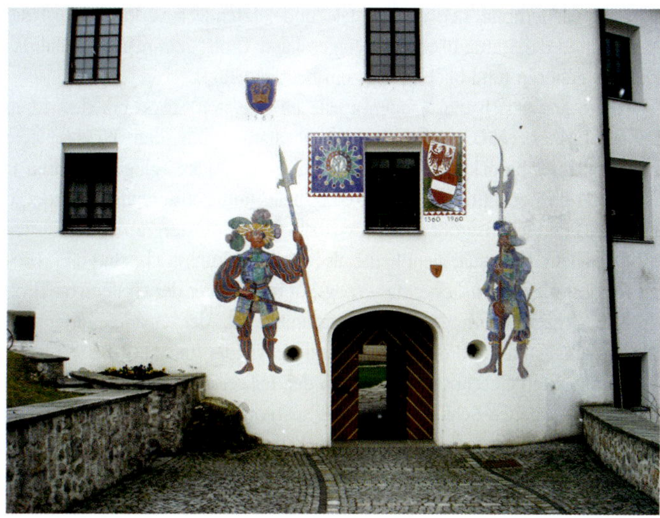

Eingang zur Burgkirche Mariastein

nach der **Ortstafel Mariastein** bzw. dem GH Alpenhof), überqueren ein Bächlein und halten sich danach sofort wieder rechts, steigend. Nach 300 m passieren Sie den GH Kammerhof und 100 m danach die

✝ Burg- und Wallfahrtskirche "Unsere Liebe Frau Geburt"

Die Zeiten im 14. Jh. waren politisch ziemlich instabil - jeder (Bayern, Tiroler, Österreicher) bekämpfte jeden. So kamen die damaligen Herrscher - Herren von Freundsberger - auf die grandiose Idee, vorsichtshalber und auch naheliegend hier einen Wehrturm als letzte Zufluchtsmöglichkeit zu erbauen (irgendwann zwischen 1350 und 1360). 1470 - mittlerweile waren die Herren von Ebbs den Freundsbergern gefolgt - wurde ein Festsaal in eine Kapelle umgewandelt, auch wurde eine Marienstatue dort platziert (woher diese kam und wer sie schnitzte, ist unbekannt, Stilmerkmale lassen auf eine Entstehungszeit Mitte 15. Jh. schließen). 1587 kaufte ein Freiherr von Schlurff die Anlage und brachte die Statue nach Augsburg (wahrscheinlich verkaufte er sie). Engel brachte die Statue aber wieder zurück. Dieser

Vorgang wiederholte sich einige Male und letztendlich verlor Schlurff die Nerven und die Statue blieb im "heiligen Land Tirol" - ein neues Wallfahrtsziel war geboren (und blieb es bis zum heutigen Tag).

Heute findet sich die Gnadenkapelle im obersten Stockwerk des 42 m hohen Turmes (150 Stufen), der Altar stammt aus dem Rokoko (die ursprünglichen barocken, mit Silber beschlagenen Altäre "gingen verloren").

Weiterhin noch Beicht- bzw. Kreuzkapelle (mit gotisierender Holzdecke um 1500 und lebensgroßem Barockkruzifix) sowie "Ostergrab".

Der ehem. Rittersaal dient heute als Museum. Prunkstücke sind die "Tiroler Landesinsignien" - Krone/Erzherzogshut und Zepter der Grafen von Tirol, größter Schatz Tirols, 1602 von Maximilian III. der Gnadenmutter von Mariastein gestiftet und div. Mirakel- und Votivbilder (um 1600).

Im untersten Geschoss findet sich in der, teilweise noch in den gewachsenen Fels gehauenen Schlosskapelle eine spätgotische Pieta.

Im Hof der Kirche ist seit 2009 auch die Herz-Maria-Glocke aus dem Benediktiner-Kloster Scheyern zu sehen. Weitere 🛈 Info-Büro Mariastein, ☎ 053 32/564 85

🛏✕ GH Alpenhof, Mariastein 24, ☎ 053 32/564 75,
💻 www.alpenhof-mariastein.com

♦ Kammerhof, Mariastein 11, ☎ 565 65, 💻 www.kammerhof.eu

♦ Mariasteinerhof, Mariastein 14, ☎ 567 17 od. 📱 06 64/153 56 67,
💻 www.mariasteinerhof.at

☺ Nächste Unterkunft in Baumgarten - 2,5 km

Sie folgen weiterhin der steigenden Asphaltstraße und zweigen nach ca. 200 m (bei HNr. 65) rechts ab. Nach etwa 1 km durch Wohn- und Bauernhäuser hindurch ist eine Gabelung erreicht - linken, asphaltierten Ast nehmen. Nach 200 m ist im dichten Wald eine **quer laufende Asphaltstraße** erreicht - die Jakobsweg-Wegweiser weisen nach rechts (Straße und Waldweg zur Schulhauskapelle) wie nach links (über GH Baumgarten zur Schulhauskapelle), beide Wege weisen eine Länge von jeweils 1,7 km auf.

Da der GH Baumgarten der trad. Ausgangspunkt für Wallfahrten nach Mariastein ist, beschreibe ich diesen Weg. Sie halten sich also links und erreichen nach ca. 200 m die Gemeindestraße. Auf dieser rechts erreichen Sie nach weiteren 750 m im **Ortsteil Baumgarten** von Angerberg den 🛏✕ GH Baumgarten (☎ 053 32/562 12, daneben eine rel. große, schöne Barock-Kapelle, ☺ nächste 🛏 in Breitenbach - 7 km).

Beim Gasthof ist auch die nach Glatzham führende L213 erreicht, der Sie nach rechts folgen. Die Schulhauskapelle ist ca. 750 m nach dem Gasthof erreicht - links der Straße im Gebäude der Volksschule integriert. Sie folgen weiterhin dem Asphalt und passieren noch die 2008 nach einem Brand neu errichtete **Friedenskapelle** (ab hier folgen Sie der L211) und 500 m nach dieser die **Dorfer-Kapelle** (aus 1773).

Ca. 1 km nach dieser wird der Weiler **Glatzham** in gerader Linie durchschritten und etwa 700 m danach sollten Sie rechts abzweigen (die kräfteschonendere Variante ist es aber, geradeaus weiterzugehen, dieser "Mehrweg" (300 m) bringt eigentlich gar nichts), 100 m danach links hinauf. Auf der **Kuppe** gehen Sie die Linkskurve durch die zu Kleinsöll gehörige Siedlung (hieß früher Berg und Egg) hindurch und bei einem **blauen Wegkreuz** zwischen Sigl-Hof und Lechner-Hof wieder steil hinab zur zuvor verlassenen Straße (knapp 1,5 km ab Verlassen derselben), die bei einer Kapelle erreicht wird.

Nun überqueren Sie die Straße und gehen geradeaus weiter - in 1 Min. stehen Sie vor der (meist verschlossenen) ✝ Kirche St. Johannes d. Täufer in **Kleinsöll**. Ein Reihengräberfeld aus dem 9. Jh. beweist das hohe Alter (Gründung wahrscheinlich bereits im 8. Jh.), erste urkundliche Erwähnung 1315, die heutige Form stammt aus dem Jahr 1480, die gotischen Fresken im Chor und die Figuren zweier Bischöfe am Flügelaltar stammen ebenfalls aus dieser Zeit.

Kurz vor der Kirche - **bei HNr. 1** - zweigen Sie rechts ab und stehen sehr schnell bei den letzten Häusern von Kleinsöll und am Beginn eines geschotterten Wirtschaftsweges, der durch eine Wiese hinunter in Richtung Wald führt. Am Waldrand folgt eine Rechtskurve, dann wird der Bach im Wald überquert. Nach 50 m ist der Wald durchschritten, es folgt Jungbestand. 5 Min. später stehen Sie am Rande einer Wiese/Lichtung. Sie müssen weglos die schräg links unten/diagonal gegenüberliegende Ecke erreichen - in jedem Fall maximal 1 Min. Dort zweigt ein schwach erkennbarer Waldweg ab, der nach 30 m in einen **deutlicher ausgeprägten Waldweg** mündet, auf diesem links hinunter. Auch bei der nächsten Einmündung in einen weiteren Waldweg links weiter, der schnell zur Asphaltstraße wird. Auf dieser ist nach 500 m die Hauptstraße von **Breitenbach** erreicht (ggü. die barocke ✝ Pfarrkirche St. Peter).

6252 Breitenbach

⇧ 513 m ✆ 053 38 BANK ✕ Arzt (in Kundl an der anderen Innseite)

- Gemeindeamt, ☏ 77 38, www.breitenbach.at
- TVB Ferienregion Alpbachtal und Tiroler Seenland, ☏ 053 36/60 06 00, www.alpbachtal.at (auch für Kramsach, Rattenberg, Brixlegg, Reith/St. Gertraudis zuständig)
- GH Schwaiger, Ausserdorf 1, ☏ 81 84
- GH Rappold, Dorf 137, ☏ 81 32
- Anna Huber, Dorf 113, ☏ 70 04

Pilgerherberge:

- Tischlerhof (Fam. Mauracher), Dorf 28/Ramsau 1 (ca. 750 m abseits), ☏ 71 68
- ☺ Nächste in Kramsach/Rattenberg - ca. 8/9 km

Etappe 18: Breitenbach (513 m) - Jenbach (563 m)

➲ 22 km, ↑ 420 m, ↓ 360 m, ⌛ 5 bis 6 Std.

Sie gehen die Hauptstraße noch 200 m weiter und biegen bei der **Kämpfer-Kapelle** links in den *Römerweg* ein. Nach 200 m an der Gabelung rechts hinunter Richtung Wald. Nun 15 Min. in sanften Wellen durch den Wald bis zur Asphaltstraße Breitenbach/Kundl-Mariathal, dort rechts hinauf. Nach 5 Min. dem links abzweigenden Sträßlein Richtung Beißelberg/(Paisslberg)/Kramsach 30 Min. bis zu **2 kurz hintereinander liegenden Gabelungen** folgen: bei der 1. geradeaus, bei der 2. links weiter Richtung Kramsach. Nach 1 km (2 Std. ab Breitenbach) erreichen Sie eine kleine Ansammlung von Häusern (eine Siedlung entsteht), 5 Min. später liegt rechts ein (noch) allein stehender Hof (Tafel Fahrverbot/Privatstraße). Der nächste allein stehende Hof liegt 300 bis 400 m entfernt. Kurz (150 m) nach dem ersten Hof zweigt **links ein Wald-**

weg Richtung Kramsach ab (hoffentlich wird das Schild bald erneuert). Es geht nun einige Meter steil bergab durch Wald, dann wird eine kleine Lichtung gequert. Nach der Überquerung eines Waldstreifens stehen Sie an einer Wiese, die geradeaus, eben, genau an der **Abbruchkante** entlang überquert wird (150 m, Pfad nicht klar erkennbar). Wieder im Wald stoßen Sie auf einen steil bergab führenden Hohlweg und folgen ihm. Auf Inn-Niveau überqueren Sie dann einen einmündenden Bach und gehen wieder bergauf. Bei der nächsten Querung eines Zuflusses nach etwa 10 Min. biegen Sie links direkt zum Ufer ab und folgen diesem - zuerst Waldweg, dann befestigte Traktorspur.

Nach 20 Min. beginnt die asphaltierte ***Innpromenade***, weiter geradeaus. Bald folgt das Sträßlein der zufließenden **Brandenburger Ache**, und schnell ist **Voldöpp** (Ortsteil von Kramsach) erreicht. 200 m hinter den ersten Häusern an der **Kreuzung** links zur Rattenberg-Brücke (Richtung Fachental, TVB-Schild "Jakobsweg-Variante") über die Brandenberger Ache, die nach 300 m erreicht ist.

An dieser Kreuzung zeigt ein weiteres TVB-Schild "Jakobsweg" nach rechts. Dieser Weg führt gut beschildert zur Wallfahrtskirche Marienthal und dann über Hagau wieder nach Brixlegg (insg. ca. 6 bis 7 km zusätzlich). Hier wieder den Inn überqueren und am Radweg rechts weiter.

6233 Kramsach ⇧ 520 m ✆ 053 37 Post, Bank, Gasthaus, Geschäft, Apotheke, Arzt

- **i** TVB im Gemeindeamt, ☎ 622 09, 💻 www.kramsach.info
- ♦ TVB Ferienregion Alpbachtal und Tiroler Seenland, ☎ 053 36/60 06 00, 💻 www.alpbachtal.at
- 🛏 Pension Tiroler-Hof, Fachental 62, ☎ 636 55, nur Waschbecken, keine Dusche
- ♦ Haus Pirhofer, Voldöpp 14, ☎ 628 44 (nur 1 DZ)
- ♦ Pension Auer, Claudiaplatz 5 (bei der Weidachkirche 2-3 Min. rechts), ☎ 936 16

Pilgerherberge:

- 🛏 Haus Hubertus, Voldöpp 16, ☎ 623 43

Am anderen Ende der Brücke sehen Sie links die **Waidach-Kirche** (Kriegerdenkmal der Gemeinde Kramsach) und gehen kurz links hinunter, dann rechts und nach einigen Metern gleich wieder links **durch zwei Höfe**

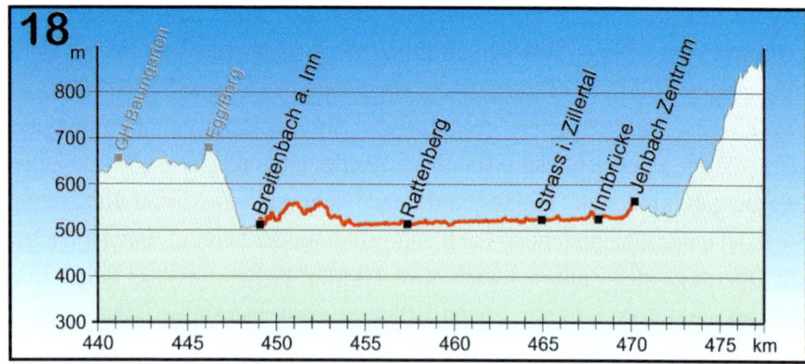

hindurch. Kurz hinter diesen beiden Höfen geht die Straße in einen Radweg über, der die Autobahn unterquert und Sie direkt bis zur **Innbrücke** führt. Sofort hinter der Innbrücke - Sie befinden sich bereits in Rattenberg - rechts ab und nach max. 10 m wieder rechts Richtung Fußgängerzone. Sie stehen am Innufer am Beginn des Radweges Rattenberg-Strass/Zillertal.

6240 Rattenberg ⇧ 520 m ✆ 053 37 Drogerie

TVB Ferienregion Alpbachtal und Tiroler Seenland, ☎ 053 36/60 06 00, www.alpbachtal.at

♦ Ortsinfo Rattenberg-Radfeld, Südtirolerstr. 34a (in Rattenberg), ☎ 633 21, www.rattenberg.at

⌘ Einzigartiges Ensemble im Ortskern, Nagelschmidhäuser (vermutlich 12. Jh., mit Handwerkskunst-Museum), Augustiner-Museum, Geburtshaus und Denkmal der Hl. Notburga, Burg, Schau-Glasbläsereien.

✞ Die Pfarrkirche St. Virgil zählt in ihrer hellen Buntheit wohl zu den schönsten Tirols. Die im beginnenden 18. Jh. erfolgte Innenumgestaltung geht ausschließlich auf die Creme de la Creme barocker Stukkateure, Freskenmaler und Bildhauer zurück. Interessant auch die Zweiteilung der Kirche in Bürger- und Knappenkirche. Unbedingt sehenswert.

GH Schlosskeller, Südtiroler Str. 13, ☎ 651 04, ghschlosskeller@gmx.net

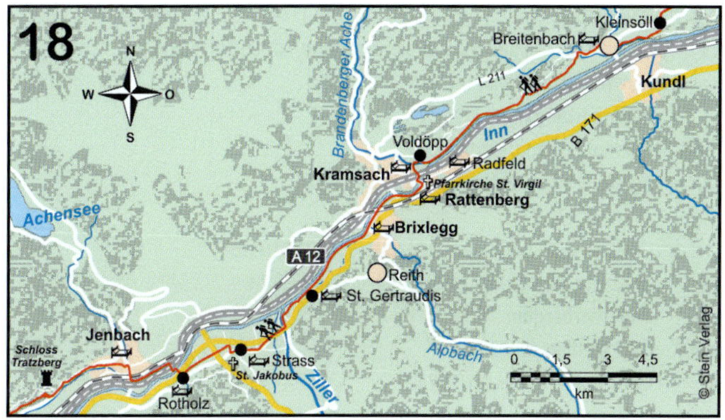

Wenn Sie sofort hinter der Innbrücke links gehen, gelangen Sie schnell nach Radfeld in die *Dorfstraße*. Hier befinden sich mehrere Privatunterkünfte, GH und Hotels auf engstem Raum.

Pilgerherbergen in Radfeld:

🛏 Brizelerhof, Dorfstr. 83, ☏ 647 91

♦ Pension Alpenblick, Dorfstr. 29a, ☏ 639 71

☺ Nächste 🛏 in Brixlegg - 2 km, Reith/St. Gertraudis - 5,5 km, Strass - 8 km

Auf dem Radweg - zuerst dem Inn, dann der Ziller folgend - erreichen Sie nach 7 km die **Brücke über die Ziller**, die Sie benutzen. Dann 300 m auf der B171 weiter und links Richtung Strass/Ortsmitte abbiegen. Nach 1 km stehen Sie vor der ✞ St. Jakob. d. Ä. (4 Std. ab Breitenbach).

Der vom TVB ausgeschilderte Jakobsweg führt nicht am o.e. Radweg entlang, sondern verläuft etwas südöstlich davon (parallel), ist etwas länger und führt auch durch die Zentren der Ortschaften Brixlegg und Reith/St. Gertraudis hindurch. Vom Radweg sind die Ortskerne aber auch nicht weiter als vielleicht 200 m entfernt. Das Ziel - die Jakobskirche in Strass/Zillertal - ist natürlich bei beiden Wegen gleich.

6230 Brixlegg ⇧ 534 m ✆ 053 37 BANK Arzt

Ferienregion Alpbachtal & Tiroler Seenland, ☏ 053 36/60 06 00,
www.alpbachtal.at

Pilgerherbergen:

Pfarrhof Brixlegg, ☏ 624 68

Pension Haberl, Mariahilfbergl 2, ☏ 644 95

6235 Reith im Alpbachtal/St. Gertraudis

wie zuvor, zusätzlich Ortsbüro, ☏ 053 37/626 74

Pilgerherbergen:

Café Martha, ☏ 635 17

♦ GH Kammerlander, ☏ 622 41

6261 Strass/Zillertal ⇧ 520 m ✆ 052 44 BANK Arzt

TVB Strass HNr. 68 (Gemeindezentrum), ☏ 630 40, www.best-of-zillertal.at

Gästehaus Luxner Aloisia, HNr. 9, ☏ 642 38

♦ Schiestl Rosa, Rotholz 126, ☏ 626 83 (abseits, nach Schloss Rotholz links halten)

GH Pfandler, HNr. 18 (kurz vor Kirche), ☏ 621 95

Pilgerherberge:

Premhof, HNr. 14, ☏ 621 65

☺ Nächste Schloss-Rotholz - knapp 2,5 km (nur Juli, August)

Mit ziemlicher Sicherheit war Strass bereits zur Römerzeit besiedelt, wahrscheinlich ab 700 christianisiert, 1112 erstmaliges Erscheinen des Ortsnamens (der Name rührt von der uralten Bezeichnung des Ortes her: St. Jakob an der Straße - ein Hinweis auf die Dorfstruktur (Zeilendorf). Ab beginnendem 16. Jh. Beginn des Bergbaus (Kupfer, Silber). Heute ist der (Zillertal-)Tourismus die wirtschaftliche Grundlage.

St. Jakobus Mayor - 1337 erstmals urkundlich erwähnt, damals stand schon der Chor in heutiger Gestalt. Erste Erweiterungen (Turm) zu Beginn des 16. Jh., weitere folgten 1736 - der aktuelle einheitliche, harmonisch abgestimmte Raum entstand. Die Barockisierung des Innenraumes führte abschließend Baumeister Jakob Singer aus Schwaz durch. St. Jakob ist gemalt im

Hochaltarbild (Anton Kirchebner aus Götzens) und im zentralen Deckenfresko (Kirchebner oder Thomas Gwercher/Brixlegg) und als spätgotische Skulptur (unbekannter Meister, wahrscheinlich um 1500) rechts des Volksaltars zu sehen. Ein Pilgerpassstempel befindet sich beim Zeitschriften-/Infoständer.

✞ Wallfahrtskirche Maria Brettfall/Maria Heimsuchung - Geht vermutlich auf eine keltische oder frühgermanische Wallburg zurück. Danach (käuflich zu erwerbende) Einsiedelei; erster (nachweisbarer) Einsiedler war Stoff Weymoser (ab 1536), der bekannteste Franz Margreiter/Brettfall-Franzl (ab 1787), er betätigte sich auch als Kupferstecher (Andachtsbildchen). Erste gemauerte Kapelle 1711, heutige Gestalt (erbaut zwischen 1726-29) könnte auf Jakob Singer zurückgehen. Der Hochaltar ist ein spätbarockes Werk, die Rückseite des marianischen Bildnisses weist allerdings Merkmale der Gotik auf. Eines der Kleider der Muttergottes-Statue soll Kaiserin Maria Theresia gespendet haben. Restaurierung zwischen 1851-53, aus dieser Zeit stammen die Seitenaltäre. 1922 wurde die Statue vom Haller Bildhauer Josef Bachlechner umgeschnitzt.

Beachtenswert sind auch die Reliquien des Hl. Secundinus in barockem Glasschrein - ein Ankauf für 150 Gulden durch den Eremiten Margreiter. Bemerkenswert sind ebenfalls die Votivbilder-Sammlung sowie die Krippe, deren älteste Figuren aus dem 18. möglicherweise 17. Jh. stammen. Der Weg über Ma. Brettfall zweigt kurz vor dem u.e. Haus Nr. 3 links ab. Wenn Sie bei der Kirche angelangt sind, gehen Sie beschildert Richtung Jenbach weiter. Wieder im Tal angelangt, gehen Sie dann beim GH Esterhammer geradeaus weiter über den Innsteg.

Die Hauptstraße geradeaus weitergehen, die nächste Vorfahrtstraße in gerader Gehrichtung überqueren (beim Souvenir-Center), ebenso die **Eisenbahngleise**. Nun geradeaus weiter bis zum **HNr. 3** (linke Straßenseite), dort rechts abzweigen Richtung Rotholz/Lindenallee; 500 m ab der Kirche. Sie überqueren bald wieder das Gleis der Zillertalbahn, gehen noch 100 m weiter und kommen knapp vor der B171 in einer Linkskurve zu einer schöne **Lindenallee**, die schnurgerade in 1 Std. zum Eingang des **Schlosses Rotholz**/Landwirtschaftliche Landeslehranstalt Rotholz (🛏 ☏ 052 44/621 61, 🚪 nur Juli, August, ☺ nächste 🛏 in Jenbach-City - 2,5 km) führt.

Durch den Innenhof hindurch (falls geschlossen, Gebäude rechts umrunden), danach die Holzbrücke überqueren. Einige Meter dahinter, am Ende des Grundstückes **HNr. 353**, links hinunter und die B171 unterqueren, sofort danach über den **Innsteg**. Danach in der Links-Rechts-Kurve unter der Autobahn hindurch, dann links weiter. Bei der ersten Möglichkeit rechts ab (Sackgasse, entlang einer Naturstein-Mauer) bis zur **Eisenbahn-Unterführung**, an deren Ende der *Rotholzerweg* ansteigt, dem Sie 15 Min. bis zu seiner Einmündung in einen großen **Kreisverkehr** folgen (Tankstelle, SB-Laden, Jenbacher-Werke). Sie gehen rechts in die *Achenseestraße* und kurz steil bergauf. Bei **HNr. 35** links Richtung Stams in die steile *Schloss-Tratzbergstraße* einbiegen. Nach 2 Min. stehen Sie vor der ✞ St. Wolfgang.

6200 Jenbach ⇧ 563 m ✆ 052 44 Post BANK Arzt

- TVB Silberregion Karwendel, Münchener Str. 11, Schwaz, ☎ 052 42/632 40, www.silberregion-karwendel.at (auch für Stans,Vomp, Terfens zuständig)
- ♦ Gemeindeamt Jenbach, ☎ 052 44/69 30, www.jenbach.at
- Christina Hofreiter, Kirchgasse 7, ☎ 650 16
- ♦ Marianne Grafl, Feldgasse 15a (nicht direkt am Weg, aber günstig), ☎ 663 26
- ♦ Fam. Egerbacher, etwas außerhalb an der Tratzbergstraße gelegen, ☎ 052 44/618 88

Pilgerherberge:

- Fr. Birgit Seidl, Rotholzerweg 15 (Ecke Sieglstr., direkt am Weg, Muschel am Zaun), ☎ 052 44/613 79, kleine, aber feine Unterkunft nur für Pilger, Küchenbenutzung, Waschmaschine vorhanden, Abendessen möglich
- ☺ Nächste Abtei Fiecht - 11 km (gerade noch Pilgerkategorie)

Etappe 19:
Jenbach (563 m) - St. Martin/Gnadenwald (906 m)

➲ 26 km, ↑ 1.400 m, ↓ 1.100 m, ⧗ 7 bis 8 Std.

Es stehen zwei Wege zur Verfügung und ich weiche hier das einzige Mal von der Maxime des kürzesten Weges ab und gebe dem ca. 2 km längeren Weg über St. Georgenberg (gleichbedeutend mit "Muschelweg") aufgrund der landschaftlichen Schönheit und des beeindruckenden kulturhistorischen Kloster-Ensembles den Vorzug. Die kürzere Möglichkeit führt "im Tal" über Stans zur Abtei Fiecht, wo beide Wege wieder zusammentreffen und nach Vomp weiterführen (auch die ersten 4 km laufen parallel). Dieser Weg weist 350 Steigungsmeter (und 420 Gefällemeter) weniger auf, dafür stapft man aber über sehr viel Asphaltbelag. Die Beschilderung mit gelben Jakobsweg-Pfeilen ist einwandfrei, eine genaue Beschreibung kann somit entfallen. Falls Sie die kürzere "Tal-Variante" wählen (bezüglich Übernachtung ist es besser, vor oder nach Stans zu bleiben, also Jenbach oder Abtei Fiecht bzw. Vomp):

6135 Stans

⇧ 563 m ✆ 052 42 BANK Arzt

- TVB Silberregion Karwendel (☞ Info-Block Jenbach)
- ♦ Info-Büro in Stans, ☎ 69 09 38 30
- ♦ Gemeindeamt, ☎ 635 78, www.stans.tirol.gv.at
- Landgasthof Brandstätter-Hof, Oberdorf 74, ☎ 052 42/635 82 (über Pilgerkategorie), www.brandstetterhof.com
- Plattner-Hof, Oberdorf 76, ☎ 630 24

Von der Kirche weiter auf der *Schloss-Tratzbergstraße*, bis rechts ein **Schild** zur "Burg Tratzberg" weist (3 km nach der ✞ St. Wolfgang, Sie können auch hier bereits geradeaus der Straße nach Stans folgen und sich einige Höhenmeter ersparen). Sie folgen nun der rechts abzweigenden, bald steigenden Asphaltstraße, gehen am Parkplatz und "Schlosswirt" vorbei und zweigen nach etwa 15 Min. in der zweiten Spitzkehre (**Wegkreuz**) links in den Güterweg Richtung Stans ab.

Einige Meter hinter dem schnell erreichten Hof an der Weggabelung den linken Abzweig nehmen. Einige Minuten hinter dem Hof wird ein Wald und ein weiterer Waldweg erreicht, links weiter Richtung Stans. Nach 10 Min. mündet dieser Waldweg/Forststraße in eine Asphaltstraße - rechts hinauf Richtung Georgenberg/Maria Tax (missachten Sie die Wegweiser nach Stans). In der zweiten Kehre bei der **Station 1 eines Kreuzweges** links in eine bergauf führende Forststraße einbiegen Richtung Georgenberg. Die beiden Abzweigungen vor und nach der **Station 3** ignorieren, geradeaus weiter. Kurz nach **Station 4** an der Kreuzung rechts weiter nach St. Georgenberg. Wer hier nicht den beschilderten Abstecher über die Wallfahrtskirche Maria Tax

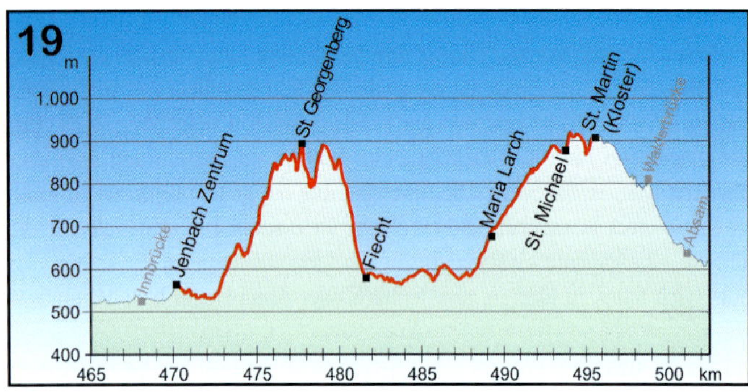

wählt, geht den Kreuzweg weiter. Bei **Station 10** geht es an der Kreuzung geradeaus weiter Richtung Georgenberg/Wolfsklamm. Bei **Station 14** rechts abzweigen, nach 2 Min. ist die Wallfahrtskirche St. Georgenberg in Sichtweite (1 Std. ab Beginn des Kreuzwegs). Sie folgen der Asphaltstraße 5 Min. hinauf bis zu einer links abzweigenden Forststraße. Bei deren Teilung nehmen Sie den links hinunterführenden Weg und stehen nach 3 Min. vor dem Eingangsturm der **Hohen Brücke**, dem einzigen Zugang zur Wallfahrtskirche. Die Brücke führt über die Wolfsbachklamm und nach 1 Min. stehen Sie vor der ✝ St. Georgenberg, der wahrscheinlich ältesten Wallfahrtskirche Tirols, zurückdatierbar bis 950 (Einsiedelei, erster Einsiedler und Gründer Rathold von Aibling), 1138 Erhebung zur Benediktiner-Abtei (Bau einer Kirche zu Ehren des Hl. Georg und Jacobus d.Ä.). Anfang 14. Jh. Blutwunder (Messwein verwandelte sich in das Blut Christi, wird heute in Monstranz verehrt), 1705 zerstörte ein Brand die Abtei, Verlegung der Abtei nach Fiecht, 1735 wurde die heutige St. Georgs-Kirche geweiht, 1970 erste umfassende Renovierungsarbeiten.

Sie gehen wieder über die Brücke zurück und folgen dem breiten Güterweg durch die Wolfsbachklamm 15 Min. hinunter bis zu einer **Holzbrücke**, überqueren den Bach, und halten sich weiter Richtung Vomp/Fiecht. Nach 30 Min. ab Brücke die nach links führende Abzweigung Richtung Stans ignorieren, geradeaus weiter. 50 m danach erreichen Sie bei einem großen **Jerusalem-Wegkreuz** eine Asphaltstraße. Sie halten sich auf dieser links und zwei-

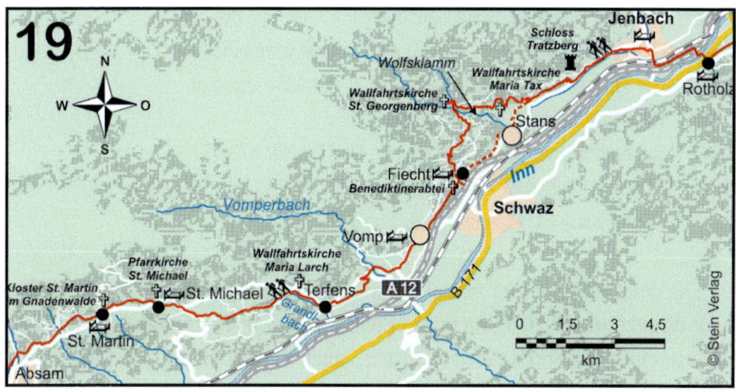

gen 15 Min. nach dem Kreuz links in den vergleichsweise steilen Waldweg ein, der Sie in 10 Min. wieder zu einer Asphaltstraße bringt, hier rechts, bei der nächsten Möglichkeit (50 m, Brunnen) links hinunter nach Fiecht. Nach 300 m liegt direkt vor Ihnen die 1740 erbaute, spätbarocke ✝ Stiftskirche St. Josef (sehenswerte Fresken von Matthäus Günter und Beichtstuhlfiguren von Franz Xaver Nissl) der **Benediktinerabtei Fiecht** 🛏, ☎ 052 42/632 76, Pforte DW 11, quasi-normaler Hotelbetrieb, gerade noch Pilger-Kategorie (hier treffen auch diejenigen, die über Stans gegangen sind, wieder dazu), ☺ nächste 🛏 in Vomp - 2 km.

An der Rückseite der Kirche (dem Parkplatz gegenüber) führt ein asphaltierter Wirtschaftsweg durch Wiesen und Felder Richtung Vomp/Südwesten (Fahrverbot). Sie folgen ihm 300 m und treffen auf eine Kreuzung, geradeaus weiter. Ab den ersten Häusern von Vomp heißt dieser Weg *Schnittlauchgasse*. Diese mündet in eine Vorfahrtstraße, rechts hinauf und nach 50 m befinden Sie sich - 30 Min. ab Stift Fiecht - im Zentrum von Vomp.

6134 Vomp

⇧ 560 m ✆ 052 42 📯 BANK ⛽ ✕

- **i** kein Info-Büro vor Ort, zuständig ist TVB Silberregion Karwendel (☞ Info-Block Jenbach)
- ♦ Gemeindeamt, Dorf 69, ☎ 632 37, 💻 www.vomp.tirol.gv.at

☺ Nehmen Sie im August, was Sie bekommen - das gilt für die gesamte Strecke bis Innsbruck.

🛏 Annelies Dornauer, Schnittlauchgasse 25, ☏ 653 80

🛏✕ GH Vomperhof, Dorf 4, ☏ 621 47, 💻 www.vomperhof.at

♦ GH Traube, Dorf 63, ☏ 622 54, 💻 www.traube-vomp.at

Pilgerherbergen:

🛏 Bauernhof Untergalln/Maria Rainer, Dorf 37, ☏ 673 53

✝🛏 Pfarrhof, ☏ 644 81

☺ Nächste 🛏 St. Michael/Gnadenwald - 10 km

Der Weg führt an der Hauptstraße (*Dorf*) entlang weiter zu einer Gabelung (**Wegkreuz**, 500 m), hier links Richtung Terfens weiter auf Asphalt L222 bis zu einer größeren Vorfahrtstraße, auch hier Richtung Terfens weiter (rechts unten sehen Sie einen kleinen Teil der riesigen Schottergrube, die schon seit 30 Min. und auch weiterhin Umwege erforderlich macht). Schnell danach wird der **Vomperbach** überquert.

Der "Jakobsweg Tirol" führt nun an der Asphaltstraße weiter und zweigt ca. 500 m nach der Brücke links ab (Sie können aber genauso gut die Asphaltstraße weiter nach Terfens-Zentrum gehen - ca. 500 m Wegersparnis). Nach etwa 100 m zweigt rechts ein ebenfalls asphaltierter Feldweg ab, der - immer geradeaus weiter - nach 1 km bei den ersten Häusern von Terfens wieder in die zuvor verlassene Landstraße kurz nach einem Wegkreuz einmündet. Nun auf dieser links und nach nicht einmal 500 m stehen Sie an der Pfarrkirche St. Juliana an der zentralen Kreuzung von **Terfens** (⇧ 590 m 📯 BANK 🚉 ✕).

Der in weiterer Folge zu benutzende "Maria-Larcher-Besinnungsweg" wurde in den letzten Jahren neu angelegt und konnte während der Arbeiten natürlich nicht benutzt werden. Während dieser Zeit wiesen die gelb-blauen Jakobsweg-Schilder einen anderen Weg und umgingen Terfens; möglicherweise stehen diese Schilder noch immer. In diesem Fall halten Sie sich an der o.e. Landstraße nicht links, sondern überqueren diese und gehen Richtung Wald weiter. Nach 200 m ist dieser erreicht und Sie halten sich am Waldrand links. Nach etwa 750 m stößt der Weg in den Wald hinein (hier nicht links zur Straße abzweigen) und Sie gehen parallel zur Landstraße weiter. Nach ca. 5 Min. ist diese erreicht und Sie folgen dem Schild "Maria Larch" zur Wallfahrtskirche, noch ca. 5 Min.

Noch vor der Kirche zweigen Sie rechts in den *Schmiedeweg* ein, gehen an Feuerwehr und Schmiede vorbei. Sofort hinter dieser rechts in den Wald hinein/bergauf. Hier beginnt der **Maria Larcher-Besinnungsweg** entlang dem Grandlbaches und bereits nach 30 Min. ab Terfens lugen die kleine (verschlossene) **Wallfahrtskirche Maria Larch** und die (geöffnete) St. Florian Kapelle durch die Bäume.

Auf dem Weg bleibend kommen Sie kurz hinter der Kirche auf eine Asphaltstraße - links auf dieser weiter - und treffen auf die **Erscheinungs-Kapelle**. 150 m dahinter zweigt rechts von der Asphaltstraße ein Waldweg ab, der schnell zu einem Wirtschaftsweg wird und bergauf führt. An der ersten Gabelung nach 5 Min. rechts weiter. Nach weiteren 5 Min. an der nächsten Gabelung rechts dem Wirtschaftsweg folgen. 10 Min. nach der Gabelung den rechts abzweigenden Weg ignorieren, ebenso den kurz darauf links abzweigenden "Rundwanderweg Thierburg". 5 Min. später biegen Sie bei dem **Bildstock** St. Martin in einen Güterweg links ein und überqueren die kleine Brücke.

An der nächsten Kreuzung (nach 5 Min.) gehen Sie geradeaus Richtung Wegkreuz/Erinnerungstafel. Kurz danach sehen Sie das kleine weiße Gebäude der **Pumpanlage Taxertal**, kurz vorher verläuft eine Asphaltstraße, dort gehen Sie rechts. Nach 5 Min. an der Vorfahrtstraße rechts weiter. Nach weiteren 5 Min. erreichen Sie den Ortsrand von St. Michael (zu Gnadenwald gehöriger Ortsteil).

Bei **HNr. 90** (bemalte Balkonbrüstungsfelder) links ab. Das erste Mal seit Maria Larch geht es ein klein wenig bergab. An der nächsten Kreuzung (**Bildstock** Maria mit dem Kinde, getriebene Metallplatte) rechts ab, dann über die Brücke (Bildstock zwischen Eiben). Hinter der folgenden Links-Rechts-Kurve liegt die urkundlich erstmals 1337 erwähnte (wahrscheinlich aber 300 Jahre ältere) ✞ Pfarrkirche St. Michael in voller Pracht vor Ihnen (1 Std. ab Maria Larch).

6060 Gnadenwald ⇧ 890 m ✆ 052 23 ✕

i kein Büro vor Ort, zuständig ist TVB Hall-Wattens, ☎ 455 44-0 bzw. Ortsbüro Absam, Dörferstr. 37, ☎ 531 90, 💻 www.regionhall.at

♦ Gemeindeamt, ☎ 481 55, 💻 www.gnadenwald.tirol.gv.at

Geburtsort von Josef Speckbacher - Freiheitskämpfer, Kampfgenosse und rechte Hand von Andreas Hofer.

Ortsteil St. Michael:

🛏✕ GH Michaeler-Hof, ☏ 481 28, 💻 www.michaelerhof.at

Pilgerherberge:

🛏 Koglerhof, HNr. 43, ☏ 481 17

Ortsteil St. Martin:

🛏 Pension Martinsstuben, ☏ 525 01, 💻 www.martinsstuben.at

🛏✕ Alpenhotel Speckbacherhof, ☏ 525 11, 💻 www.alpenhotel-speckbacherhof.at

☺ Nächste 🛏 Gästehaus Kloster St. Martin - 2 km

Zwischen Kirche und Widum (= Pfarrhof) führt ein kleiner asphaltierter Weg 30 m hinauf zum Gemeindeamt und zu einer etwas breiteren Asphaltstraße. Auf dieser links, nach 50 m (nach Rechtskurve) geradeaus weiter zur Durchgangsstraße Terfens - Absam. An dieser links 50 m weiter und dann rechts in einen Waldweg hinein, sofort links = Beginn/Ende des **Waldlehrpfades**, der Sie bis zur Wallfahrtskirche/Kloster St. Martin/Gnadenwald bringt:

An der ersten Kreuzung nach 10 Min. geradeaus, an der nächsten Gabelung den linken Weg nehmen (der rechte Abzweig könnte zumindest nach Regenfällen überschwemmt sein) und über die Brücke weiter. An der folgenden Kreuzung geradeaus weiter und am Waldrand entlang, stellenweise etwas undeutlich. Bald erreichen Sie die ersten Häuser von St. Martin. Rechts weiter, kurz steil bergauf (nach wie vor Waldlehrpfad), dann eine Zeit lang eben. Kurz nachdem sich der Weg gesenkt hat, ist Ihre Entscheidung fällig (10 Min. nach den ersten Häusern von St. Martin): Sie können dem Weg geradeaus nach Absam folgen oder Sie gehen links 100 m hinunter und dann maximal 1 Min. rechts eben weiter.

Auf diese Weise kommen Sie zum erstmals 1337 urkundlich erwähnten, später barockisierten und seit 1939 von den Schulschwestern betriebenen **Kloster St. Martin im Gnadenwalde** - ✝🏠 Pforte, ☏ 525 28 oder 526 86, ☺ nächste 🛏 in Absam - 5,5 km.

Etappe 20: St. Martin/Gnadenwald (906 m) - Innsbruck (570 m)

➲ 16 km, ↑ 230 m, ↓ 560 m, ⌛ 3 bis 4 Std.

Das Kloster ist auch Beginn/Ende des **Besinnungsweges** Absam-Gnadenwald - d.h. vom Kloster wieder 1 Min. zurück und im Wald links kurz hinaufgehen, am **Waldlehrpfad** wieder links. 10 Min. hinter dem Kloster an der Asphaltstraße links hinunter und nach 50 m rechts den geschotterten Waldweg nehmen. 20 Min. nach St. Martin kommen Sie zu einer Kreuzung, geradeaus weiter Richtung "Rothmoos/Absamer Erholungs-/Schiwanderweg".

An der nächsten Kreuzung ebenfalls geradeaus. 5 Min. später sehen Sie ca. 100 m entfernt eine Schranke sowie die Asphaltstraße. Hier folgen Sie rechts dem Besinnungsweg. An der folgenden Kreuzung geradeaus und in der Linkskurve weiter, bei der **Walderkapelle** vorbei und an der nächsten Kreuzung wieder geradeaus (der Besinnungsweg wird hier verlassen, er endet links unten am Parkplatz).

Die beiden folgenden Kreuzungen/Gabelungen überqueren Sie wieder geradeaus und nach wenigen Metern stehen Sie an der **Walderbrücke** über den Weißenbach. Sie nutzen die Brücke und stehen an der Straße *Halltal*. Sie halten sich auf dieser links hinunter und zweigen bei der nächsten Möglichkeit, nach rd. 100 m, rechts in einen fallenden, asphaltierten Wiesenweg ab (bei Parkplatz). Etwa 500 m nach Abzweig überqueren Sie die *Jägerstraße* in gerader Linie und treffen 1 km danach auf die *Semmelweißstraße* (= Verlängerung des Wiesenweges, bis hierher begleitet Sie der **Amtsbach** immer linker Hand). Sie folgen der *Semmelweißstraße* vielleicht 200 m und zweigen bei der nächsten Kreuzung links in den *Schützenweg* ab. Dieser mündet sofort in die *Stainerstraße* - rechts weiter bis zur *Dörferstraße*, dort wieder rechts 100 m zur Basilika "Hl. Erzengel St. Michael" (üblicherweise aber "Maria-Absam" genannt).

6067 Absam

⇧ 632 m ✆ 052 23 Post BANK Arzt

i TVB Hall-Wattens/Ortsbüro Absam, Dörferstr. 37, ☎ 052 23/531 90, www.regionhall.at

♦ Gemeindeamt, Dörferstr. 32, ☎ 564 89, www.absam.at

Erste urkundliche Erwähnung (Abazanes) 995. 1797 erschien Rosina Buecher die Muttergottes; die Kirche entstand, seit Juni 2000 Basilika. Die sehenswerte Votivtafel-Kapelle befindet sich im Messnerhaus/Pfarrsaal. In der Stainerstr. 12 befindet sich das Haus der Erscheinung. Neben der Wallfahrt ist noch Jakob Stainer (1617-1683) erwähnenswert. Er betrieb sein Handwerk Geigenbau im HNr. 7 der heute nach ihm benannten Straße. Die von ihm gefertigten Geigen zählen nach wie vor zu den gefragtesten der Welt.

- Gästeheim Jehle, Herzleierweg 16, ☏ 564 58
- ♦ Haus Fischler, Schindlstr. 1, ☏ 445 60
- ♦ Haus Strasser, Salzbergstr. 60, ☏ 556 80
- ♦ Schlaucherhof, Feldweg 1b, ☏ 416 61
- ☺ Nächste in Thaur - 2,5 km

Der Weg nach Innsbruck-Zentrum ist lang und führt fast ausschließlich durch verbautes Gebiet. Direkt vor der Basilika fahren die Buslinien D und E (via Rum und Mühlauer Brücke) bis ins Zentrum von Innsbruck.

Von der Basilika halten Sie sich auf der *Dörferstraße* einige Meter Richtung Westen, zweigen dann zwischen "Haus der Senioren" und **Friedhof** rechts in den *Bürgermeister-Artur-Wechselberger-Weg* ein und gehen sofort nach dem "Haus der Senioren" wieder links einen Güterweg weiter. Wenn Sie nun alle Kreuzungen in gerader Linie queren und strikt Richtung Westen gehen, gelangen Sie nach etwa 1 km zum **Kinzachbach**, queren diesen und gehen geradeaus weiter. Der Weg geht bald in die asphaltierte *Vigilgasse* über, die bei der ✝ St. Vigilius (im 15. Jh. erstmals urkundlich erwähnt, das heutige Gebäude wurde um 1640 von Salzberg-Arbeitern errichtet)

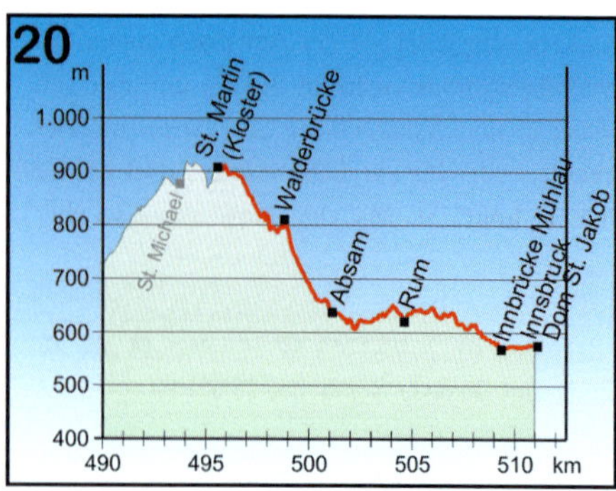

in die *Solegasse* mündet. Sie folgen dieser nach rechts noch ca. 250 m weiter bis zum *Dorfplatz* - die ✞ Pfarrkirche Maria Himmelfahrt (Ende 15. Jh. errichtet, Ende 18. Jh. barockisiert) befindet sich rechts oben.

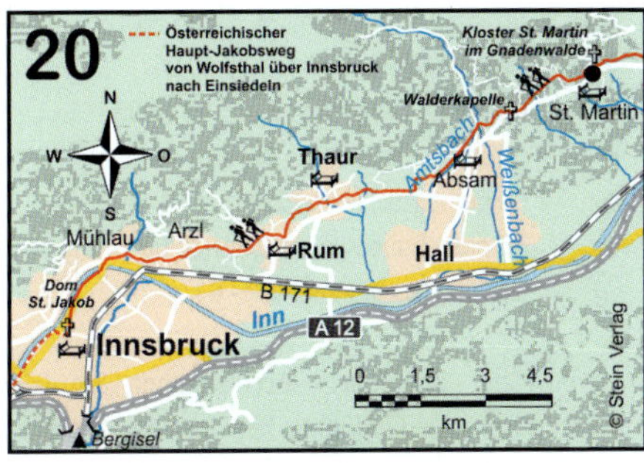

6065 Thaur ⇧ 633 m ✆ 052 23 Arzt Zahnarzt

i	kein Info-Büro vor Ort, TVB Hall-Wattens, ☏ 052 23/455 44-0, www.regionhall.at
♦	Gemeindeamt Thaur, ☏ 49 28 61, www.thaur.tirol.gv.at
🛏	Haus Isser, Soleg. 25, ☏ 49 28 32
♦	Haus Moser, Stollenstr. 12, ☏ 49 37 09
♦	Gästehaus Sonnenheim, Stollenstr. 45, ☏ 06 76/604 63 53
♦	Pension (garni) Post, Kirchgasse 6, ☏ 49 23 15
🛏	Haus Norz, Langgasse 23, ☏ 49 23 05
🛏✕	Hotel/GH Purner, Dorfplatz 5, ☏ 491 49
♦	GH Stangl, Kirchgasse 2, ☏ 49 28 28
☺	Nächste 🛏 in Rum - etwas mehr als 1 km

Der Thaurer *Dorfplatz* wird in gerader Linie gequert und einige Meter danach zweigen Sie links in den *Rumer-Weg* ein. Bei einer Gabelung nach ca. 500 m (bei **Wegkreuz**) nehmen Sie den linken Ast. Dieser wird schnell zum *Thaurer Weg*, dann (am **Ende des Friedhofes**) zum *Friedhofsweg*, der direkt zur Rumer ✞ Pfarrkirche St. Georg führt.

6063 Rum ⇧ 622 m ✆ 05 12 Arzt Zahnarzt

i	TVB, ☏ 26 32 35, web www.rum-innsbruck.at
✞	Pfarrhof (Notunterkunft für max. 2 Personen), ☏ 26 24 11 (Do 17:00-19:00)
🛏	R. Hölzl, Langer Graben 10, ☏ 26 14 04
♦	Anna Schreiner, Friedhofsweg 6, ☏ 26 50 43

- 🛏 Schirmer, Finkenberg 23, ☏ 26 88 12
- ♦ Painer, Dörferstr. 30, ☏ 20 40 26
- ♦ Halbwirth, Gartenweg 5, ☏ 93 28 96
- ♦ Gfrerer, Neugasse 10, ☏ 26 33 41
- ♦ Geigerhof, Schulstr. 32, ☏ 26 61 06
- ♦ Brunner, Bauerngasse 1, ☏ 20 50 74
- ☺ Nächste 🛏 in Innsbruck - 6 km

Von der St.-Georgs-Kirche gehen Sie wieder die *Dörferstraße* nach Westen. An der Gabelung bei der **Marienkapelle** (nach ca. 400 m) nehmen Sie den linken Abzweig (nach wie vor *Dörferstraße*). Von nun an geht's immer geradeaus weiter - ab Gemeindegrenze Rum wird die *Dörferstraße* in *Rumer Straße* umbenannt, im Gebiet von Arzl *Arzler Straße*. Bei der **Kreuzung in Mühlau** - ca. 4 km ab Rum/Kirche - halten Sie sich links in die *Anton-Rauch-Straße*, queren den Inn auf der **Mühlauer-Brücke** (mit Jakobs-Statue) und gehen den *Rennweg* geradeaus weiter bis zum Dom St. Jakob (ca. 1,5 km ab Mühlauer Brücke).

Der Muschelweg verfolgt ab Rum bis Arzl einen etwas anderen, etwa 750 m längeren Wegverlauf durch die "Gemüsefelder". D.h. bei oder nach Regen: Schlamm, Schlamm, Schlamm. Abgesehen davon ist die Wegfindung selbst bei Schönwetter ein Abenteuer der Sonderklasse und letztendlich landen Sie nach ca. 2,5 km in Arzl doch wieder auf dem Asphalt des TVB-Weges. Ich nehme daher von einer Beschreibung Abstand.

6021 Innsbruck

⇧ 570 m ✆ 05 12

BANK Arzt, Zahnarzt

i Innsbruck Tourismus, Burggraben 3, ☏ 53 56 od. 598 50, 💻 www.innsbruck.info
Für 🛏 Zimmervermittlung ist das Büro am Hauptbahnhof besser geeignet 9:00 bis 19:00, ☏ 58 37 66 bzw. auch die "Innsbruck-Reservierung" ☏ 56 20 00.

Zwischen Karwendelgebirge, Patscherkofel und Hafelekar eingebettete Hauptstadt Tirols. Bischofssitz, Handels- und Verkehrszentrum, Messestadt, einer der wichtigsten Fremdenverkehrs- und Kongressorte Österreichs. 1180 erstmals urkundlich erwähnt, um 1200 Stadtrecht, 1363 kam es mit Tirol zum Habsburgerreich. Zwischen 1806-14 zu Bayern gehörig, seit 1815 wieder Tiroler Landeshauptstadt.

⌘ Die gesamte Altstadt mit Lauben- und Erkerhäusern, Ottoburg (Wohnturm von 1495, heute Gastronomie), Neuhof mit Goldenem Dachl (Prunkerker, 1495), Altes Rathaus mit Stadtturm (geht zurück auf 1358, 1691 umgestaltet), Hofburg mit Hofkirche (1553 Baubeginn), Grabmal Kaiser Maximilians I., alte Universität mit Jesuitenkirche (1627), barocke Spitalkirche, Landhaus, Annasäule, Triumphpforte.

✞ Dom- und Propstei St. Jakob - Die Vorgängerkirchen erlitten durch Erdbeben schwere Beschädigungen, zwischen 1717 und 1724 barocker Neubau mit strengem, wuchtigem Äußeren. Im Gegensatz dazu schillert das Innere in anmutigem Glanz. Die einzigartigen, dem Hl. Jacobus gewidmeten Deckengemälde und Stuckarbeiten der drei Flachkuppeln im Langhaus sowie der Hochkuppel des Chores stammen von den berühmten süddeutschen Meistern Cosmas Damian (Malerei, 1686-1739) und Egid Quirin Asam (Stuck, 1692-1750). Die Kanzel stammt von B. Moll (Schüler Georg Raphael Donners). Die einzige Aufgabe des überaus prächtigen Hochaltares scheint es zu sein, für das Gnadenbild (Mariahilfbild, Lucas Cranach d. Ä., 1472-1553) einen würdigen Rahmen abzugeben. Das Bild gilt als das meistverbreitete Marienbild im süddeutschen bzw. altösterreichischen Raum - allein im deutschen Raum werden 500 Kopien verehrt.

✞ Caritas/Integrationshaus, Gumppstr. 71, ☏ 36 11 15 (Büro nur Mo bis Fr 8:00 bis 10:00 besetzt!), in der Regel ist jedoch immer ein Ansprechpartner im Heim anwesend. Im äußersten Notfall ist es auch erlaubt, in der Kapelle zu nächtigen (24 Std./Tag geöffnet).

♦ Prämonstratenser-Kloster Wilten, Klostergasse 7 (etwas abseits, begrenztes Platzangebot), ☏ 58 30 48. Basilika wie Stiftskirche zählen zu den eindrucksvollsten Sehenswürdigkeiten Innsbrucks.

♦ Besinnungs- + Bildungshaus der Barmherzigen Schwestern, Haus Marillac, Sennstraße (bei Hungerburgbahn), ☏ 57 23 13-0,
✉ haus.marillac@barmherzige-schwestern.at (über der Pilgerkategorie)

- Fritz-Prior-Schweden-Haus, Rennweg 17B (am östlichen Rand des Zentrums, nur Juli und August), ☎ 58 58 14
- ♦ Jugendherberge Reichenauerstr. 147 (im Osten der Stadt), ☎ 34 61 79
- ♦ Volkshaus Innsbruck, Radetzkystr. 47, ☎ 39 58 82, 06 64/266 70 04, jgh.volkshaus-ibk@aon.at
- ♦ Landessportcenter Tirol, Olympiastr. 10 a (etwas abseits, hinter dem Bahnhof), ☎ 05 12/33 83 84-61, landessportcenter@olympiaworld.at

Wenn Sie in einer der angeführten Herbergen nicht unterkommen, wird es zumindest im August eng. Die Damen des Tourismus-Hauses am Hauptbahnhof (!) versicherten mir aber glaubhaft, dass sie immer ein Zimmer finden.

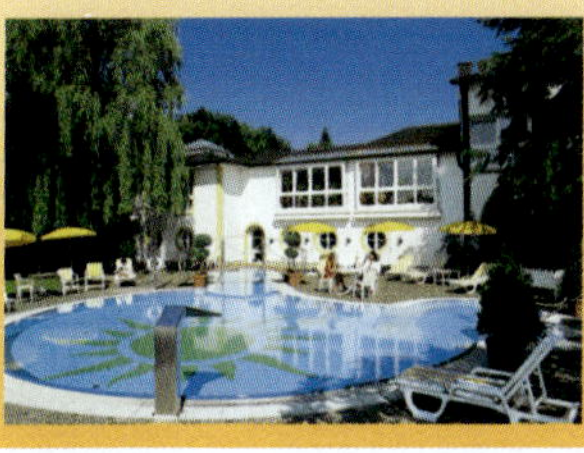

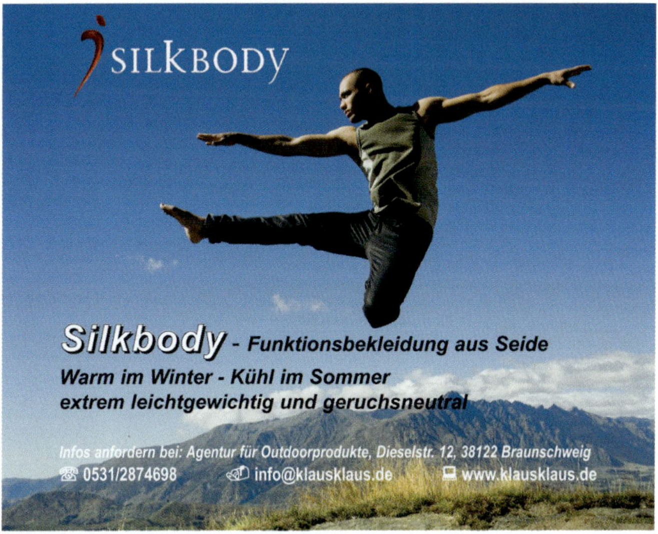

Unterwegs auf den Pilgerwegen mit OutdoorHandbüchern - Der Weg ist das Ziel aus dem Conrad Stein Verlag

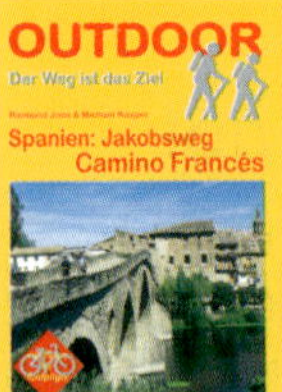

ISBN 978-3-86686-331-6
Band 23, € 14,90 [D]

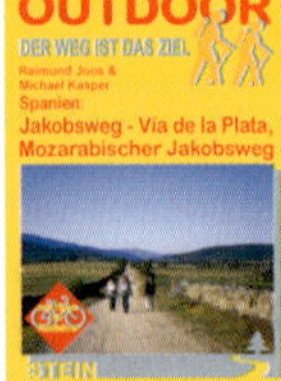

ISBN 978-3-86686-251-7
Band 116, € 14,90 [D]

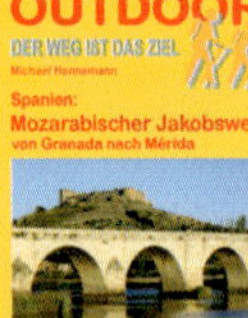

ISBN 978-3-86686-227-2
Band 227, € 9,90 [D]

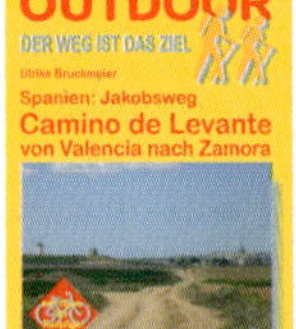

ISBN 978-3-86686-271-5
Band 271, € 14,90 [D]

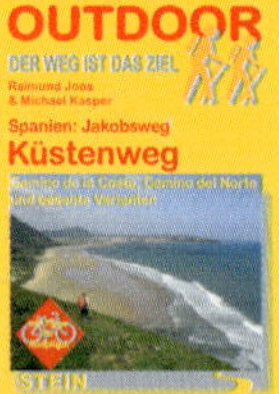

ISBN 978-3-86686-304-0
Band 71, € 16,90 [D]

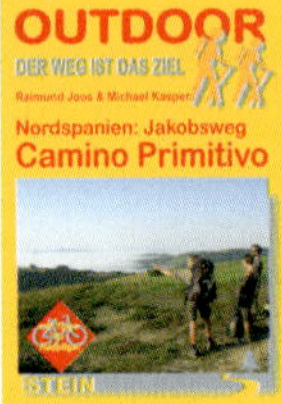

ISBN 978-3-86686-264-7
Band 141, € 14,90 [D]

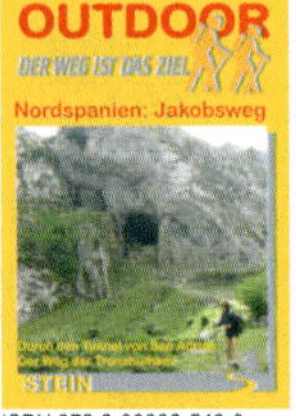

ISBN 978-3-89392-549-0
Band 149, € 9,90 [D]

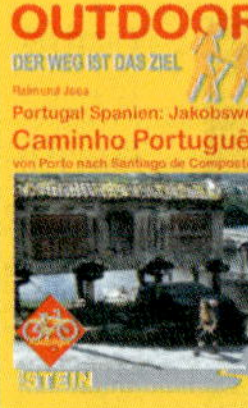

ISBN 978-3-86686-337-8
Band 185, € 14,90 [D]

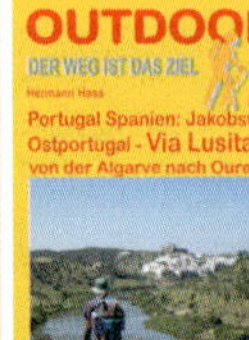

ISBN 978-3-86686-230-2
Band 230, € 16,90 [D]

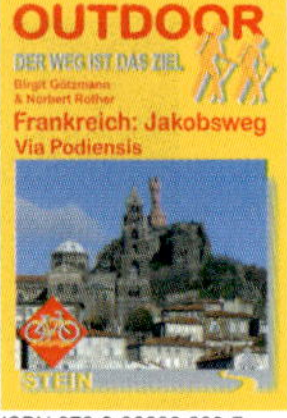

ISBN 978-3-86686-293-7
Band 128, € 14,90 [D]

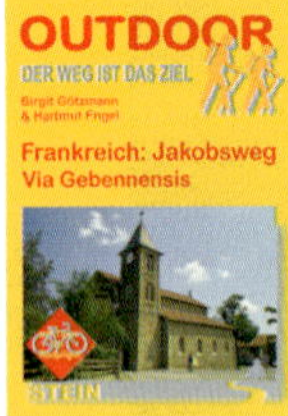

ISBN 978-3-86686-300-2
Band 281, € 12,90 [D]

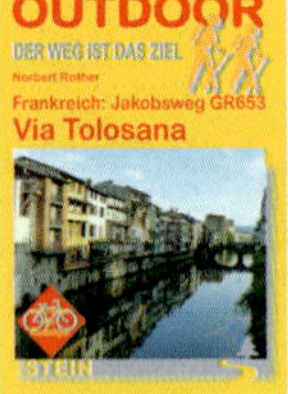

ISBN 978-3-86686-162-6
Band 162, € 14,90 [D]

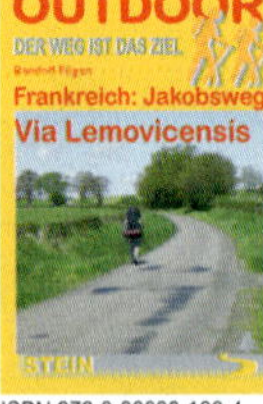

ISBN 978-3-86686-166-4
Band 166, € 12,90 [D]

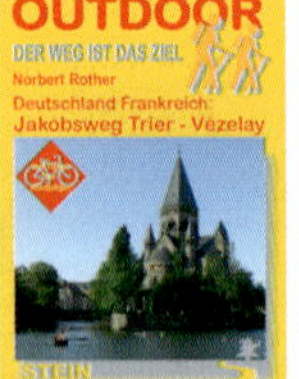

ISBN 978-3-86686-257-9
Band 194, € 14,90 [D]

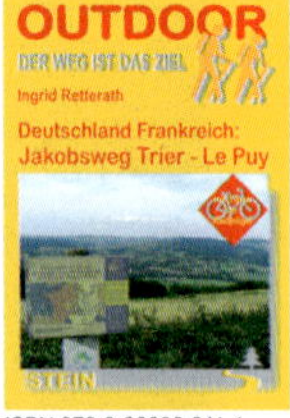

ISBN 978-3-86686-211-1
Band 211, € 16,90 [D]

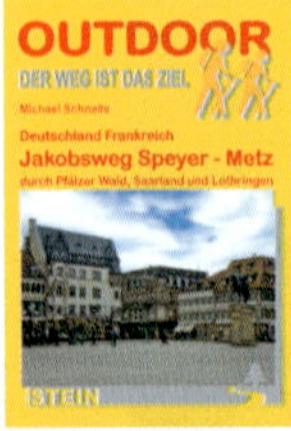

ISBN 978-3-86686-243-2
Band 243, € 14,90 [D]

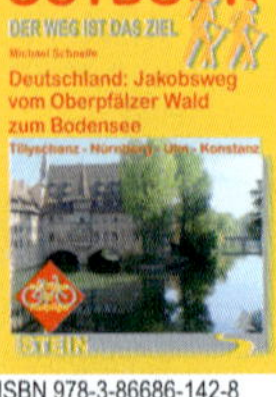

ISBN 978-3-86686-142-8
Band 142, € 14,90 [D]

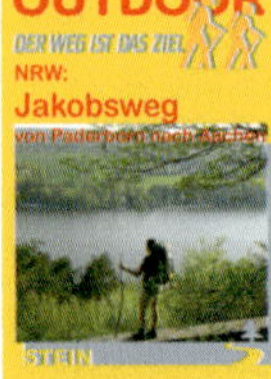

ISBN 978-3-89392-547-6
Band 147, € 12,90 [D]

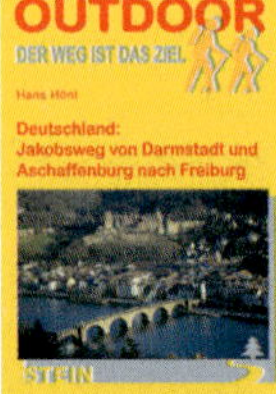

ISBN 978-3-86686-155-8
Band 155, € 12,90 [D]

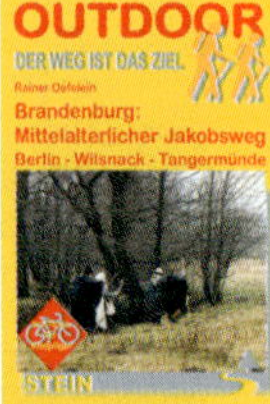

ISBN 978-3-86686-189-3
Band 189, € 9,90 [D]

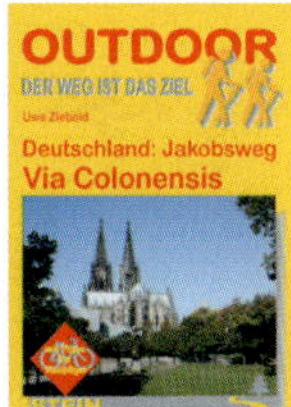

ISBN 978-3-86686-241-8
Band 241, € 12,90 [D]

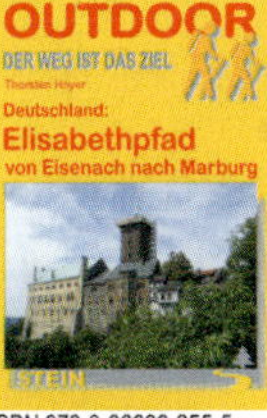

ISBN 978-3-86686-255-5
Band 255, € 9,90 [D]

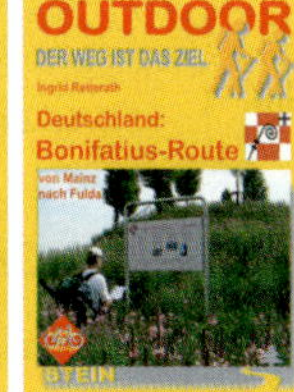

ISBN 978-3-86686-258-6
Band 258, € 12,90 [D]

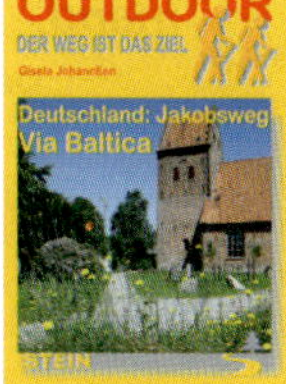

ISBN 978-3-86686-262-3
Band 262, € 12,90 [D]

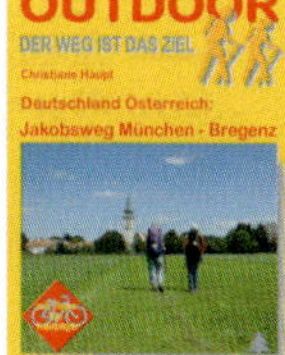

ISBN 978-3-86686-314-9
Band 187, € 12,90 [D]

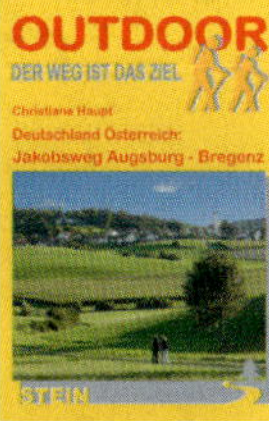

ISBN 978-3-86686-188-6
Band 188, € 12,90 [D]

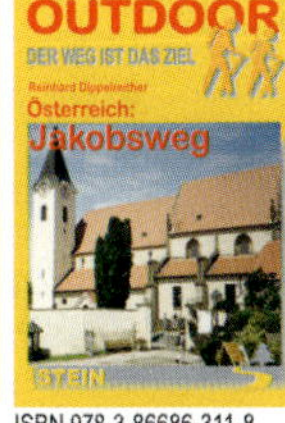

ISBN 978-3-86686-311-8
Band 157, € 16,90 [D]

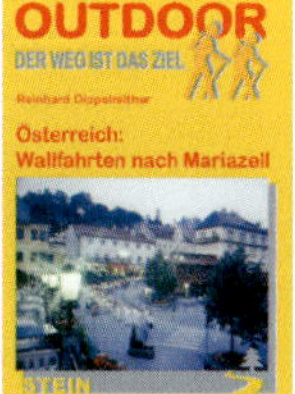

ISBN 978-3-86686-224-1
Band 224, € 14,90 [D]

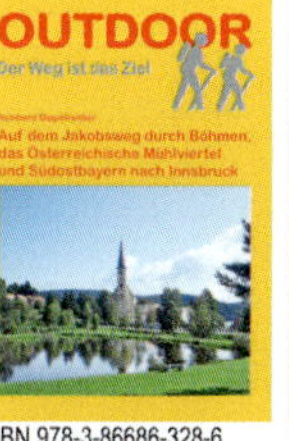

ISBN 978-3-86686-328-6
Band 294, € 14,90 [D]

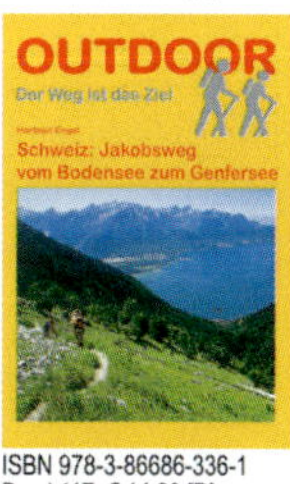

ISBN 978-3-86686-336-1
Band 117, € 14,90 [D]

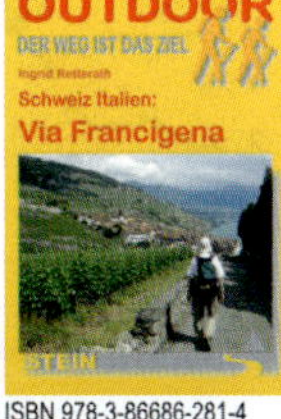

ISBN 978-3-86686-281-4
Band 201, € 14,90 [D]

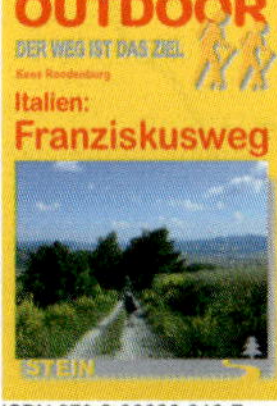

ISBN 978-3-86686-318-7
Band 186, € 12,90 [D]

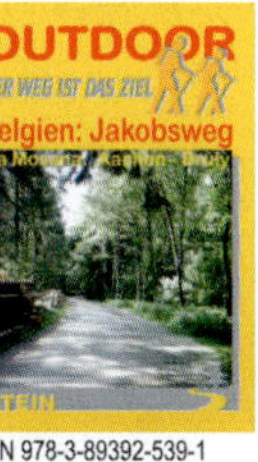

ISBN 978-3-89392-539-1
Band 139, € 9,90 [D]

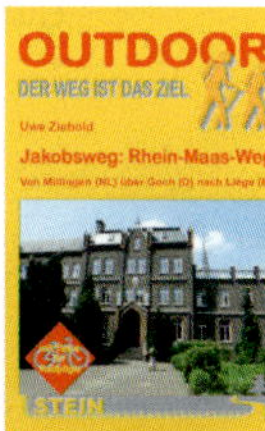

ISBN 978-3-86686-225-8
Band 225, € 12,90 [D]

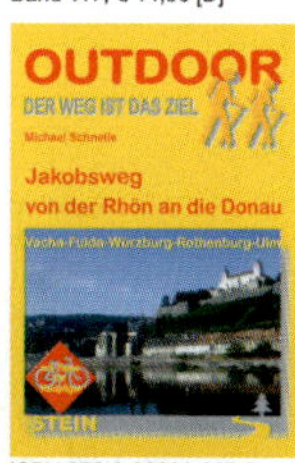

ISBN 978-3-86686-267-8
Band 235, € 12,90 [D]

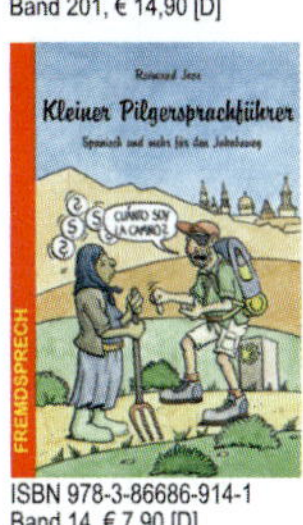

ISBN 978-3-86686-914-1
Band 14, € 7,90 [D]

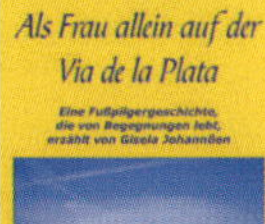

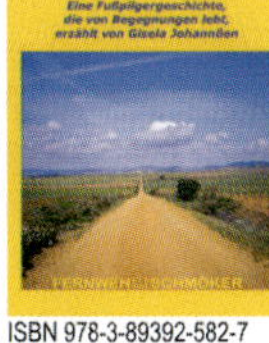

ISBN 978-3-89392-582-7
Band 182, € 7,90 [D]

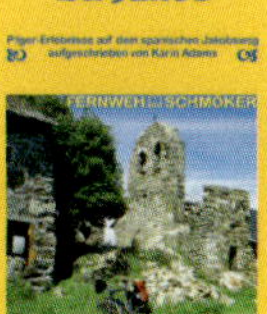

ISBN 978-3-86686-125-1
Band 125, € 12,90 [D]

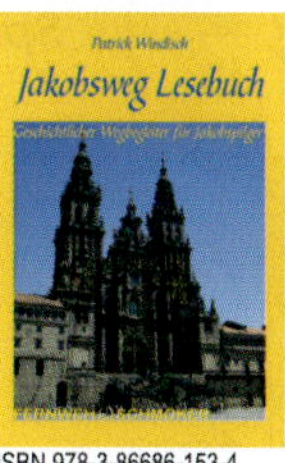

ISBN 978-3-86686-153-4
Band 153, € 7,90 [D]

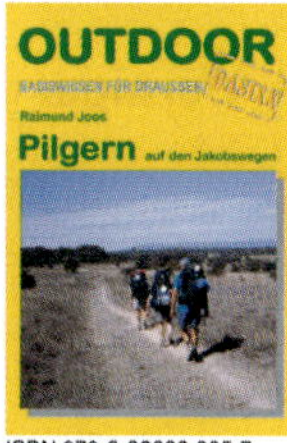

ISBN 978-3-86686-305-7
Band 197, € 8,90 [D]

Jeweils beschriebener Wegverlauf siehe Karte auf der nächsten Seite!
Alle Bücher können in jeder Buchhandlung, in vielen Ausrüstungs- und Sportgeschäften oder unter www.conrad-stein-verlag.de bestellt werden.
Conrad Stein Verlag, Kiefernstr. 6, 59514 Welver, ☎ 02384/963912

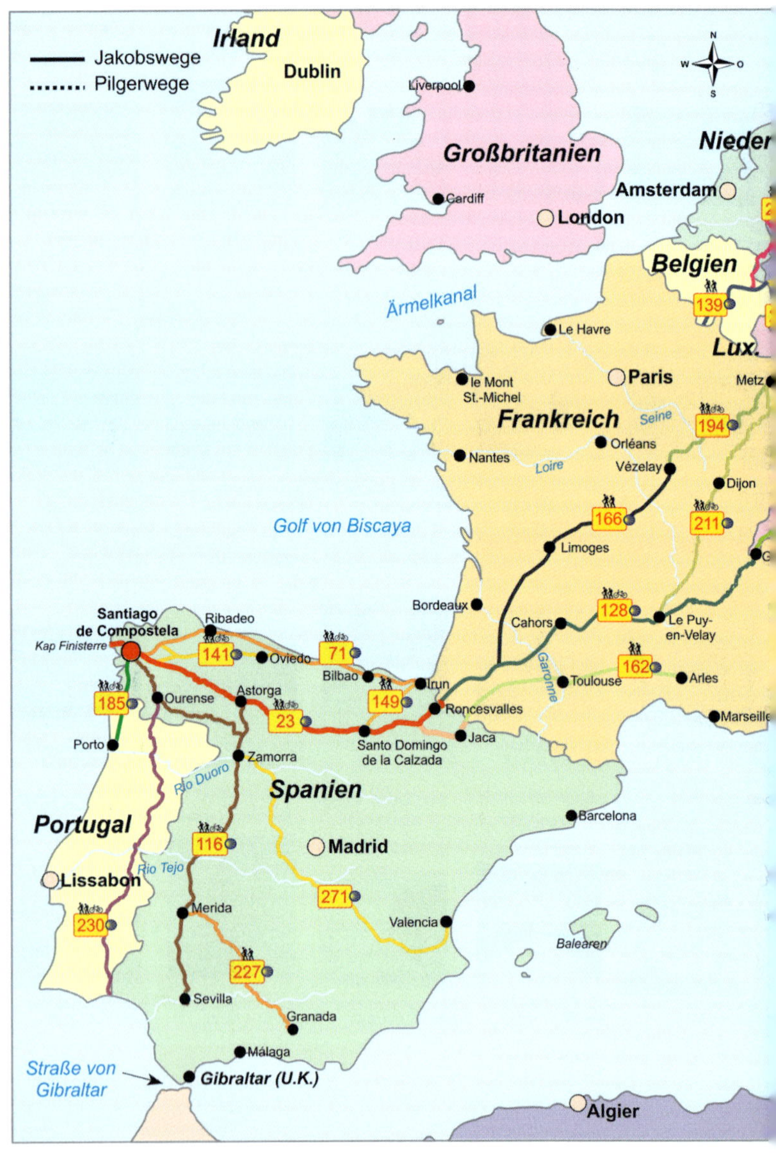

Jakobswege
Pilgerwege
Irland
Dublin
Liverpool
Großbritanien
Cardiff
London
Amsterdam
Nieder
Belgien
139
Ärmelkanal
Le Havre
Lux.
Paris
Metz
le Mont
St.-Michel
Frankreich
Seine
194
Orléans
Nantes
Loire
Vézelay
Dijon
Golf von Biscaya
166
211
Limoges
Bordeaux
Cahors
128
Le Puy-
en-Velay
Santiago
de Compostela
Ribadeo
Kap Finisterre
141
71
Oviedo
Bilbao
Irun
Garonne
162
Toulouse
Arles
185
Ourense
Astorga
149
Roncesvalles
Marseille
23
Jaca
Porto
Santo Domingo
de la Calzada
Zamorra
Rio Duoro
Spanien
Barcelona
Portugal
116
Madrid
Rio Tejo
Lissabon
271
Merida
230
Valencia
Balearen
227
Sevilla
Granada
Málaga
Straße von
Gibraltar
Gibraltar (U.K.)
Algier

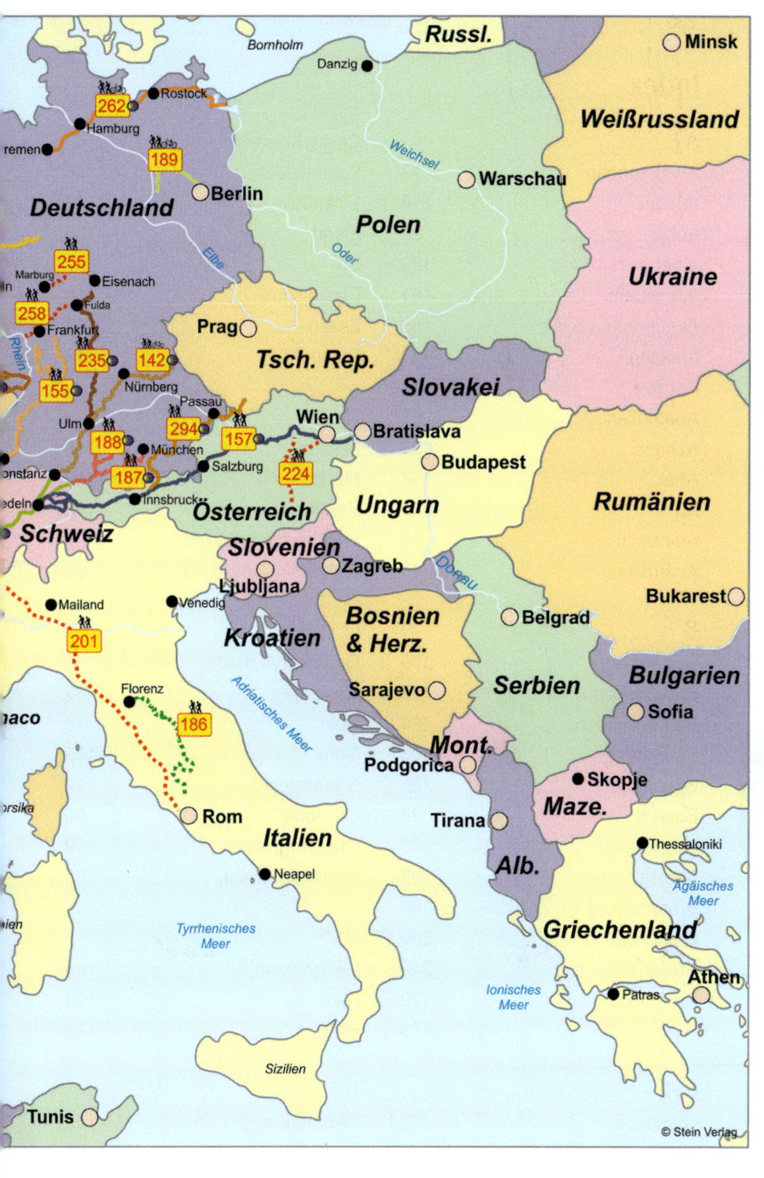

Russl.
Minsk
Bornholm
Danzig
Rostock
262
Hamburg
remen
189
Weichsel
Warschau
Weißrussland
Berlin
Deutschland
Polen
Oder
Elbe
Ukraine
255
Marburg
Eisenach
258
Fulda
Frankfurt
Rhein
Prag
235
142
Tsch. Rep.
155
Nürnberg
Slovakei
Passau
294
Wien
Ulm
157
Bratislava
188
München
Budapest
187
Salzburg
224
onstanz
Innsbruck
Ungarn
Rumänien
Österreich
Schweiz
Slovenien
Zagreb
Donau
Ljubljana
Mailand
Venedig
Bukarest
201
Bosnien & Herz.
Belgrad
Kroatien
Bulgarien
Serbien
Sarajevo
Florenz
Adriatisches Meer
Sofia
186
Mont.
Podgorica
Skopje
Maze.
Rom
Tirana
Italien
Thessaloniki
Alb.
Neapel
Ägäisches Meer
Griechenland
Tyrrhenisches Meer
Athen
Ionisches Meer
Patras
Sizilien
Tunis

Index